만주어 그리스도교 문헌 연구

송강호

지식과교양

서문

본서는 만주어 문헌 가운데 그리스도교 관련 문헌을 중심으로 그동안 발표한 몇 편의 글과 새롭게 번역한 글 및 관련 자료를 모은 것이다. 만주어 그리스도교 문헌을 제대로 소개하려면 번역총서로도 부족할 것이다. 이번 내용은 다만 빙산의 일각으로 개론적인 성격의 글에 가깝다. 만주어 그리스도교 문헌의 대표적인 것은 역시 만주어 성경인데 만주어『신약전서』관련 논문을 소개하였다. 부록으로는 만주어『벽석씨제망』과『동선설』자료를 수록하였다.

만주어의 큰 스승이신 성백인 선생님께서 타계하신 지도 벌써 몇 해가 지났다. 선생님을 모시고 강독을 함께 했던 시간이 엊그제 같은데 세월의 덧없음을 절감한다. 만주어 문헌 연구의 작은 발걸음을 또 한 차례 내디딘 것으로 위안을 삼는다.

만주어와 고전문헌 강독 등으로 맺어진 여러 선생님들과의 소중한 학문적 인연에 감사드린다. 특히 루이 드 푸와로 신부가 청나라 때 남긴 만주어 성경을 우리말로 옮기는 고된 작업을 여러 해 지속하고 계시는 김동소 선생님의 노고에 경의를 표하며 선생님의 건강을 기원드린다. 본서를 내는데 많은 도움을 주신 지식과교양 윤석산 대표님과 편집부 윤수경 님의 작업에도 고마운 마음을 전하고 싶다.

2023년 4월 송강호

| 차례 |

만주어 그리스도교
문헌 연구

제1장
청대 만주어 그리스도교 문헌

1. 예수회의 만주어 문헌

중국에 들어온 예수회 신부들은 만주족의 입관(1644) 이후 그리스도교 관련 만주어 문헌을 간행하였다.[1] 이들 문헌은 대부분 기존의 한문본을 만주어로 번역한 것으로 만주어 『천주실의(天主實義, abaki ejen i unenggi jurgan)』를 비롯해서 만주어 『천주정교약징(天主正教約徵, abkai ejen i tob tacihiyan i temhetu i šošohon)』, 만주어 『천주성교약언(天主聖教約言, abaki ejen i enduringge tacihiyan i oyonggo gisun)』, 만주어 『천주교요(天主教要, abaki ejen i tacihiyan i hešen i bithe)』, 만주어 『주제군징(主制群徵, abaki ejen i toktobuha geren yargiyan temgetu)』,

1) 예수회 선교사들이 명청교체기 이후 청대에 들어와서도 선교가 가능했던 것은 천문기상대인 당시 흠첨감(欽天監)에서 봉직한 아담 샬(湯若望, 1622~1666)과 페르비스트(南懷仁, 1659~1688)의 역법(曆法)에 대한 공헌도 중요한 요인의 하나였다. W. 프랑케 지음(金源模 옮김), 『東西文化交流史』, 단대출판부, 1999 개정 3쇄, 93~103면 ; 최소자, 『東西文化交流史研究-明 · 淸時代 西學受容』, 삼영사, 2002 1판 3쇄, 114~118면 참고.

만주어 『만물진원(萬物眞原, tumen jaka i unenggi sekiyen)』, 만주어 『성체요리(聖體要理, enduringge beyei oyonggo gisun)』, 만주어 『성체답의(聖體答疑, enduringge beye be kenehunjehengge de jabuha bithe)』 등이 있다.[2)]

본고에서는 만주어 그리스도교 문헌을 간략히 소개하고 이들 문헌에 보이는 그리스도교의 주요 용어들이 만주어로 어떻게 번역되었는지 등을 살펴보고자 한다.[3)]

2. 만주어 『천주정교약징』-그리스도교 주요 용어

만주어 『천주정교약징』은 프랑스국립도서관 소장본으로 표지 서명은 "abkai ejen i tob tacihiyan i temhetu i šošohon 天主正教約徵"으로 되어 있고, 규격은 26.4 15.7cm, 본문 구성은 9장 18면이다. 사주쌍변(四周雙邊), 상어미(上魚尾), 반엽(半葉) 만주어 9행으로 이루어져 있고, 판심(版心)은 "abkai ejen i tob tacihiyan 約徵"이다. 역자와 관련해서 한문 『천주정교약징』의 경우 불리오(利類思, 1606~1682)로 나와 있지만

---

2) John L. Mish, "A Catholic Catechism in Manchu 一本滿文天主教教義問答, Monumenta serica Vol. XVII 1958, 361~372면 ; Giovanni Stary, "Christian Literature in Manchu", Central Asiatic Journal 44-2, 2000 참고. 이밖에 푸와로(Fr. Louis de Poirot, S.J.) 신부의 만주어 『성경』에 대해서는 김동소, 『만주어 마태오 복음 연구-루이 드 푸와로 신부의 만주어 성경 연구(1)』(지식과 교양, 2011), 『만주어 에스델기』(2013)와 『만주어 사도행전』(2018) 참고.

3) 본문에서 주요 용어의 비교에 사용한 한문과 라틴어 부분은 漢文 『天主正教約徵』과 雷立柏(Leopold Leed) 編, 『漢語神學術語辭典-拉丁-英-漢語并列 (Dictionarum Theologicum-Latine-Anglice-Sinice)』, 宗教文化出版社, 2007 참고.

만주어본에는 별다른 기록이 없다.[4)]

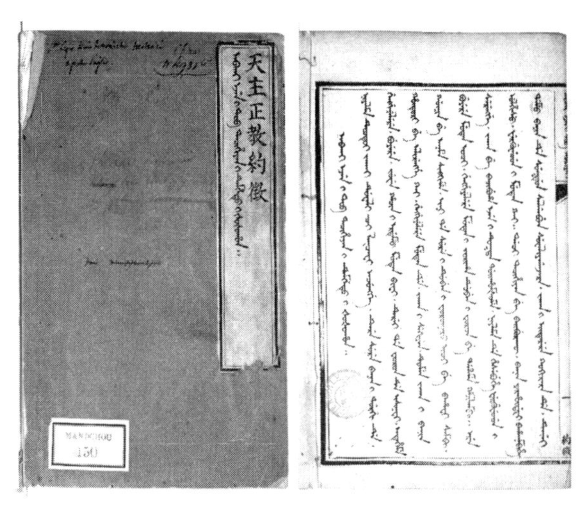

[그림1] 만주어 『천주정교약징』(프랑스국립도서관, Mandchou 150)

만주어 『천주정교약징』에서는 그리스도교만이 인간 영성(靈性)의 우매함을 제거할 수 있기 때문에, 다른 가르침과 구별되는 바른 가르침[正教]이자 참된 가르침[眞教]이라고 하였다. 그러면서 그리스도교가 정교이자 진교인 증거로 첫째, 권선징악(勸善懲惡)의 능력이 있는가 여부. 둘째, 사교자(司教者)의 언행일치(言行一致) 여부. 셋째, 봉교자(奉教者)의 행적이 진실로 선(善)에 가깝고 악(惡)에서 먼가 하는 세 가지를

4) 불리오 신부의 대표 저작으로는 토마스 아퀴나스의 『신학대전』을 번역한 『超性學要』 등이 있는데, 한문본은 불리오 신부가 『西方要紀』와 함께 1669년 北京에서 간행하여 康熙帝에게 바쳤다. Louis Pfister(費賴之, 1833~1891), 1932, Notices biographiques et bibliographiques sur les jésuites de l'ancienne mission de Chine, 1552-1773, Changhai, Imprimerie de la mission catholique (馮承鈞 譯, 『在華耶穌會士列傳及書目』, 中華書局, 1995), 245면.

들고 있다. 만주어 『천주정교약징』에 나타난 주요 용어들을 비교하면 다음과 같다.

[표1] 그리스도교를 표현한 용어

滿文	漢文	國譯
abkai ejen i tacihiyan (하늘 주인의 가르침)	天主教	그리스도교
abkai tacihiyan (하늘의 가르침)	天教	천교
enduringge tacihiyan (성스러운 가르침)	聖教	성교
unenggi tacihiyan (참된 가르침)	眞教	진교
tob tacihiyan (바른 가르침)	正教	정교

[표2] 천주를 표현한 용어

滿文	漢文	國譯
abkai ejen	天主	천주, 하느님
dergi di abkai ejen	上帝天主	상제천주
jaka be banjibuha ejen	造物之主	창조주, 조물주
jaka be banjibuha wesihun ejen	造物之上主	만물을 창조하신 높으신 주
sekiyen akū unenggi ejen	無元眞主	무원진주
da sekiyen unenggi ejen	本原眞主	본원진주

3. 만주어 『천주성교약언』-천주십계

만주어 『천주성교약언』은 소에이로(蘇若望, 1566~1607)의 한문 『천주성교약언』을 만주어로 번역한 것이다. 현재 만주어본이 프랑스 국립도서관 등에 소장되어 있다. 본고에서는 천주십계 부분을 소개한다. 안식일에 해당하는 표현을 제사하고 행례하는 날(juktere doroloro inenggi)로 번역한 것은 만주어 번역본이 지닌 독특한 면의 하나라고 할 수 있다.

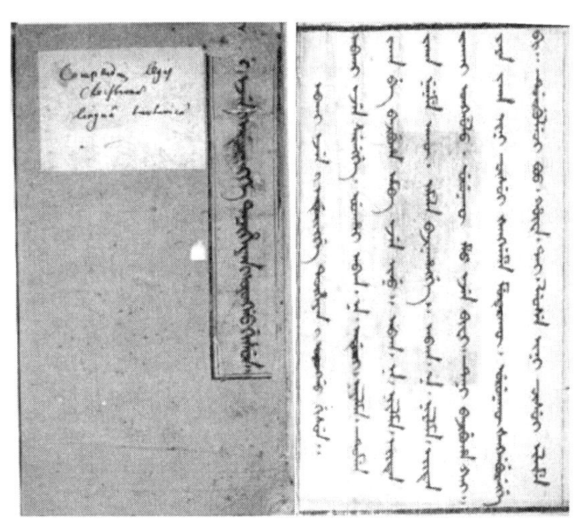

[그림2] 만주어 『천주성교약언』(프랑스국립도서관, Mandchou 139)

abkai ejen i juwan targacun

天의 主의 十 誡

天主十誡

uju de . abkai ejen be tumen jaka i dele bi seme ginggule .
첫째로, 天의 主 를 萬 物 의 위에 계신다 하고 공경하라!
第一誡 欽崇一天主萬物之上

jai de . abkai ejen i enduringge gebu be hūlame
둘째로, 天의 主 의 거룩한 이름 을 부르며

holtome ume gashūre .
속여서 맹세하지 말라!
第二誡 毋呼天主名而設發虛誓

ilaci de . juktere doroloro inenggi be ume jurcere .
셋째로, 祭祀하고 行禮하는 날 을 어기지 말라!
第三誡 守瞻禮之日

duici de . ama eme be hiyoošula .
넷째로, 父 母 께 효도하라!
第四誡 孝敬父母

sunjaci de . niyalma be ume wara .
다섯째로, 사람 을 죽이지 말라!
第五誡 毋殺人

ningguci de . dufe langse be ume yabure .
여섯째로, 음란 추잡함 을 행하지 말라!
第六誡 毋行邪婬

[nadaci de . ume weri niyalmai jaka be hūlhame gamara][5)]
일곱째로, 다른 사람의 물건 을 훔쳐 가져가지 말라!
第七誡 毋偸盜

jakūci de . sarakū ume siden ilire .
여덟째로, 모르면서 증인 서지 말라!
第八誡 毋妄證

uyuci de . weri hehe be ume buyere[6)] .
아홉째로 남의 여인 을 원하지 말라!
第九誡 願他人妻

juwanci de . weri ulin be ume bahaki sere .
열째로 남의 재물 을 취하려 하지 말라!
第十誡 毋願他人財物

5) 이 부분은 만주어 본문에 누락이 있다. 푸와로 신부의 만주어 『성경』「출애굽기」 20장에서 인용하였다. 귀한 자료를 제공해주신 김동소 선생님께 감사드린다.
6) buyermbi: 사랑하다. 원하다. 바라다 ; 欲, 愛, 喜愛, 戀慕.

4. 만주어 『만물진원』-만물의 근원되는 천주

만주어 『만물진원』은 알레니(艾儒略, 1582~1649)의 한문 『만물진원』을 만주어로 번역한 것이다.[7] 현재 몇 종의 만주어본이 프랑스국립도서관에 소장되어 있다.[8] 전체 11장으로 구성되어 있는데, 천주께서 만물을 창조하고 주재하심과 근원되는 분임을 밝혔다. 본고에서는 목차 부분을 소개한다.

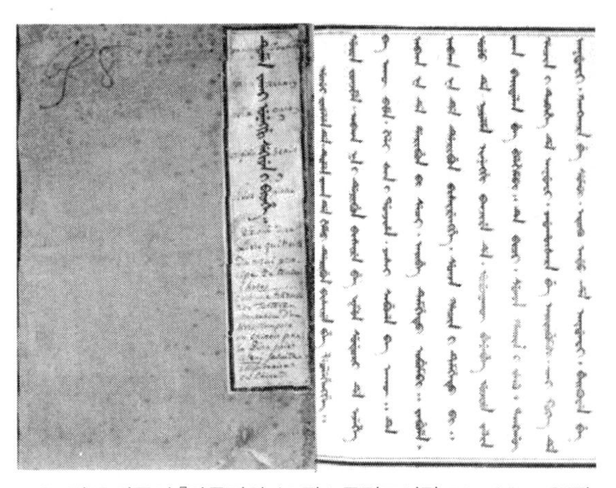

[그림3] 만주어 『만물진원』(프랑스국립도서관, Mandchou 247)

tumen jakai unenggi sekiyen i bithei šošohon ..

萬 物의 참된 근원 의 책의 目錄

萬物眞原 目錄

---

7) 한문본은 조선에 전래되었고, 한글로도 번역되어 널리 읽혀진 것으로 알려져 있다.

8) 關康, 「法國藏滿譯《萬物眞原》考」, 『滿語研究』, 2016年 第2期 참고.

ujui fiyelen . 제1장

tumen jaka de . gemu deribun bisire be leolehengge ..

萬 物 에, 모두 시작이 있음 을 논한 것.

論物皆有始 第一

jai fiyelen . 제2장

niyalma ocibe . jaka ocibe gemu beye beyebe

사람 이든 物 이든 모두 자신이 자신을

banjime muterakū be leolehengge ..

낳을 수 없음 을 논한 것.

論人物不能自生 第二

ilaci fiyelen . 제3장

abka na . ini cisui niyalma . jaka be

天 地가 저절로 사람, 物 을

banjibume muterakū be leolehengge ..

창조할 수 없음 을 논한 것.

論天地不能自生人物 第三

duici fiyelen . 제4장

da sukdun ini cisui faksalame .

元 氣가 저절로 분리되어

abka na ome muterakū be leolehengge ..
天 地가 될 수 없음 을 논한 것.
論元氣不能自分天地 第四

sunjaci fiyelen . 제5장
giyan umai jaka be banjibume muterakū be leolehengge ..
理가 전혀 物을 창조할 수 없음 을 논한 것.
論理不能造物 第五

ningguci fiyelen . 제6장
yaya baita be yargiyalara[9] de .
무릇 일 을 분명히 할 적에

giyan de acanarangge be temgetu obuci acara
理 에 부합하는 것을 증거 삼아야 마땅하고,

damu yasai sabuhangge be .
다만 눈으로 본것 을

temgetu obuci ojorakū babe leolehengge ..
증거 삼으면 안되는 것을 논한 것.
論凡事宜據理而不可據目 第六

9) yargiyalambi: 진실되게 하다. 분명히 하다. 증험하다 ; 驗實, 考證.

nadaci fiyelen . 제7장

abka na . tumen jaka be banjibuha

天 地, 萬 物 을 창조한

amba ejen bisire be leolehengge ..

큰 主가 있음을 논한 것.

論天地萬物有大主宰造之 第七

jakūci fiyelen . 제8장

abka na . tumen jaka be salifi kadalara

天 地, 萬 物 을 관장하고 관리하는

amba ejen bisire be leolehengge ..

큰 主가 있음 을 논한 것.

論天地萬物主宰攝治之 第八

uyuci fiyelen . 제9장

tumen jaka be banjibuha amba ejen be giyangname

萬 物 을 창조한 큰 主 를 강론하고

gisurehe seme wacirakū babe leolehengge ..

의논했다 해도 마치지 못함을 논한 것.

論造物主非擬議所盡 第九

juwanci fiyelen . 제10장
abkai ejen abka na be banjibuha bime
天의 主는 天 地를 창조하였으며

šanggabuha babe leolehengge ..
이루게 한 것을 논한 것.
論天主造成天地 第十

juwan emuci fiyelen . 제11장
abkai ejen deribun akū bime .
天의 主는 시작 없으면서

tumen hacin i deribun inu babe leolehengge ..
萬 가지 의 시작 이라는 것을 논한 것.
論天主爲萬有無原之原 第十一

5. 만주어 『천주실의』- 아우구스티누스 일화

만주어 『천주실의』는 마테오 리치(利瑪竇, 1552~1610)의 한문본을 만주어로 번역한 것으로 현재 프랑스국립도서관에 소장되어 있다. 일부 판본은 로마 예수회 아카이브 등에도 소장되어 있다. 본고에서는 아우구스티누스와 어린 아이가 바닷가에서 나눈 대화를 소개한다.

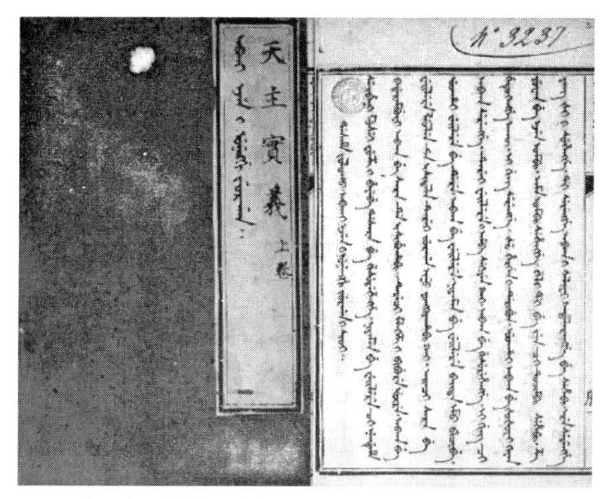

[그림4] 만주어『천주실의』(프랑스국립도서관, Mandchou 138)

julge wargi bai emu enduringge niyalma i gebu aogusdino .
옛적에 西方의 한 聖 人 의 이름 아우구스티누스

abkai ejen i turhun be wacihiyame getukelefi . bithe de araki sehe .
天의 主의 緣故 를 전부 다 분명히 해서 책 에 쓰고자 했다.

mederi dalin de sargašame yabume gūninjarade tuwaci .
바닷가 에서 구경하며 거닐고 깊이 생각할 적에 살펴보니,

emu ajige jui . na be feteme . emu ajige eye[10] arafi .
한 작은 아이가 땅 을 파서, 한 작은 움 만들고

10) eye: 곡식 넣는 움. 地窖.

tahūra[11] nontoho[12] i mederi muke be gaime eye de hungkerembi .
조개 껍질 로 바닷물 을 가져다 움 에 쏟아붓고 있었다.

enduringge niyalma fonjime . si ainaki sembi .
聖 人이 묻기를, 너 무엇 하려고 하니,

ajige jui jabume . bi mederi muke be wacihiyame gaifi .
작은 아이가 대답하되, 저는 바닷물 을 전부 다 가져다

ere eye de hungkereki sembi .
이 움 에 쏟아붓고자 합니다.

enduringge niyalma injefi hendume .
聖 人이 웃으며 말하기를,

si ai uttu mentuhun . amba mederi i muke be
너 어찌 이리 어리석니? 큰 바다 의 물 을

ajige tetun i gaime ajige eye de baktambuci ombio .
작은 그릇 으로 가져다 작은 움 에 담을수 있겠니?

---

11) tahūra: 조개.
12) notho: 껍질. 殼

ajige jui hendume .
어린 아이가 말하기를,

si amba mederi i muke be ajige tetun i gaime .
당신은 큰 바다 의 물 을 작은 그릇 으로 가져다

ajige eye de baktambuci ojorakū be sambime .
작은 움 에 담지 못한다는 것은 알면서

ainu mujilen jobome gūnin fayame
어찌하여 마음 고생하고 생각 허비하며

abkai ejen i amba jurgan be niyalmai hūsun i wacihiyaki .
天의 主의 큰 義 를 사람의 힘 으로 다하고자,

ajige bithe de araki sembi . sehe manggi uthai saburakū oho .
작은 책 에 쓰고자 하는가 한 뒤 즉시 보이지 않게 되었다.

tereci enduringge niyalma .
그로부터 聖 人은

abkai ejen i enduri be takūrafi ulhibuhe be ulhihebi ..
天의 主께서 神 을 보내서 깨우친 것을 깨달았다.

5. 만주어 그리스도교 문헌의 의의

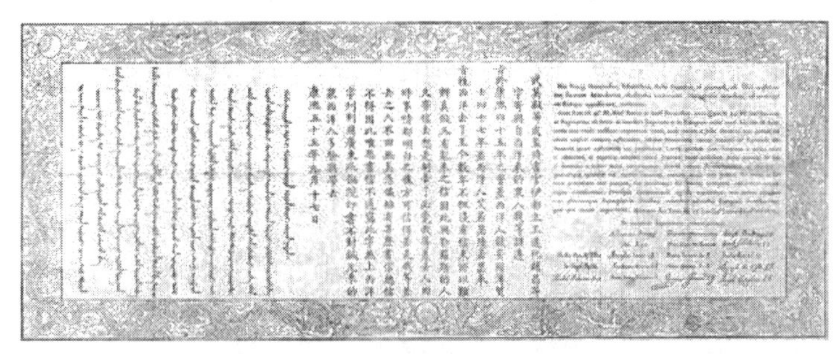

[그림5] 만주어 한문 라틴어 3체 문서
(The Red Manifesto, 강희 55년)

청대에는 예수회 신부들에 의해 다양한 만주어 그리스도교 문헌들이 나오게 되었는데, 이들 문헌은 한문본과 라틴어본 이외에 동등한 본문을 지닌 이본(異本)으로서의 가치가 주목된다. 특히 한문이나 라틴어본의 모호한 대목과 어려운 어휘의 의미 등을 파악하는데 활용할 수 있는 장점이 있다. 또 본문에서 살펴보았듯이 '안식일' 같은 용어를 만주어로 '제사하고 행례하는 날'로 번역한 것은 그리스도교 용어들이 청대에 만주어로 번역되면서 어떻게 문화적인 변용이 이루어졌는지 등을 살펴볼 수 있어서 이 분야 비교 연구에 새로운 시각을 제공할 수 있을 것으로 기대한다.

제2장
만주어 『천주실의』 (이지조의 중각서, 1607) 역주

1. 서론

중국에 들어온 예수회 선교사들은 만주족의 입관(1644) 이후 다수의 만주어 문헌을 간행하였다. 청대에 형성된 이 같은 예수회 만주어 문헌은 종교나 신학 등을 다룬 서교서(西教書)와 수학이나 의학 방면의 과학서(科學書)로 양분할 수 있다.

서교서의 경우 만주어 『천주실의(天主實義, abkai ejen i unenggi jurgan)』를 비롯해서 만주어 『천주교요(天主教要, abkai ejen i tacihiyan i hešen i bithe)』, 만주어 『천주성교약언(天主聖教約言, abkai ejen i enduringge tacihiyan i oyonggo gisun)』, 만주어 『주제군징(主制群徵, abkai ejen i toktobuha geren yargiyan temgetu)』, 만주어 『만물진원(萬物眞原, tumen jaka i unenggi sekiyen)』, 만주어 『성체요리(聖體要理, enduringge beyei oyonggo gisun)』, 만주어 『성체답의(聖體答疑, enduringge beye be kenehunjehengge de jabuha bithe)』, 만주어 『천주정교약징(天主正教約徵, abkai ejen i tob tacihiyan i temhetu i šošohon)』,

만주어 『천신회과(天神會課, abkai enduri hūi i kicen)』, 만주어 『성년광익(聖年廣益, šeng niyan guwang i)』, 만주어 『성세추요(盛世芻蕘, šeng ši cu nao)』, 만주어 『척죄정규략(滌罪正規略, weile be geterembure jingkini kooli)』 등이 있고,[1] 과학서로는 만주어 『기하원본(幾何原本)』과 만주어 『서양약서(西洋藥書, si yang ni okto i bithe)』, 『흠정격체전록(欽定骼體全錄, dergici toktobuha ge ti ciowan lu bithe)』 등이 있다.

본고에서는 청대 예수회 선교사들이 남긴 그리스도교 관련 만주어 문헌 가운데 만주어 『천주실의』 중각본 이지조의 서문을 중심으로 역주를 시도하였다.[2]

2. 만주어 『천주실의』 서지사항-BNF본의 주요 특징

만주어 『천주실의』의 소장처와 판본에 대해서는 프랑스 국립도서관(BNF), 이탈리아 로마 예수회 아카이브(ARSI), 러시아 상트 페테르부르크(St. Petersburg) 동양사본연구소, 스웨덴 왕립도서관(The Royal Library in Stockholm) 소장본 등이 소개되어 있다.[3]

---

1) John L. Mish, "A Catholic Catechism in Manchu", Monumenta serica Vol. XVII 1958, 361~372면 ; Giovanni Stary, "Christian Literature in Manchu", Central Asiatic Journal 44-2, 2000.

2) 만주어 『천주실의』에 대해서는 渡辺純成, 「『滿文天主實義』の言語の特徵と成立年代について」, 『水門 : 言葉と歷史. 25』, 東京: 水門の會, 勉誠出版, 2013 ; 발표, 「만주어 『천주실의』 연구」, 『명청대 예수회 문헌 연구 학술대회』, 서울대학교 서양고전학연구소, 2018.

3) Giovanni Stary, "Christian Literature in Manchu", Central Asiatic Journal 44-2, 2000 참고.

[그림1] 만주어 『천주실의』
(프랑스국립도서관, Mandchou 138)

본고에서 살펴볼 만주어 『천주실의』는 프랑스 국립도서관 소장본으로 도서관 소장번호는 "Mandchou 138"이며, 표지 서명은 "abkai ejen i unenggi jurgan"이다. 현재 이 자료는 "GallicaThe BnF digital library"에서 본문 활용이 가능하다.

서지적인 측면을 보면 간본(刊本)으로 반엽(半葉) 9행(行), 판심(版心)은 상단에는 "abkai ejen i unenggi jurgan", 하단에는 페이지 숫자가 한자로 되어 있다. 만주어 『천주실의』는 항주(杭州) 중각본(重刻本)인 연이당본(燕貽堂本)과 같은 이지조(李之藻)의 서(序, 1607)가 번역되어 있는 것으로 보아 중각본을 대상으로 삼았다고 판단되나 만주어본에는 왕여순(汪汝淳)의 발문(跋文)이 없고, 또 만주어본 본문 가운데 일부는 중각본과 다른 내용이 보이기도 한다.

3. 이지조의 중각서(1607) 역주

dasame foloho . abkai ejen i unenggi jurgan i sioi ..
거듭하여 판각한 天의 主 의 진실한 義 의 序
重刻天主實義序

seibeni musei fudz i beyebe dasara be gisurehengge .
옛적에 우리의 夫子[4] 께서 몸을 닦는 것을 말씀하신 것,
昔吾夫子語修身也

niyaman be weilere ci nendeme
어버이 를 섬김 에서 먼저하여
先事親

badarambufi abka be sara de isibuhabi .
확장시켜서 天 을 아는 데 이르게 하였다.[5]
而推及乎知天

tereci mengdz i bibure ujire .
그로부터 孟子 의 남기고 기르고[6]
至孟氏存養

---

4) 夫子: 孔夫子, 즉 孔子를 말한다.

5) 『中庸』第二十章, "故君子不可以不修身; 思修身, 不可以不事親; 思事親, 不可以不知人; 思知人, 不可以不知天."

6) 存養: 存心養性. 만주어는 mujilen be bibure, banin be ujirengge. 『孟子 · 盡心上』 "盡

abka be weilere leolen de isitala
天 을 섬기는 論 에 이르도록
事天之論

terei jurgan inu yongkiyahabi kai .
그것의 義 또한 갖추었도다.
而義乃綦備

ainci sara be uthai weilere be dere .
생각건대 아는 것 곧 섬기는 것이리라.[7]
蓋卽知卽事

abka be weilere . niyaman be weilere baita emu bicibe .
天 을 섬기고, 어버이 를 섬기는 일 하나 이지만
事天事親同一事

abka serengge . terei weilere i amba sekiyen kai .
天 이라는 것, 그것의 섬김 의 큰 근원이도다.
而天其事之大原也

其信者, 知其性也; 知其性, 則知天矣. 存其心, 養其性, 所以事天也." 자기의 본심을 보존하고 자신의 본성을 기르는 것이 바로 하늘을 섬기는 것이라는 문장에서 유래. 인간의 본심인 사단(惻隱 羞惡 辭讓 是非)의 보존을 통해서 하늘이 부여한 본성인 인의예지(仁義禮智)의 회복을 논함.

7) 하늘을 아는 知天이 바로 하늘을 섬기는 事天이라는 의미이다.

abka be gisurehengge . i ging ci getukengge akū .
天 을 말한 것, 易經 보다 분명한 것 없다.
說天莫辯乎《易》

i ging serengge . šu hergen i deribun .
易經 이라는 것, 文 字 의 시작,
《易》爲文字祖

uthai abka be šošofi kiyan yuwan be
곧 天 을 총괄하여 乾 元 을
卽言乾元統天[8)]

ejen ombi . ama ombi sehengge .
主君 된다 父 된다 한 것이다.
爲君爲父[9)]

geli di be jen ci tucimbi sehebi .
또 帝 를 震 에서 나온다 하였다.
又言帝出乎震[10)]

---

8) 『周易 · 乾象』“大哉乾元, 萬物資始, 乃統天”
9) 『周易 · 說卦傳』“乾爲天, 爲圜, 爲君, 爲父”
10) 『周易 · 說卦傳』“帝出乎震”

dzyang ši i suhengge .
紫陽 氏[11]의 풀이한 것
而紫陽氏解之

di serengge abka i salifi kadalarangge be sehebi .
帝 라는 것 天 의 主宰하고 관리하는 것을 말하였다.
以爲帝者天之主宰[12]

ere serengge (1a) abkai ejen i jurgan dabala .
이것은 天의 主 의 義 따름이다.
然則天主之義

umai li siyan šeng ci deribuhengge waka .
전혀 利 先生[13] 에서 시작한 것 아니다.
不自利先生創矣

jalan i muwa urse . abka be butu goro
세상 의 속된 무리, 天 을 어둡고 멀고
世俗謂天幽遠

11) 紫陽氏: 중국 남송의 대학자 朱熹, 즉 朱子를 말한다.
12) 朱子, 『周易本義』 "帝出乎震" 解曰, "帝者, 天之主宰"
13) 利先生: 명말 중국에서 활동한 선교사 마테오 리치(Matteo Ricci, 利瑪竇)를 말한다.

leoleci ojorakū sembi .

논할 수 없다고 한다.

不暇論

hūwašan sa . ceni niyaman be weilerakūngge

스님 들, 그들의 어버이 를 섬기지 않는 것

竺乾氏者出, 不事其親

umesi dabanaha bime .

몹시 지나쳤으며

亦已甚矣

gelhun akū abka be holo . di be fusihūn seme

감히 天 을 거짓, 帝 를 천하다 하고

而敢于幻天藐帝

beyebe wesihun obuhabi .

자신을 귀히 여겼다.

以自爲尊

bithei niyalma serengge . abkai hesebun .

儒의 사람 은 天의 命,

儒其服者, 習聞夫天命,

abkai giyan . abkai doro .
天의 理, 天의 道
天理,天道,

abkai erdemu sere gisun be ureme donjiha bime .
天의 德 하는 말 을 익히 들었으면서
天德之說

hono singgefi dayanaha bade .
오히려 스며들어 의지하러 간 바에
而亦浸淫入之

buya niyalmai ulhire be sarkū .
小 人의 앎 을 모르고
然則小人之不知不畏也

olhoro be sarkūngge be inu ai wakalara babi .
두려움 을 모르는 것 을 또한 무슨 비난할 바 있는가?
亦何怪哉

li siyan šeng ni tacin doro damu abka be weile be obuhabi
利 先生 의 學 術 다만 天 을 섬김 을 삼았다.
利先生學術, 一本事天

tuttu i abka ohongge be leolehengge umesi getuken .

그같이 天 된것 을 논한것 몹시 분명하다.

譚天之所以爲天甚晰

jalan i abka be felehudere .

세상 의 天 을 모독하고

睹世之褻天

fucihi de haldabašarangge be sabume

부처 에 아첨한이 를 보며

佞佛也者

uthai sain gisun i (1b) tuwancihiyambi .

곧 좋은 말 로 바로잡는다.

而昌言排之

sefu i gisurehe da sekiyen be badarambufi .

스승이 말한 본 원 을 확장시켜서

abkai ejen i unenggi jurgan seme juwan fiyelen banjibufi .

天 主의 참된 義 라고 10 章 편찬해서

原本師說, 演爲《天主實義》十篇

sain be tacihiyabume . ehe be seremšebuhe .
善 을 訓導시키며 惡 을 방비하게 하였다.
用以訓善坊惡

tede henduhe gisun .
그것에 말한 말
其言曰

niyalma damu ama eme be weilere be saha gojime .
사람 다만 父 母 를 섬기는 것을 알았을 뿐
人知事其父母

abkai ejen be amba ama eme ojoro be sahakūbi .
天의 主 가 큰 父 母 됨 을 알지 못했다.
而不知天主之爲大父母也

niyalma damu gurun boo de
사람 다만 國 家 에
人知國家

tob šošohon bisire be saha gojime .
正 統 있음 을 알았을 뿐이고
有正統

abka be šošoho di .
天 을 총괄한 帝

teni jingkini amba šošohon ojoro be sahakūbi kai .
비로소 바른 大 統 됨 을 알지 못했도다.
而不知惟帝統天之爲大正統也

niyaman be weilerakū oci . jui seci ojorakū .
어버이 를 섬기지 않으면, 아들이라 할 수 없고
不事親不可爲子

tob šošohon be sarkū oci . amban seci ojorakū .
正 統 을 모르면, 大臣이라 할 수 없다.
不識正統不可爲臣

abkai ejen be weilerakū oci niyalma seci ojorakū sehebi .
天의 主 를 섬기지 않으면 사람이라 할 수 없다 하였다.
不事天主不可爲人

geli sain ehe i ilgabun .
또 善 惡의 구분
而尤懃懇于善惡之辯,

hūturi jobolon i acabun de umesi cincilahabi .
福 禍 의 응보 에 몹시 상세히 조사했다.
祥殃之應

tere anggala . geli tumen sain yongkiyahakū oci .
뿐만 아니라 또 萬 善 갖추지 않았다면
具論萬善未備

gulhun sain seci (2a) ojorakū .
온전한 善 이라고 할 수 없다.
不謂純善

heni ehe de banin be ušabuci .
약간 惡 에 본성 을 연루시키면,
纖惡累性

inu ehe be isabuha sembi .
또한 惡 을 모았다 한다.
亦謂濟惡

sain be yaburengge tafara adali serengge .
善 을 행하는 것 올라감 같다 하는 것
爲善若登

abkai hūturi tang de tafara be .
天의 福 堂 에 올라감 이다.
登天福堂

ehe be yaburengge . tuhere adali serengge .
惡 을 행하는 것 추락함 같다 하는 것
作惡若墜

na i butui loo de tuhere be seme leolehebi .
地의 어두운 獄 에 떨어짐 이다 라고 논하였다.
墜地冥獄

amba muru niyalma be
대략 사람 을
大約使人

endebuku be halafi jurgangga de gurikini .
허물 을 고쳐서 의로운 데 옮기게 하자
悔過徙義

buyen lashalafi gosin be yongkiyakini .
욕망을 단절하고 仁 을 갖추게 하자
遏欲全仁

da deribun be gūnime wasinara be bulekušefi gelekini .
原 시작 을 생각하며 내려감 을 감찰하고 두려워하게 하자
念本始而惕降監[14]

kemuni tuwašame olhošome . emdubei šaringgiyame obufi .
여전히 돌아보며 두려워하고, 거듭 깨끗하게 하여
綿顧畏而遄澡雪[15]

amba amban dergi di de weile baharakū okini sehengge kai .
크고 크신 上 帝 께 죄 짓지 않게 하자 한 것이다.
以庶幾無獲戾於皇天上帝

tere alin be dabame . mederi be doome alban benjihekū .
그는 산 을 넘고 바다 를 건너 공물 보내오지 않고
彼其梯航琛贄

julgeci ebsi .
예로부터
自古

14) 『書經』(微子) “降監殷民, 用乂讐斂”
15) 『莊子』(知北遊) “汝齋戒, 疏瀹而心, 澡雪而精神, 掊擊而知.”

dulimbai gurun de . ishunde hafukakū be dahame .

中의 國 에 서로 통하지 않았으므로

不與中國相通

umai fuhi . wen wang . jeo gung .

전혀 伏羲 文王 周公

初不聞有所謂羲,文,周,

kung dz i tacihiyan be donjihakū .

孔子 의 가르침 을 듣지 않았다.

孔之敎

tuttu (2b) terei gisun oci .

그래서 그의 말 은

故其爲說

inu umai musei liyan . lo .

또한 전혀 우리의 濂, 洛

亦初不襲吾濂,洛,

guwan . min i suhengge be songkoloho ba akū bime .

關, 閩[16]의 풀이한 것을 그대로 따른 바 없으면서

關, 閩之解

[16]terei abka be sara . abka be weilere amba gonin[17]

그의 天 을 알고, 天 을 섬기는 큰 뜻

而特於知天事天大旨

lak seme ging suduri de acanahabi .

딱 經典 史書 에 부합하였다.

乃與經傳所紀, 如券斯合

damu abkai tang . na i loo be

다만 天의 堂, 地 의 獄 을

獨是天堂地獄

udu memerehe urse akdarakū bicibe .

비록 고집스런 이들은 믿지 않지만

拘者未信

sain de hūturi . dufe de jobolon isibure be

善 에 福, 음란에 고난 이르게 함을

要於福善禍淫

16) 濂洛關閩 : 중국 경전을 주해한 송나라 유학자들이 주로 활동한 지명이다. 염은 주돈이, 낙은 정호, 정이 형제, 관은 장재, 민은 주희를 말한다.

17) gūnin의 의미로 보았다.

bithei ursei an i gisun kai .
儒의 무리의 평소 말이도다.
儒者恒言

abka na be cincilaha de . inu unenggi giyan kai .
天 地 를 상찰하면 또한 진실한 理이도다.
察乎天地, 亦自實理

aikabade sain be waliyafi . ehe de dayanarangge be
만약에 善 을 버리고 惡 에 의지하러 가는 것을
舍善逐惡

duibuleme ohode . necin be waliyafi den alin de tafara .
비유하자면, 平地 를 버리고 높은 산 에 오르고
比於厭康莊[18]而陟崇山,

bilteke mederi de dekdeyehengge ci ai encu
범람한 바다 에 떠다니는 것 에서 무엇이 다른가?
浮漲海, 亦何以異

unenggi ejen . ama i hahi de genere
진실로 主君 父 의 급함 에 가고
苟非赴君父之急

18) 康莊: 큰길, 大路.

tondo hiyoošun i amba de holbobuhangge waka oci .
忠 孝 의 大 에 관계된 것 아니면
關忠孝之大

udu tasha niohe giyoo oo i jobolon bi seme
비록 호랑이, 이리, 교룡, 악어 의 고난 있다 고
或告之以虎狼蛟鱷之患

alanjicibe akdarakū .
알려주어도 믿지 못하고
而弗信也

urunakū beye (3a) genefi yargiyalaki seci
반드시 몸이 가서 實證하고자 하면
而必欲投身試之

ere inu farhūn mentuhun susultun akū dabanahakū semuo[19] .
이 또한 어둡고 우둔하고 탁월함 없음 지나치지 않다 하는가?
是不亦冥頑弗靈甚哉

19) semeo의 의미로 보았다.

sinde enggelehengge juweden akū .
너에게 臨한 것 두 마음 없다.
臨女無貳[20]

daci damu mujilen banin i unenggi tacin be .
본래 다만 마음 본성 의 진실한 학문 이다.
原自心性實學

ume hūturi jobolon de kenehunjere .
福 禍 에 의심하지 말라.
不必疑及禍福

aikabade mentuhun be tuwancihiyara banuhūn be nukcibure .
만약에 우둔함 을 바로잡고 나태함 을 자극시키고
若以懲愚儆惰

jai coohalara dailara . ilibure algimbure de baitalaki seci .
또 출병하고 토벌하고, 저지하고 선양할 적에 사용하고자 하면
則命討遏揚

ere jurgan be bibuci acambi .
이 義 를 보존해야 마땅하다.
合存是義

20) 『詩經』 "上帝臨女, 無貳爾心"

muwa ursei jalin tacihiyan iliburengge

속된 무리를 위해 가르침 세우는 것

訓俗立教

yargiyan i gosihon mujilen kai .

진실로 괴로운 마음이도다.

故自苦心

terei bithe be tuwaci .

그것의 글 을 살펴보면

嘗讀其書

kemuni hancikingge bithesi sai adali akū bime .

여전히 가까운 儒者 들과 같지 않으면서

往往不類近儒

julgei su wen . jeo pi . g'ao gung .

옛날의 素問[21], 周髀[22], 考工[23]

而與上古《素問》,《周髀》,《考工》

21)『黃帝內經 · 素問』: 중국 고대 의학서.

22)『周髀算經』: 중국의 고대 천문산학서.

23)『考工記』: 중국 고대 물리지식 등의 성과를 수록한 저작.

ci yuwan i jergi bithede dorgideri ishunde acanahabi .

漆園[24] 등 글에 암암리 서로 부합하였다.

《漆園》諸編, 默相勘印

gehun holtome ilibuhangge waka .

분명 속여서 세운 것 아니다.

顧粹然不詭於正

jai tere beyebe kimcire mujilen be dasarangge

또 그 몸을 詳察하고 마음 을 다스리는 것

至其檢身事心

cira ginggun . heolen akū .

엄격 경건하고, 게으름 없다.

嚴翼匪懈

jalan de sefu serengge be (3b)

세상 에 스승 하는 이 이니

則世所謂皐比

bithei urse terebe dulerakūngge inu kai .

儒의 무리 그것을 넘지 않는 것 옳도다.

而儒者, 未之或先. 信哉

---

24) 『漆園』: 莊子가 漆園에서 관리를 역임. 『莊子』를 언급한 것으로 보인다.

dergi mederi . wargi mederi mujilen emu giyan adali .
동쪽 바다 서쪽 바다 마음 하나 이치 같다.
東海西海, 心同理同

adali akūngge damu gisun hese . bithei hergen kai .
같지 않은 것 다만 語 言, 글의 문자이도다.
所不同者, 特言語文字之際

ere bithe tucire jakade gisun adali . wen fujurungga .
이 글 나오는 故로 말 같고, 教化 훌륭하다.
而是編者出, 則同文雅化

julergide geli . yarugan araha be dahame
앞에서 또 引導 하였으므로
又已爲之前茅[25)]

enteheme genggiyen be durgebume yendebure .
영원히 밝음 을 진작시키며 흥기시키고
用以鼓吹休明

25) 전모(前茅)는 선봉 부대가 앞에서 정찰하며 모정(茅旌)의 깃발을 들어서 후군(後軍)에게 경계하게 하는 것을 말한다.

tacihiyan be wehiyembure .

가르침 을 돕게 하여

贊敎

muwa be huwekiyebure de baitalaci .

속됨 을 고무시키는 데 사용하면

厲俗

foihori akū bime . inu ainahai mekele ombini .

우연 아니면서 또한 어찌 헛되이 되겠는가?

不爲偶然, 亦豈徒然

yargiyan i geren dz tanggū boo i jergi

진실로 諸 子 百 家 등

固不當諸子百家

bithede obufi tuwaci ojorakū .

글로 여기고 보면 안 된다.

同類而視矣

mini gucu wang meng yei hangju de

나의 벗 汪 孟 樸[26] 항주 에서

余友汪孟樸氏

---

26) 汪孟樸: 汪汝淳, 字는 孟樸. 중국 安徽省 歙縣 叢睦 사람이다. 서학서 『重刻天主實

dasame foloho manggi .
거듭하여 판각한 뒤
重刻於杭

bi dabsidame . udu gisun yarume araha .
내가 외람되이 몇 마디 인도하여 지었다.
而余爲僭弁數語

gelhun akū . jecen i tulergi i bithe be maktame
감히 변경의 밖의 글을 칭찬하려
非敢炫域外之書

donjihakū gisun be donjiha seme tukiyecerengge waka .
듣지 않은 말을 들었다 하고 찬양하는 것 아니다.
以爲聞所未聞

yargiyan i amba abka be uheri hukšeme
진실로 큰 天을 공히 이고
誠謂共戴皇天

義』,『七克』 등의 발문을 썼다. 생몰년은 대략 1573 이전에 태어나서 1624-1655 전후에 사망한 것으로 추정하고 있다.

oyonggo (4a) jurgan be gingguleme wesihuleki sehengge kai .
중요한 義 를 삼가 높이고자 한 것이다.
而欽崇要義

aikabade kemuni ureme donjihangge be hūsutulehekūngge oci .
만약에 여전히 익히 들은것 을 힘쓰지 않은이 는
或亦有習聞而未之用力者

ede dahūci ombi dere .
이에 補修 할 수 있으리라.
於是省焉

jai mujilen be bibure . banin be ujire de
또 마음 을 보존하고 본성 을 기르는데
而存心養性之學

maka niyececun tusa akū semuo[27] ..
혹여 보충하는 이익 없다 하겠는가?
當不無裨益云爾

27) semeo의 의미로 보았다.

wan li fulahūn honin aniya . juwan biyade .

萬曆 丁 未 년[28] 10 월에

萬曆彊圉叶洽[29]之歲, 日躔[30]在心

je si bai amala taciha li jy dzoo

浙西 땅의 나중 배운 李之藻

浙西後學李之藻

gala obofi gingguleme sioi araha .. (4b)

손 씻고 삼가 서문 지었다.

盥手謹序.

의역 부분

重刻天主實義序

dasame foloho . abkai ejen i unenggi jurgan i sioi ..

seibeni musei fudz i beyebe dasara be gisurehengge . niyalma be weilere ci nendeme badarambufi abka be sara de isibuhabi . tereci mengdz i bibure ujire . abka be weilere leolen de isitala terei jurgan inu yongkiyahabi kai . ainci sara be uthai weilere be dere . abka be weilere

28) 明 萬曆 35년, 1607년.

29) 彊圉: 丁, 叶洽: 未.

30) 日躔: 황도상에서 태양이 지나는 각각의 지점.

. niyaman be weilere baita emu bicibe . abka serengge . terei weilere i amba sekiyen kai . abka be gisurehengge . i ging ci getukengge akū . i ging serengge . šu hergen i deribun . uthai abka be šošofi kiyan yuwan be ejen ombi . ama ombi sehengge . geli di be jen ci tucimbi sehebi . dzyang ši i suhengge . di serengge abka i salifi kadalarangge be sehebi . ere serengge (1a)

abkai ejen i jurgan dabala . umai li siyan šeng ci deribuhengge waka . jalan I muwa urse . abka be butu goro leoleci ojorakū sembi . hūwašan sa . ceni niyaman be weilerakūngge umesi dabanaha bime . gelhun akū abka be holo . di be fusihūn seme beyebe wesihun obuhabi . bithei niyalma serengge . abkai hesebun . abkai giyan . abkai doro . abkai erdemu sere gisun be ureme donjiha bime . hono singgefi dayanaha bade . buya niyalmai ulhire be sarkū . olhoro be sarkūngge be inu ai wakalara babi . li siyan šeng ni tacin doro damu abka be weile be obuhabi tuttu i abka ohongge be leolehengge umesi getuken . jalan i abka be felehudere . fucihi de haldabašarangge be sabume uthai sain gisun i (1b)

tuwancihiyambi . sefu i gisurehe da sekiyen be badarambufi . abkai ejen i unenggi jurgan seme juwan fiyelen banjibufi . sain be tacihiyabume . ehe be seremšebuhe . tede henduhe gisun . niyalma damu ama eme be weilere be saha gojime . abkai ejen be amba ama eme ojoro be sahakūbi . niyalma damu gurun boo de tob šošohon bisire be saha gojime . abka be šošoho di . teni jingkini amba šošohon ojoro be sahakūbi kai . niyaman be weilerakū oci . jui seci ojorakū . tob šošohon be sarkū oci . amban seci ojorakū . abkai ejen be weilerakū oci niyalma seci ojorakū sehebi . geli sain ehe i ilgabun . hūturi jobolon i acabun de umesi cincilahabi . tere anggala . geli tumen sain yongkiyahakū oci . gulhun sain seci (2a)

ojorakū . heni ehe de banin be ukšabuci . inu ehe be isabuha sembi . sain be yaburengge tafara adali serengge . abkai hūturi tang de tafara be .ehe be yaburengge . tuhere adali serengge . na i butui loo de tuhere be seme leolehebi . amba muru niyalma be endebuku be halafi jurgangga de gurikini . buyen lashalafi gusin be yongkiyakini . da deribun be gūnime wasinara be bulekušefi gelekini . kemuni tuwašame olhošome . emdubei šaringgiyame obufi . amba amban dergi di de weile baharakū okini sehengge kai . tere alin be dabame . mederi be doome alban benjihekū . julgeci ebsi . dulimbai gurun de . ishunde hafukakū be dahame . umai fuhi . wen wang . jeo gung . kung dz i tacihiyan be donjihakū . tuttu (2b)

terei gisun oci . inu umai musei liyan . lo . guwan . min i suhengge be songkoloho ba akū bime . terei abka be sara . abka be weilere amba gonin lak seme ging suduri de acanahabi . damu abkai tang . na i loo be udu memerehe urse akdarakū bicibe . sain de hūturi . dufe de jobolon isibure be bithei ursei an i gisun kai . abka na be cincilaha de . inu unenggi giyan kai . aikabade sain be waliyafi . ehe de dayanarangge be duibuleme ohode . necin be waliyafi den alin de tafara . bilteke mederi de dekdeyehengge ci ai encu unenggi ejen . ama i hahi de genere tondo hiyoošun i amba de holbobuhangge waka oci . udu tasha niohe giyoo oo i jobolon bi seme alanjicibe akdarakū . urunakū beye (3a)

genefi yargiyalaki seci ere inu farhūn mentuhun susutun akū dabanahakū semeo . sinde enggelehengge juweden akū . daci damu mujilen banin ii unenggi tacin be . ume hūturi jobolon de kenehunjere. aikabade mentuhun be tuwancihiyara banuhūn be nukcibure . jai coohalara dailara . ilibure algimbure de baitalaki seci . ere jurgan be bibuci acambi . muwa ursei jalin tacihiyan iliburengge yargiyan i gosihon mujilen kai . terei bithe be tuwaci . kemuni hancikingge bithesi sai adali akū bime . julgei su wen . jeo pi . g ao gung . ci yuwan i jergi bithede dorgideri ishunde acanahabi . gehun holtome ilibuhangge waka . jai tere beyebe kimcire mujilen be dasarangge cira ginggun . heolen akū. jalan de sefu serengge be (3b)

bithei urse terebe dulerakūngge inu kai . dergi mederi . wargi mederi mujilen emu giyan adali . adali akūngge damu gisun hese . bithei hergen kai . ere bithe tucire jakade gisun adali . wen fujurungga . julergide geli . yarugan araha be dahame enteheme genggiyen be durgebume yendebure. tacihiyan be wehiyembure . muwa be huwekiyebure de baitalaci . foihori akū bime . inu ainahai mekele ombini . yargiyan i geren dz tanggū boo i jergi bithede obufi tuwaci ojorakū . mini gucu wang meng yei hangju de dasame foloho manggi . bi dabsidame . udu gisun yarume araha . gelhun akū . jecen i tulergi i bithe be maktame donjihakū gisun be donjiha seme tukiyecerengge waka . yargiyan i amba abka be uheri hukšeme oyonggo (4a)

jurgan be gingguleme wesihuleki sehengge kai . aikabade kemuni ureme donjihangge be hūsutulehekūngge oci . ede dahūci ombi dere . jai mujilen be bibure . banin be ujire de maka niyececun tusa akū semuo ..

wan li fulahūn honin aniya . juwan biyade . je si bai amala taciha li jy dzoo gala obofi gingguleme sioi araha .. (4b)

『천주실의』 중각서:
거듭하여 판각한 '천주의 진실한 뜻'의 서문

옛적에 우리의 선생님이신 공자(孔子)께서 몸을 다스리는 수신(修身)을 말씀하신바 어버이를 섬기는 일에서부터 먼저 행하여 이를 확장시켜서 하늘을 아는 데 이르게 하였다. 그로부터 맹자(孟子)의 남기고 기르고 하늘을 섬기는 논의에 이르도록 그 의(義) 또한 갖추었다. 생각건대 아는 바 곧 섬기는 바이리라. 하늘을 섬기는 일과 어버이를 섬기는 일은 하나이지만 하늘이라는 것은 그 섬김의 큰 근원이도다.

하늘을 말한 것은 『역경(易經)』보다 명백한 것이 없다. 『역경』은 문자의 시작으로 곧 하늘을 총괄하여 건원(乾元)을 주군(主君) 되고 부친(父親) 된다고 말한 것이다. 또 상제[帝]가 진방(震方)에서 나온다 하였다. 주자(朱子)가 풀이한 것, 상제는 하늘의 주재(主宰)하고 관리하는 이라고 하였다. 이는 천주(天主)의 의미일 따름이다. 전혀 마테오 리치 선생에게서 시작한 것 아니다.

세상의 속된 무리는 하늘이 어둡고 멀어서 논할 수 없다고 한다. 스님들은 그들의 어버이를 섬기지 않는 것이 몹시 지나쳤으며 감히 하늘을 거짓되고 상제를 천하다 하고 자신을 귀히 여겼다. 유학자는 천명(天命), 천리(天理), 천도(天道), 천덕(天德)하는 말을 익히 들었으면서 오히려 스며들어 의지하러 간 바에 소인의 무지함과 두려워할 줄 모르는 것을 또한 무슨 비난할 바 있는가?

마테오 리치의 학술은 다만 하늘을 섬기는 것으로 삼았다. 그렇게 하늘 된 것을 논한 것 몹시 분명하다. 세상에서 하늘을 모독하고 부처에 아첨한 이를 보면 즉시 좋은 말로 바로잡는다. 스승이 말한 본래 근원을 확장시켜서 『천주실의(天主實義)』라고 10장(章) 편찬해서 선(善)을 훈도시키며 악(惡)을 방비하게 하였다. 그것에서 언급한 것이다. 사람이 다만 부모 섬기는 것을 알았을 뿐 천주가 큰 부모 됨을 알지 못했다. 사람이 다만 나라에 정통(正統)이 있음을 알았을 뿐이고 하늘을 총괄한 상제[帝]가 대정통(大正統)됨을 알지 못했다. 어버이를 섬기지 않으면 아들이라 할 수 없고 정통을 모르면 대신(大臣)이라고 할 수 없다. 천주를 섬기지 않으면 사람이라 할 수 없다고 하였다. 또 선악(善惡)의 구분, 화복(禍福)의 응보에 몹시 상세히 조사했다. 뿐만 아니라 또 온갖 선을 갖추지 않았다면 순전한 선이라고 할 수 없다. 약간의 악에 본성을 연루시키면 또한 악을 모았다고 한다. 선을 행하는 것은 올라가는 것과 같은 것으로 하늘의 복당(福堂)에 올라가는 것이고, 악을 행하는 것 추락하는 것 같은 것으로 땅의 어두운 감옥에 떨어지는 것이라고 논하였다. 대체로 사람을 허물 고쳐서 의로운 데로 옮기게 하자, 욕망을 단절하고 어

짊[仁]을 갖추게 하자, 원래 시작을 생각하며 내려가심을 감찰해서 두려워하게 하자, 여전히 살펴보며 두려워하고 거듭 깨끗하게 해서 크나큰 상제께 죄짓지 않게 하자고 한 것이다.

그는 산을 넘고 바다를 건너 공물 보내오지 않았고 예로부터 중국에 서로 통하지 않았으므로 전혀 복희(伏羲), 문왕(文王), 주공(周公), 공자(孔子)의 가르침을 듣지 않았다. 그래서 그의 말은 또한 우리 송대 유학자들이 주해한 것을 그대로 따른 것이 전혀 없으면서 그 하늘을 알고 하늘을 섬기는 큰 뜻이 딱 맞게 경사(經史)에 부합하였다. 다만 천당지옥(天堂地獄)을 비록 고집스러운 자들은 신뢰하지 않지만 선(善)에 복(福), 음란함에 고통이 이르게 한다는 것은 유학자들이 평소에 하던 말이다. 천지를 상찰해보면 또한 진실한 이치이다.

만약에 선(善)을 버리고 악(惡)에 의지하러 가는 것은 비유하자면 평탄함을 버리고 높은 산에 오르거나 범람한 바다에 떠다니는 것에서 무엇이 다른가? 진실로 주군(主君)과 부친(父親)의 위급함에 나아가고 충효(忠孝)의 큰일에 관계된 것 아니면 비록 호랑이 · 이리 · 교룡 · 악어의 고난이 있다고 알려주어도 믿지 못하고 반드시 직접 가서 실증하고자 하면 이 또한 어둡고 우둔하고 탁월치 못함이 과도하다 않겠는가? 너에게 임한 것 두 마음 없다. 본래 다만 심성(心性)의 진실한 학문이다. 화복(禍福)을 의심하지 말라. 만약에 우둔함을 바로잡고 나태함을 자극시키고, 또 출병하여 토벌하고, 저지하거나 선양할 적에 사용하고자 하면 이 의(義)를 보존해야 마땅하다. 속된 무리를 위해 가르침을 세우는 것은 진실로 괴로운 마음이도다.

그 글을 살펴보면 여전히 근세의 유학자들과 같지 않고, 옛날의 『소문(素問)』, 『주비(周髀)』, 『고공(考工)』, 『칠원(漆園)』 등의 글에 암암리 서로 부합하였다. 분명 속여서 세운 것 아니다. 또 그 몸을 살피고 마음을 다스리는 것이 엄격하고 경건하며 나태함이 없어 세상에서 스승이라 하는 이다. 유자들이 그것을 넘어서지 못하는 것 옳도다.

동양과 서양은 마음이 하나, 이치도 같다. 같지 않은 것은 다만 언어 문자이다. 이 글이 나오는 까닭에 언어는 같고 교화는 훌륭하다. 앞에서 또 인도하였으므로, 영원히 밝음을 진작시키며 흥기시키고 가르침을 돕게 하여 속됨을 고무시키는 데 사용한다면, 우연이 아니면서 또한 어찌 헛되겠는가? 진실로 제자백가의 글로 여기고 보면 안 된다.

나의 벗 왕맹박(汪孟樸)이 항주(杭州)에서 거듭하여 판각한 뒤, 내가 외람되이 몇 마디 서문을 지었다. 감히 변경 밖의 글을 칭찬하려 듣지도 않은 말을 들었다고 찬양하는 것 아니다. 진실로 큰 하늘을 다함께 이고 중요한 의(義)를 삼가 높이고자 한 것이다. 만약에 여전히 익히 들은 것을 힘쓰지 않은 이는 이로써 보수(補修) 할 수 있으리라. 또 마음을 보존하고 본성을 기르는데 혹여 보충하는 유익함이 없다고 하겠는가?

만력(萬曆) 정미(丁未) 10월 절서(浙西) 지역의 후학 이지조(李之藻)는 손 씻고 삼가 서문을 지었다.

만주어 『천주실의』 중각서 영인 자료

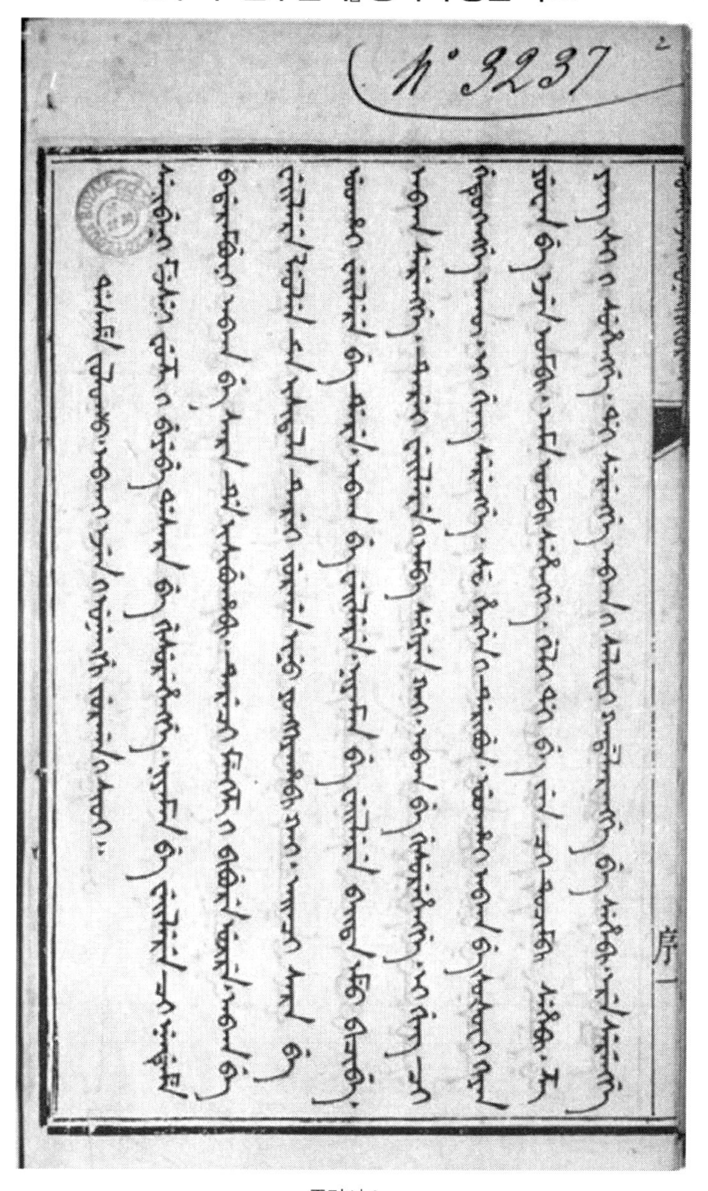
N° 3237

序一

중각서 1a

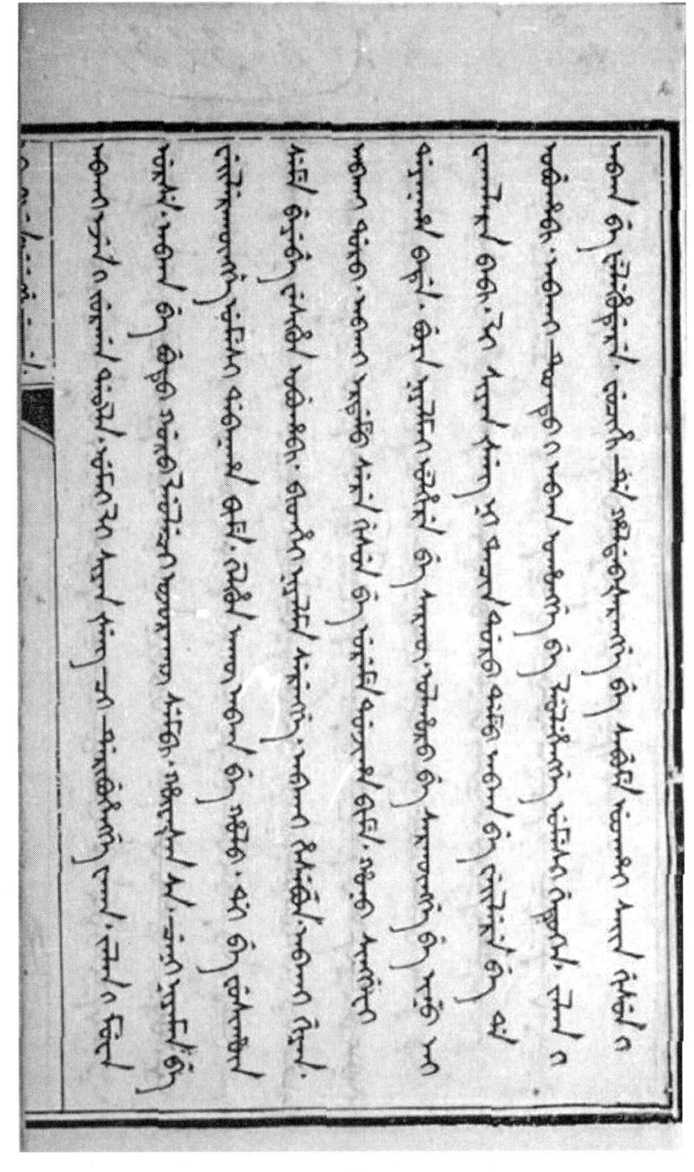

1b

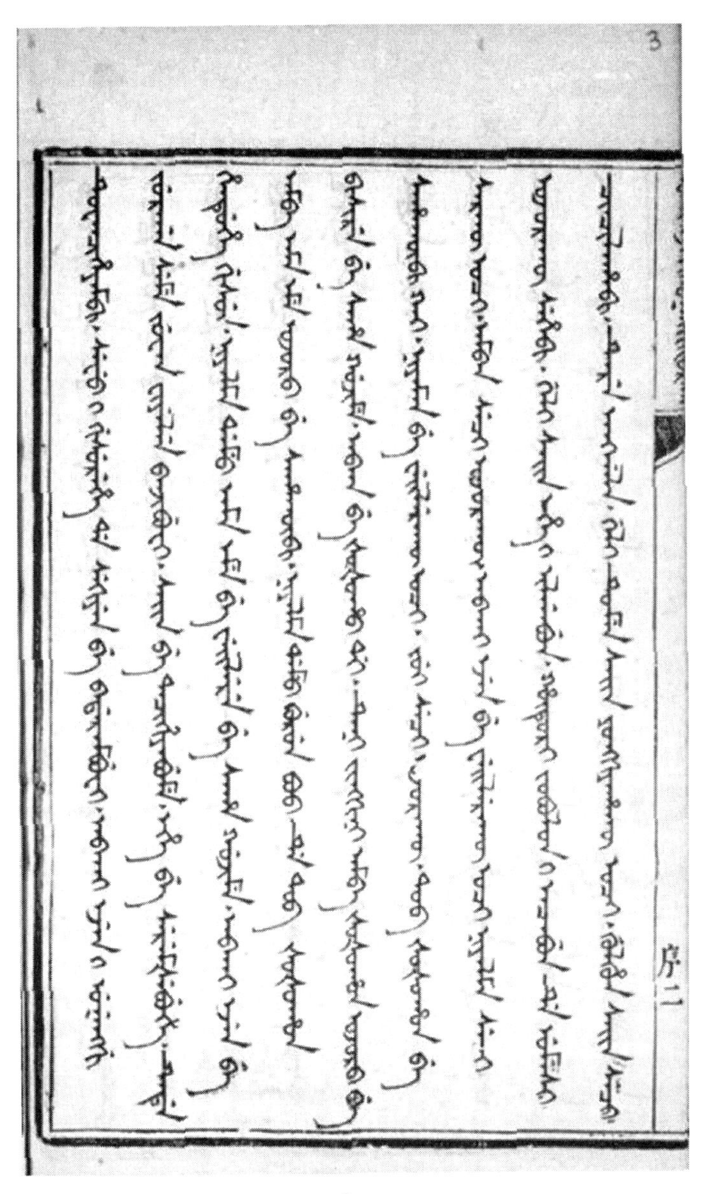

2a

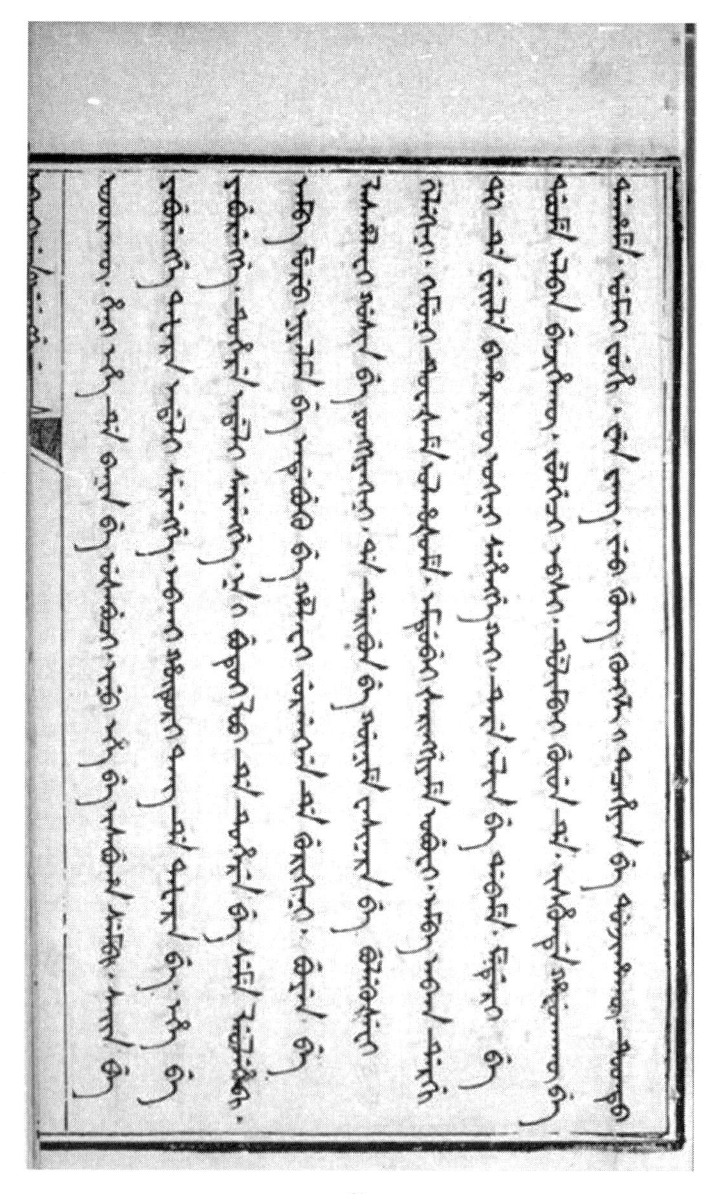

2b

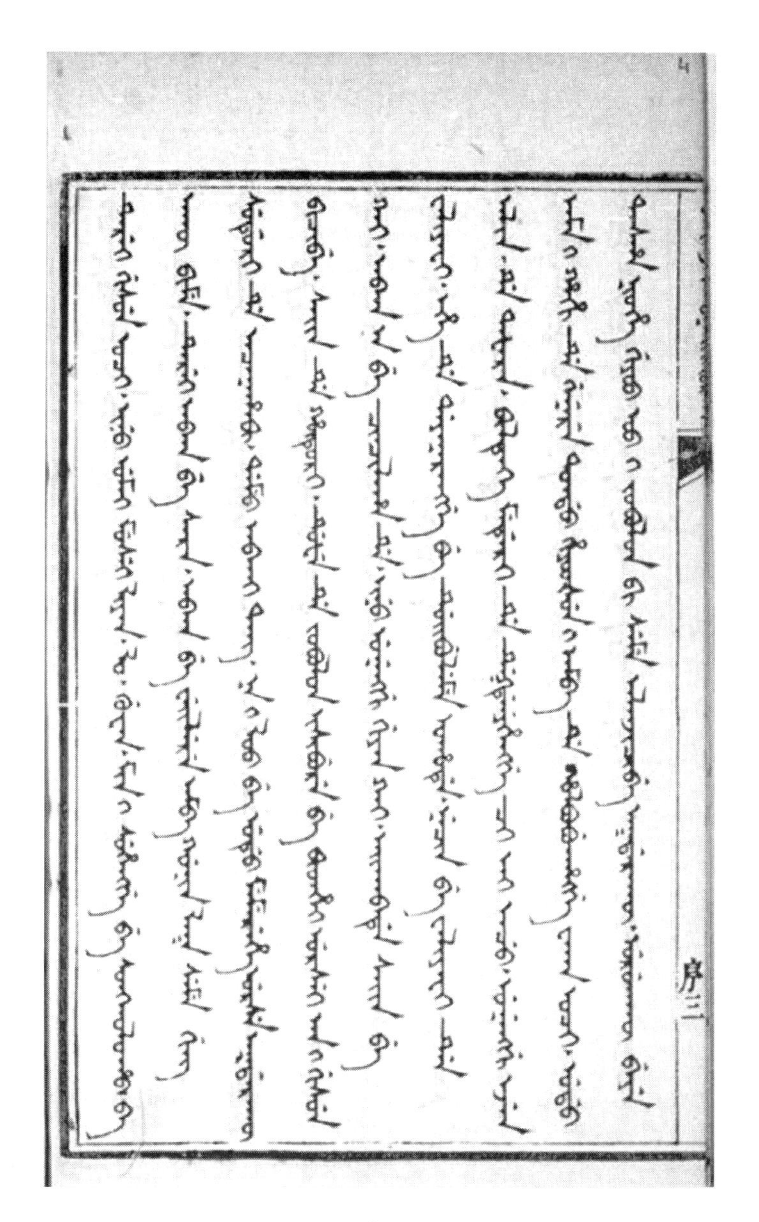

3a

3b

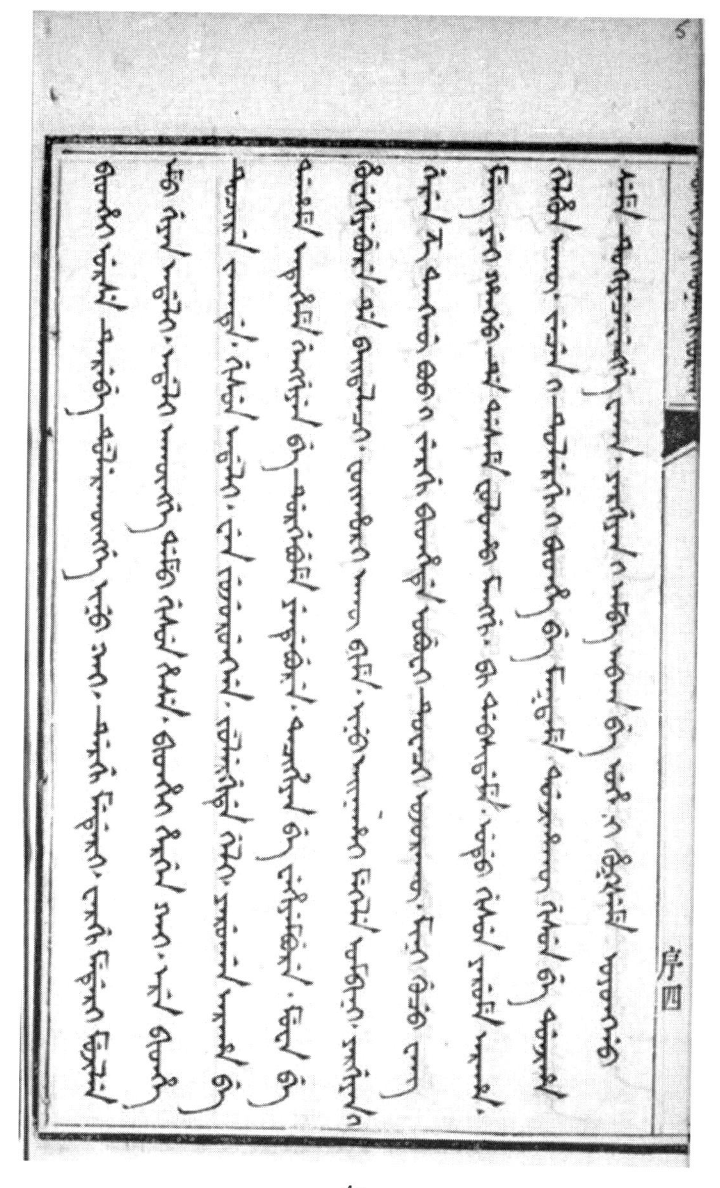

4a

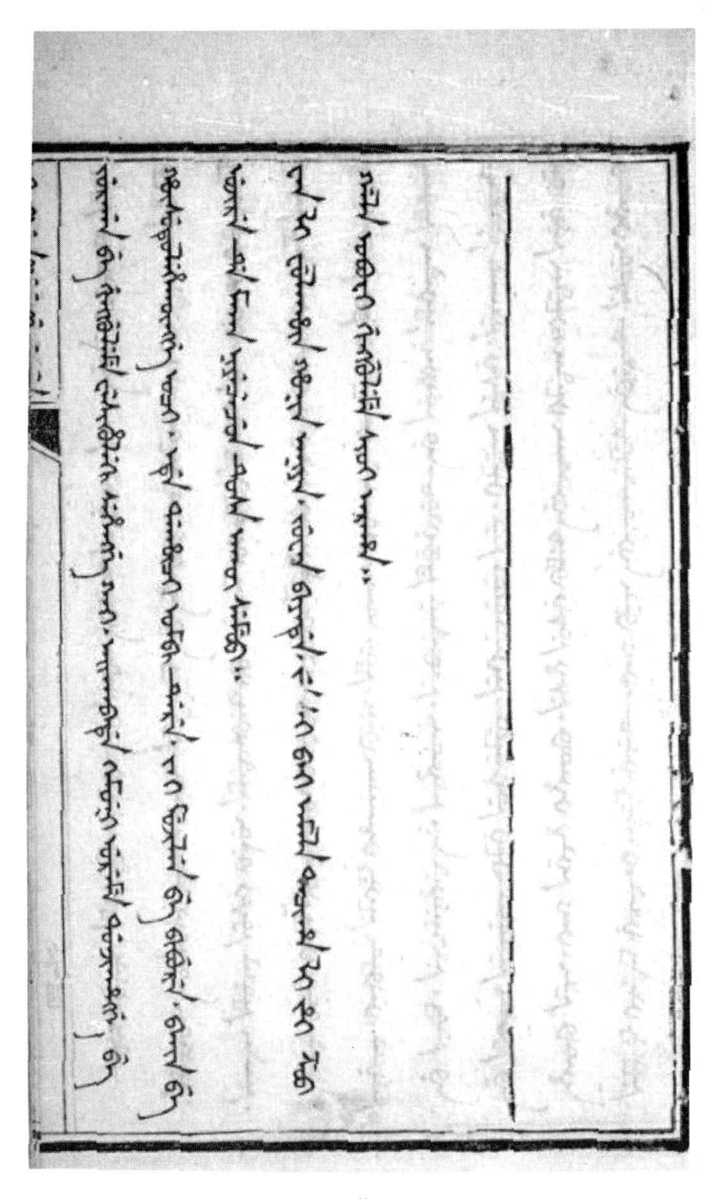

4b

제3장
만주어 『천주성교약언(天主聖教約言)』 역주

1. 청대 만주어 그리스도교 문헌 배경

중국에 들어온 서양 선교사들에 의해 이루어진 만주어 문헌은 대략 종교 신학 방면의 서교서(西教書)와 수학 의학 방면의 과학서(科學書)로 나눌 수 있다. 전자의 경우는 만주어 『천주실의(天主實義, abkai ejen i unenggi jurgan)』를 비롯해서 만주어 『천주교요(天主教要, abkai ejen i tacihiyan i hešen i bithe)』, 만주어 『천주성교약언(天主聖教約言, abkai ejen i enduringge tacihiyan i oyonggo gisun)』, 만주어 『주제군징(主制群徵, abkai ejen i toktobuha geren yargiyan temgetu)』, 만주어 『만물진원(萬物眞原, tumen jaka i unenggi sekiyen)』, 만주어 『성체요리(聖體要理, enduringge beyei oyonggo gisun)』, 만주어 『성체답의(聖體答疑, enduringge beye be kenehunjehengge de jabuha bithe)』, 만주어 『천주정교약징(天主正教約徵, abkai ejen i tob tacihiyan i temhetu i šošohon)』, 만주어 『천신회과(天神會課, abkai enduri hūi i kicen)』, 만주어 『성년광익(聖年廣益, šeng niyan guwang i)』, 만주어 『성세추요(盛世芻蕘,

šeng ši cu nao)』, 만주어 『척죄정규략(滌罪正規略, weile be geterembure jingkini kooli)』 등이 있다.[1] 후자의 경우는 만주어 『기하원본(幾何原本, gi ho yuwan ben bithe)』과 만주어 『서양약서(西洋藥書, si yang ni okto i bithe)』, 만주어 『흠정격체전록(欽定骼體全錄, dergici toktobuha ge ti ciowan lu bithe)』 등이 대표적이다.

2. 『천주성교약언』의 저자

만주어 『천주성교약언』의 저자에 대한 명확한 자료는 없다. 한문본 『천주성교약언』(1606)의 저자는 중국에서 활동한 예수회 소속의 포르투갈 선교사 주앙 소에이로(Soeiro, João S.J. , 蘇如望, 1566-1607) 신부이다.[2] 한문 영인본 자료로는 『耶穌會羅馬檔案館明淸天主教文獻』(二)(臺北: 利氏學社, 2002),『徐家匯藏書樓明淸天主教文獻』(二)(臺北: 輔仁大學, 1996) 등이 있다. 최근 그의 저작집이 섭농(葉農) 등에 의해 『耶穌會士蘇如望漢文著述集』(齊魯書社, 2014)으로 간행된 바 있다.

---

1) John L. Mish, "A Catholic Catechism in Manchu", Monumenta serica Vol. XVII 1958, 361~372면 ; Giovanni Stary, "Christian Literature in Manchu", Central Asiatic Journal 44-2, 2000.

2) L Pfsiter 在華耶穌會士列傳及書目 （法）費賴之 著 ; L. Pfister-1 Notices biographiques et bibliographiques sur les jesuites 1(1552-1773)(1932).

3. 만주어 『천주성교약언』

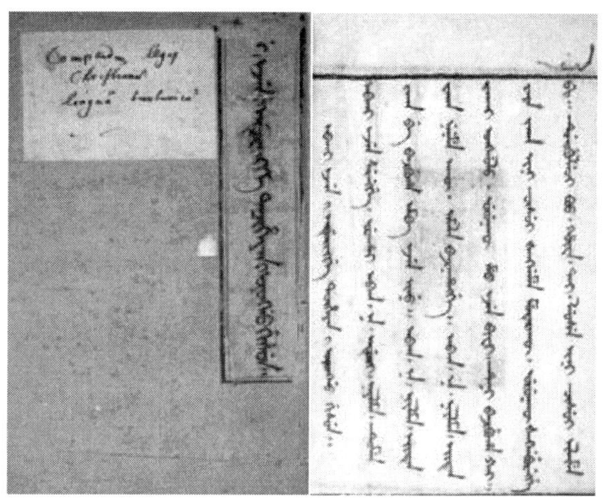

[그림1] 만주어 『천주성교약언』(BnF 소장본, M)
(天主聖教約言, abkai ejen i enduringge tacihiyan i oyonggo gisun)
서지사항 : 만주어본 BnF, 한문본 BnF 2종

4. 만주어 『천주성교약언』 본문 대역

abkai ejen i enduringge tacihiyan i oyonggo gisun ..
天의 主의 거룩한 가르침 의 중요한 말씀
天主聖教約言

abkai ejen serengge . uthai abka . na . enduri . niyalma . tumen
天의 主 하는이 곧 天, 地, 神, 人, 萬

jaka be banjibuha amba ejen inu .. abka . na . niyalma . eiten
物 을 창조하신 大 主 이다. 天, 地, 人, 모든

jaka neneme akū . amala banjinahangge .. abka . na . niyalma .
物이 전에 없다 나중에 생겨난 것이다. 天, 地, 人,

eiten jakai onggolo . urunakū emu ejen bifi .. teni banjibuha kai ..
모든 物의 이전에, 반드시 한 主 있어, 비로소 창조하셨도다.

yaya jaka ini cisui šanggame muterakū . urunakū šanggaburengge
무릇 物은 스스로 이루지 못한다. 반드시 이루게 하는 이

bi .. duibuleci boo . hūwa . tai . leose ini cisui ilime [1a]
있다. 비유하면 집, 뜰, 臺, 樓 저절로 일어설 수

muterakū . urunakū faksisai galaci šanggara adali .. abka .
없고, 반드시 匠人들의 손에서 이루는 것과 같다. 天,

na . niyalma eiten jaka adarame ini cisui banjime mutembi ..
地, 人, 모든 物이 어떻게 저절로 생겨날 수 있는가?

banjiburengge . uthai abkai ejen kai .. jalan i niyalma .
창조하는 이는 곧 天의 主 이다. 세상 의 사람은

pan gu . fucihi . loo dz i jergi urse be yooni abka nai
盤古, 佛陀, 老子 의 等 무리 를 전부 天 地의

amargideri tucinjihe .. ama eme ci banjiha sembime .
뒤에서 나왔고, 父 母에게서 태어났다 하며

ememungge geli tere be hūlhi lampa be neihe .
어떤 이는 또 그 를 混 沌 을 열었고,

abka . na niyalma . eiten jaka be banjibuha sehengge .
天, 地 人, 모든 物 을 창조했다 한 것은

ambula jurcehebi dere ..[1b]
대단히 그릇된 것이리라.

ememungge hendume . abka . na . niyalma jaka be gemu
어떤 이는 말하기를, 天, 地, 人, 物 을 모두

abkai ejen banjibuha seci . abkai ejen be we banjibuhani ..
天의 主가 창조했다 한즉, 天의 主 를 누가 창조했는가?

jabume . abkai ejen serengge . tumen jaka i fulehe da be dahame .
답하기를, 天의 主 라는 것은 萬 物의 根 本 이므로

banjiburengge bici abkai ejen waka ombi .. yaya jaka de
창조하는 이가 있으면 天의 主 아니게 된다. 무릇 物 에

deribun duben bisirengge . orho . moo . gasha . gurgu inu ..
시작 끝 있는것은 草, 木, 鳥, 獸 이다.

deribun bisire . duben akūngge . abka na . enduri . hutu .
시작 있고 끝 없는것은 天 地, 神, 鬼,

niyalma i fayangga inu .. damu abkai ejen de deribun duben akū [2a]
사람 의 靈魂 이다. 다만 天의 主 께 시작 끝 없으

bime . tumen jaka be deribume dubembume mutembi .. abkai ejen
면서 萬 物 을 시작하고 마치게 할 수 있다. 天의 主

akū oci . eiten jaka gemu akū ombi kai .. emu moo de
없으면 온갖 物 모두 없게 되는도다. 한 나무 에

duibuleci . terei ilga . tubihe . gargan . abdaha . cikten gemu
비유하면, 그것의 꽃, 열매, 가지, 잎, 줄기 모두

fulehe ci banjinambi .. fulehe akū oci . yaya jaka gemu akū
뿌리 에서 생겨난다. 뿌리가 없으면 무릇 物 모두 없게

ombi .. moo i fulehe . gūwa fulehe de akdahakūngge . tere
된다. 나무 의 뿌리, 다른 뿌리 에 의지하지 않은 것, 그것

uthai ini cisui banjinara turgun bifi kai . abkai ejen serengge .
곧 스스로 생겨나는 사연 있어서이다. 天의 主 라는 것은

uthai tumen jaka i fulehe da be dahame . adarame [2b]
곧 萬 物 의 根 本이므로 어떻게

banjiburengge bi seci ombi .. abkai ejen tuktan tumen
창조하는 이 있다 하겠는가? 天의 主 애초 萬

jaka be banjiburede . neneme abka na be faksalafi . yaya
物 을 창조할 적에, 먼저 天 地를 開闢하고, 各

hacin i fulehe da be banjibufi . terei amala teni emu
種 의 根 本 을 창조하고, 그 후에 비로소 한

haha . emu hehe banjibuha .. hahai gebu adang . hehei gebu .
남자, 한 여자 창조했다. 남자의 이름 아담, 여자의 이름

e wa . juwe niyalma be tumen irgen de unggu mafa
하와 두 사람 을 萬 民 에 元 祖

obufi . abkai ejen geli fusembure ulara muten be bure
삼아서, 天의 主 또 번성케하고 전하는 능력 을 주는

jakade . tereci niyalma ishunde ulandume fusembuhei jalan [3a]
故로 그로부터 사람이 서로 相傳하며 번성하면서 代

jalan de lakcarakū ohobi .. ere be tuwaha de . tiyan ju .
代 로 단절없게 되었다. 이 를 보면, 天 主가

abka . na . niyalma . eiten jaka i unenggi ejen ofi . geli tumen
天, 地, 人, 모든 物의 참된 主 되고, 또 萬

jaka be banjibufi . niyalma de baitalabuhabi .. jalan i niyalma .
物 을 창조하고, 사람 에게 쓰이게 하였다. 세상 의 사람

abkai ejen be gingguleme jukterengge umesi giyan . ginggulerakū
天의 主 를 공경하고 제사하는 것 몹시 당연하다. 공경않고

jukterakūci urunakū waka bahambi .. duibuleci . ama
제사않으면 반드시 罪 얻는다. 비유하면 父

eme de juse banjifi . ulembume etubume ujime tacihiyame
母 로 자식 낳고, 먹이고 입히고 기르고 가르치고

hūwašabumbi .. aikabade jui ojoro niyalma . ama eme be [3b]
양육한다. 만약에 子 되는 사람, 父 母 를

ginggulerakū oci . urunakū hiyoošun akū weile bahambi ..
공경하지 않으면 반드시 효도 않는 罪 얻는다.

abkai ejen serengge . niyalmai amba ama eme bime ginggulerakū
天의 主 라는 이는 사람의 큰 父 母 인데 공경치 아니

oci ombio .. damu tumen jaka i ejen be getukelehede .
하면 되는가? 다만 萬 物 의 主 를 분명하게 하면

jalan i niyalmai baita be inu ja i ulhici ombi ..
세상 의 사람의 일 을 또한 쉽게 깨달을 수 있다.

niyalma de fayangga beye juwe hacin bi. terei beye udu
사람 에게 魂 魄 두 종류 있다. 그의 魄 비록

bucecibe . fayangga dubentele mukiyerakū ombi ..
죽더라도 魂 끝까지 불멸하게 된다.

tuttu ofi jalan i fayangga ilan jergi bi . dubengge be banjire [4a]
그러므로 세상 의 魂 3 등급 있다. 끝인 것 을 生

fayangga sembi . ere uthai orho moo i fayangga inu .
魂이라 한다. 이는 곧 草 木의 魂 이다.

ere fayangga orho moo be wehiyeme fulhureme mutebumbi .
이 魂은 草 木을 도와서 번성하게 할 수 있다.

orho moo sacibufi olhoho manggi . fayangga dahaduhai mukiyembi ..
草 木 베어져 마른 뒤 魂 곧이어 멸한다.

dulimbaingge be sara fayangga sembi . ere uthai gasha gurgu i
중간 것 을 覺 魂이라고 한다. 이는 곧 禽 獸 의

fayangga inu .. ere fayangga gasha gurgu be wehiyeme fusembume
魂 이다. 이 魂은 禽 獸를 거들어 번성케 하고

banjibumbi . geli sabure donjire jetere congkire . beye nimere
창조한다. 또 보고 듣고 먹고 쪼고, 몸 아프고

yoocare ba sambi . damu doro giyan be ulhirakū . bucehe [4b]
가려운 바를 안다. 다만 道 理 를 깨닫지 못한다. 죽은

manggi . fayangga inu dahaduhai mukiyembi .. uju jergingge be
뒤 魂 또한 곧이어 멸한다. 첫째 等인 것을

sure fayangga sembi . ere uthai niyalma i fayangga inu .
靈 魂이라고 한다. 이는 바로 사람 의 魂 이다.

ede banjire sara juwe hacin i fayangga be kamcibure jakade .
이에 生하고 覺하는 두 가지 의 魂 을 겸하는 故로

tuttu niyalma be wehiyeme banjibume mutebume ulhibumbime .
그래서 사람 을 도와서 창조하게 할 수 있고, 깨닫게 하면서

geli doro giyan be hafufi . tumen baita de acabume mutembi .
또 道 理 를 통하고, 萬 事 에 부응하게 할 수 있다.

beye udu bucecibe . sure fayangga enteheme mukiyerakū ombi ..
몸은 비록 죽지만, 靈 魂 은 영원히 불멸하게 된다.

tuttu ofi . jalan i niyalma . bucehe eshun gurgu de gelerakū .
그러므로 세상 의 사람 죽은 猛 獸 에 두려워않고,

bucehe niyalma [5a]
죽은 사람

de gelerengge . niyalmai banin sure ulhisu . udu bucecibe .
을 두려워하는 것, 사람의 본성 聰 悟하여, 비록 죽더라도

terei mukiyerakū fayangga bifi kai .. gasha gurgui umesi
그의 불멸하는 魂이 있어서 이다. 鳥 獸의 아주

mukiyere fayangga de adali akū .. niyalmai fayangga mukiyerakū
滅하는 魂 과 같지 않다. 사람의 魂이 불멸함

be saci tetendere . geli dasame banjinjire . forhošume ubaliyara
을 알면 그만이다. 또 다시 태어나고 굴러서 뒤바뀌는

ninggun doro be akdaci ombio ..
여섯 道 를 믿으면 되는가?

giyan i banjirede . yabun i sain ehe be tuwame
응당 살아갈 적에, 품행 의 善 惡 을 보아서

bucehe manggi . meni meni fayangga be abkai ejen i beidefi
죽은 뒤, 각각의 魂 을 天의 主 가 심판하여

ilgame gamara babe saci acambi .. sain urse be abkai dele [5b]
구분해 가지는 것을 알아야 한다. 善한 무리 를 天의 위에

wesimbufi mohon akū hūturi be isibumbi .. ere uthai
올려서 다함 없는 福 을 베푼다. 이는 곧

abkai ejen i sain de karularengge . ehe urse be nai loo de
天의 主가 善에 보답하는것, 惡한 무리 를 地의 獄에

dosimbufi . eiten hacin i erun be alibumbi . ere uthai
들게 하고, 모든 종류 의 형벌 을 받게 한다. 이는 곧

abkai ejen i ehe be iseburengge .. abkai ejen umesi
天의 主가 惡을 징벌하는 것이다. 天의 主 지극히

tondo be dahame . sain de karularakū . ehe be
公正하므로 善에 보응하지 않고, 惡 을

iseburakūngge akū . jalan i niyalma ehe be yabumbime .
징계않는것 없다. 세상 의 사람 惡 을 행하면서

bayara jirgara . sain be yabumbime .
부유하고 安逸하고, 善 을 행하면서

yadara joborongge adarame [6a]
가난하고 고통당함은 어째서

seci . tere niyalma bucehe manggi . abkai ejen sain be
한즉, 그 사람 죽은 뒤 天의 主 善 을

yabuha fayangga be . abkai dele gamafi mohon akū hūturi
행한 魂 을 天의 위로 데려가서 다함 없는 福

isibumbi . ehe be yabuha fayangga be . nai loo de
베푼다. 惡 을 행한 魂 을 地의 獄 에

dosimbufi mohon akū erun be alibumbi . aikabade
들게 해서 다함 없는 형벌 을 받게 한다. 만약에

abkai dergi hūturi . nai loo i jobolon akū oci .
天의 上의 福, 地의 獄 의 고통 없으면

jalan i niyalmai sain ehe be aini karulambi . isebumbi ..
세상 의 사람의 善 惡 을 어찌 보응하고 징벌하는가?

tuttu oci sain be yabure niyalma untuhuri ombime . [6b]
그러하면 善 을 행하는 사람 속절없게 되면서

ehe be yabure niyalma ele jabšambi kai .. ere be geli
惡 을 행하는 사람 더욱 행운이도다. 이 를 또

abkai ejen i umesi tondo seci ombio .. ememungge fonjime .
天의 主 가 지극히 公正 타면 되는가? 어떤 이가 묻기를

sain ehe be ne jalan de karulara . turgun geli adarame ..
善 惡 을 현 세 에서 보응하는 까닭은 또 어째서인가?

jabume . aikabade sain ehe be yooni bucehe manggi . ilgaci .
답하되, 만약에 善 惡 을 전부 죽은 뒤, 구분하면

mentuhun niyalma bucehe amargi weile be sarakū be dahame .
우매한 사람은 죽은 뒤의 罪 를 모르므로

abkai dele iletu ejen bisire be adarame serebuci ombi ..
하늘의 위 분명한 主 있음 을 어떻게 깨달을 수 있는가?

tuttu ofi jurgan be fudarakangge be nimeku gashan jobolon [7a]
그러므로 義 를 거역한 자 를 질병 재난 고통

de ucarabufi amaga be targabumbi .. giyan de ijishūn
을 닥치게 하여 나중 을 경계시킨다. 이치 에 順하는

ningge be hūturi be isibume . terei dulekede karulame
자 를 福 을 베풀고, 그의 지난 것에 보응하여

jidere be huwekiyebumbi .. ememungge sain be yabumbime
올 것을 고무시킨다. 어떤 이는 善 을 행하면서

yadame joborongge . sain i dorgi de ajige endebuku bifi .
가난하고 고통받는 것, 善의 안 에 작은 허물 있어

abkai ejen ne isebume jobobufi . bucehe manggi . hūturingga bade
天의 主 현재 징계 고통주고, 죽은 뒤 福된 곳에

gamafi enteheme sebjelebumbi .. ehe be yabumbime bayara
데려가 영원히 즐겁게 한다. 惡 을 행하면서 부유하고

jirgarangge . terei ehei dorgi de heni sain ba bifi . [7b]
安逸한 것, 그의 惡의 안 에 조금 善한 바 있어

abkai ejen ne karulame jirgabufi . bucehe manggi . farhūn loode
天의 主 현재 보응하여 안일하게 하고, 죽은 뒤 어두운 獄에

dosimbufi tumen jobolon be alibumbi .. jalan i niyalma ne[3] looi
들게 하고 萬 고통 을 받게 한다. 세상 의 사람 地 獄의

eiten . hacin i jobolon ci guwefi . abkai dele wesifi
모든 종류 의 고통 에서 면하고, 天의 위에 오르고

mohon akū hūturi be aliki seci . urunakū ilan hacin be kice ..
다함 없는 福 을 받고자 한즉 반드시 3 가지 를 힘쓰라.

3) na의 의미로 풀었다.

emu hacin . abkai dergi ejen be unenggi ejen seme
1 項, 天의 上 主 를 참된 主 하고

saci acambi .. jalan i niyalma weri niyalmai boode ebufi
알아야 한다. 세상 의 사람, 다른 사람의 집에 멈추어

tataki seci . urunakū neneme boo i ejen [8a]
머물고자 하면 반드시 먼저 집 의 주인

de baime gisurefi teni teci ombi .. abkai ejen be
에게 청하여 말하고 비로소 居할 수 있다. 天의 主 를

sarakū oci . abkai dergi mohon akū hūturi be aliki
모르면 天의 上의 다함 없는 福 을 받고자

seci ombio .. emu hacin . abkai dergi jugūn be uthai
하면 되는가? 1 項, 天의 上의 길 을 곧

abkai ejen i doro seme saci acambi .. jalan i niyalma tere
天의 主 의 道 하고 알아야 한다. 세상 의 사람 居할

bade geneki seci . tere jugūn be sarakū oci . tere bade
곳에 가고자 하면 그 길 을 모르면 居할 곳에

bahafi isinarakū . abkai dergi jugūn be sarakū oci .
이르지 못한다. 天의 上의 길 을 모르면

adarame bahafi isinambi .. emu hacin . urunakū saha babe [8b]
어떻게 얻어 이르겠는가? 1 項, 반드시 안 것을

yabuci acambi .. niyalma udu genere jugūn be bahanacibe .
행해야 한다. 사람 비록 갈 길 을 알더라도

boode ekisaka tefi . tucifi yaburakū oci . bahafi
집에 편히 居하고, 나가서 행하지 않으면 얻어

isinarakū .. aikabade abkai mohon akū hūturi bisire
이르지 못한다. 만약에 天의 다함 없는 福이 있는

bade isinaki seci . urunakū abkai ejen i enduringge tacihiyan i
곳에 이르고자 하면 반드시 天의 主의 聖 教 의

baita be yabuci acambi kai .. ememungge fonjime . tiyan ju .
일 을 행해야 한다. 어떤 이가 묻기를, 天 主는

abka . na . niyalma . eiten jaka i ejen bime . terei unenggi
天, 地, 人, 모든 物의 主 이고, 그의 참된

doro . abkai dele wesire jugūn be gemu bahafi donjiha . damu [9a]
道, 天의 위에 오르는 길 을 모두 얻어 들었다. 다만

abkai ejen i enduringge tacihiyan be dahame yabubure doro
天의 主의 聖 教 를 따르며 행하게 하는 道

adarame .. jabume . enduringgei tacihiyan de dosiki seci urunakū
어떻게? 답하되, 聖의 教 에 들고자 하면 반드시

juwe hacin be kice .. uju de . unenggi mujilen be jafafi .
두 가지 를 힘쓰라. 첫째로 참된 마음 을 지니고

nenehe endebuku be geterembume dasa .. jai de . tiyan ju i
이전의 허물 을 제거시키고 고쳐라. 둘째로 天 主의

juwan targacun be dahara de bi .. abkai ejen i juwan targacun .
十 誡 를 따르는 데 있다. 天의 主의 10 계명

uju de . abkai ejen be tumen jaka i dele bi seme ginggule .
첫째로 天의 主 를 萬 物의 위 있다 고 공경하라.

jai de . abkai ejen i enduringge gebu be hūlame holtome ume [9b]
둘째로 天의 主의 거룩한 이름 을 몰래 속여서

gashūre .. ilaci de . juktere doloro inenggi be ume
맹세치 말라. 셋째로 제사하고 행례하는 날 을 어기지

jurcere .. duici de . ama eme be hiyoošula ..
말라. 넷째로 父 母 를 공경하라.

sunjaci de . niyalma be ume wara ..
다섯째로 사람 을 죽이지 말라.

ningguci de . dufe langse be ume yabure ..
여섯째로 음란 추잡함 을 행하지 말라.

jakūci de . sarakū ume siden ilire .
여덟째로, 모르면서 증인서지 말라.

uyuci de . weri hehe be ume buyere ..
아홉째로 남의 여인 을 원하지 말라.

juwanci de . weri ulin be ume bahaki sere .
열 번째로 남의 재물 을 얻고자 말라 하고,

ere juwan targacun be . juwe hacin de baktamburengge .
이 십 계명 을 두 가지 에 포함하게 하는 것,

abkai ejen be tumen jaka i dele bi [10a]
天의 主 를 萬 物의 위 있다

seme ginggule . niyalma be gosirengge . beye i adali
고 공경하라. 사람 을 사랑하는 것 자신과 같이

gūnirede bi .. ere uthai nenehe inenggi abkai ejen i hese i
생각함에 있다. 이는 곧 이전 날에 天의 主 의 旨 로

jalan i gubci niyalma be gingguleme daha sehe ba ..
세상 의 모든 사람 을 공경하고 따르라 한 바이다.

sain be yabuci . abkai dele wesimbufi hūturi be isibumbi ..
善 을 행하면 天의 위에 올려서 福 을 베푼다.

ehe be yabuci . nai loo de wasimbufi erun be isibumbi ..
惡 을 행하면 地의 獄 에 내려서 형벌 을 베푼다.

ere ududu hacin be tucibuhengge cohome amba muru ..
이는 여러 가지 를 진술한 것 특히 대략이다.

aikabade abkai ejen i doro be wacihiyame saki seci .[10b]
만약에 天의 主 의 道 를 전부 다 알고자 한즉

urunakū abkai ejen i yargiyan jurgan i hacin hacin i
반드시 天의 主의 진실한 義 의 각종 의

bithe be narhūšame tuwaha de . teni hafu ulhifi
글 을 상세하게 살펴보면 비로소 훤히 깨달아

kenehunjerakū ombi .. ere doro be emu gisun i teile de
의심하지 않게 된다. 이 道 를 한 말로 뿐으로

wacihiyame muterakū ..[11a]
전부 다 할 수 없다.

5. 만주어 의역

천주 성교의 중요한 말씀

abkai ejen serengge . uthai abka . na . enduri . niyalma . tumen jaka be banjibuha amba ejen inu .. abka . na . niyalma . eiten jaka neneme akū . amala banjinahangge .. abka . na . niyalma . eiten jakai onggolo . urunakū emu ejen bifi .. teni banjibuha kai ..

천주(天主)라고 하는 이는 곧 천, 지, 신, 인, 만물을 창조하신 크신 주(主)이다. 천, 지, 인, 만물은 이전에 없다가 나중에 생겨난 것이다. 천, 지, 인, 만물의 이전에 반드시 한 분 주가 있어 비로소 창조하셨다.

yaya jaka ini cisui šanggame muterakū . urunakū šanggaburengge bi .. duibuleci boo . hūwa . tai . leose ini cisui ilime [1a] muterakū . urunakū faksisai galaci šanggara adali .. abka . na . niyalma eiten jaka adarame ini cisui banjime mutembi .. banjiburengge . uthai abkai ejen kai ..

무릇 만물은 저절로 이루어지지 못한다. 반드시 이루게 하는 이가 있다. 비유하면 집, 뜰, 대(臺), 누(樓)가 저절로 세워지지 못하고 반드시 장인(匠人)들의 손에 의해서 이루어지는 것과 같다. 천, 지, 인, 만물이 어떻게 저절로 생겨날 수 있는가? 창조하는 이가 바로 천주이다.

jalan i niyalma . pan gu . fucihi . loo dz i jergi urse be yooni abka nai amargideri tucinjihe .. ama eme ci banjiha sembime . ememungge geli tere be hūlhi lampa be neihe . abka . na niyalma . eiten jaka be banjibuha sehengge . ambula jurcehebi dere .. [1b]

세상 사람은 반고(盤古), 불타(佛陀), 노자(老子) 등을 전부 천지 이후에 나왔고, 부모로부터 태어났다고 하면서, 어떤 이는 또 그들이 혼돈(混沌)을 열었고, 천, 지, 인, 만물을 창조했다고 한 것은 대단히 그릇된 것이다.

ememungge hendume . abka . na . niyalma jaka be gemu abkai ejen banjibuha seci . abkai ejen be we banjibuhani ..

어떤 이가 말하기를, “천, 지, 인, 만물을 모두 천주가 창조했다면 천주는 누가 창조했는가?”

jabume . abkai ejen serengge . tumen jaka i fulehe da be dahame .

banjiburengge bici abkai ejen waka ombi .. yaya jaka de deribun duben bisirengge . orho . moo . gasha . gurgu inu .. deribun bisire . duben akūngge . abka na . enduri . hutu . niyalma i fayangga inu .. damu abkai ejen de deribun duben akū [2a] bime . tumen jaka be deribume dubembume mutembi .. abkai ejen akū oci . eiten jaka gemu akū ombi kai ..

답하기를, 천주라는 이는 만물의 근본이므로 창조케 하는 것이 있으면 천주가 아니게 된다. 무릇 만물에 시작과 끝이 있는 것은 초목, 금수이다. 시작은 있고 끝이 없는 것은 천지, 귀신, 사람의 영혼이다. 다만 천주께 시작과 끝이 없으면서 만물을 시작하고 마치게 할 수 있다. 천주가 없으면 만물이 모두 없게 되는도다.

emu moo de duibuleci . terei ilga . tubihe . gargan . abdaha . cikten gemu fulehe ci banjinambi .. fulehe akū oci . yaya jaka gemu akū ombi .. moo i fulehe . gūwa fulehe de akdahakūngge . tere uthai ini cisui banjinara turgun bifi kai . abkai ejen serengge . uthai tumen jaka i fulehe da be dahame . adarame [2b] banjiburengge bi seci ombi ..

한 나무에 비유하면, 그것의 꽃, 열매, 가지, 잎, 줄기는 모두 뿌리에서 발생한다. 뿌리가 없으면 무릇 만물 모두 없게 된다. 나무의 뿌리가 다른 뿌리에 의지하지 않은 것, 그것 곧 스스로 생겨나는 까닭이 있어서이다. 천주라는 것은 곧 만물의 근본이므로 어떻게 만드는 것이 있다고 할 수 있겠는가?

abkai ejen tuktan tumen jaka be banjiburede . neneme abka na be faksalafi . yaya hacin i fulehe da be banjibufi . terei amala teni emu haha. emu hehe banjibuha .. hahai gebu adang . hehei gebu . e wa . juwe niyalma be tumen irgen de unggu mafa obufi . abkai ejen geli fusembure ulara muten be bure jakade . tereci niyalma ishunde ulandume fusembuhei jalan [3a] jalan de lakcarakū ohobi ..

천주 애초에 만물을 창조할 적에, 먼저 천지를 개벽하고, 모든 종류의 근본을 창조하고, 그 후에 비로소 한 남자, 한 여자를 창조했다. 남자의 이름은 아담, 여자의 이름은 하와, 두 사람을 만민의 원조 삼아서, 천주가 또 번성케 하고 전하는 능력을 주시는 그러므로 그로부터 사람이 서로 전하여 번성하면서 대대로 끊이지 않게 되었다.

ere be tuwaha de . tiyan ju . abka . na . niyalma . eiten jaka i unenggi ejen ofi . geli tumen jaka be banjibufi . niyalma de baitalabuhabi .. jalan i niyalma . abkai ejen be gingguleme jukterengge umesi giyan . ginggulerakū jukterakūci urunakū waka bahambi ..

이를 보면, 천주가 천, 지, 인, 만물의 참된 주인 되시고, 또 만물을 창조하여 사람에게 쓰이게 되었다. 세상 사람은 천주를 공경하여 제사하는 것 몹시 당연하다. 공경하지 않고 제사하지 않으면 반드시 죄 받는다.

duibuleci . ama eme de juse banjifi . ulembume etubume ujime tacihiyame hūwašabumbi .. aikabade jui ojoro niyalma . ama eme be [3b] ginggulerakū oci . urunakū hiyoošun akū weile bahambi .. abkai ejen serengge . niyalmai amba ama eme bime ginggulerakū oci ombio .. damu tumen jaka i ejen be getukelehede . jalan i niyalmai baita be inu ja i ulhici ombi ..

비유하면 부모에게 자식을 낳고, 먹이면서 입히고 기르고 가르치고 양육한다. 만약에 자녀 되는 사람, 부모를 공경하지 않으면 반드시 효도 않는 죄 짓는다. 천주라는 이는 사람의 큰 부모인데, 공경하지 않으면 되는가? 오직 만물의 주를 분명하게 하면 세상 사람의 일을 또한 쉽게 깨달을 수 있다.

niyalma de fayangga beye juwe hacin bi. terei beye udu bucecibe . fayangga dubentele mukiyerakū ombi .. tuttu ofi jalan i fayangga ilan jergi bi .

사람에게 혼(魂)과 백(魄) 두 종류가 있다. 그의 백은 비록 죽더라도 혼은 끝까지 불멸하게 된다. 그러므로 세상의 혼에는 3등급이 있다.

dubengge be banjire [4a]fayangga sembi . ere uthai orho moo i fayangga inu . ere fayangga orho moo be wehiyeme fulhureme mutebumbi . orho moo sacibufi olhoho manggi . fayangga dahaduhai mukiyembi .. dulimbaingge be sara fayangga sembi . ere uthai gasha gurgu i fayangga inu .. ere fayangga gasha gurgu be wehiyeme fusembume banjibumbi . geli sabure donjire jetere congkire . beye nimere funcere ba sambi . damu doro giyan be ulhirakū . bucehe [4b] manggi . fayangga inu dahaduhai mukiyembi ..

말단인 것을 생혼(生魂)이라고 한다. 이는 곧 초목(草木)의 혼이다. 이 혼은 초목을 도와서 번성하게 할 수 있다. 초목이 베어져 건조해진 뒤 혼은 곧이어 멸한다. 중간 것을 각혼(覺魂)이라고 한다. 이는 곧 금수의 혼이다. 이 혼은 금수를 거들어 번성케 하고 창조한다. 또 보고 듣고 먹고 쪼고, 몸이 아프고 가려운 바를 안다. 다만 도리를 깨닫지 못한다. 죽은 뒤 혼도 곧이어 멸한다.

uju jergingge be sure fayangga sembi . ere uthai niyalma i fayangga inu . ede banjire sara juwe hacin i fayangga be kamcibure jakade . tuttu niyalma be wehiyeme banjibume mutebume ulhibumbime . geli doro giyan be hafufi . tumen baita de acabume mutembi . beye udu bucecibe . sure fayangga enteheme mukiyerakū ombi ..

첫째 등급되는 것을 영혼(靈魂)이라고 한다. 이것이 바로 사람의 혼이다. 이에 생(生)하고 각(覺)하는 두 가지의 혼을 겸하는 고로 그래서 사람을 도와서 창조하게 할 수 있고, 깨닫게 하면서 또 도리를 통하고, 만사에 부응하게 할 수 있다. 몸은 비록 죽지만 영혼은 영원히 불멸하게 된다.

tuttu ofi . jalan i niyalma . bucehe eshun gurgu de gelerakū . bucehe niyalma [5a] de gelerengge . niyalmai banin sure ulhisu . udu bucecibe. terei mukiyerakū fayangga bifi kai .. gasha gurgui umesi mukiyere fayangga de adali akū .. niyalmai fayangga mukiyerakū be saci tetendere. geli dasame banjinjire . forhošume ubaliyara ninggun doro be akdaci ombio ..

그러므로 세상 사람이 죽은 맹수를 두려워하지 않고, 죽은 사람을 두려워하는 것은 사람의 본성이 총오(聰悟)하여, 비록 죽더라도 그의 불멸하는 혼이 있어서이다. 조수(鳥獸)의 아주 멸절하는 혼과 같지 않다. 사람의 혼이 불멸하다는 것을 알면 그만이다. 또 다시 태어나고 윤회하여 뒤집어지는 육도(六道)를 믿으면 되는가?

giyan i banjirede . yabun i sain ehe be tuwame bucehe manggi . meni meni fayangga be abkai ejen i beidefi ilgame gamara babe saci acambi.. sain urse be abkai dele [5b] wesimbufi mohon akū hūturi be isibumbi.. ere uthai abkai ejen i sain de karularengge . ehe urse be nai loo de dosimbufi . eiten hacin i erun be alibumbi . ere uthai abkai ejen i ehe be iseburengge .. abkai ejen umesi tondo be dahame . sain de karularakū . ehe be iseburakūngge akū .

마땅히 살아갈 적에 품행의 선악을 보아서 죽은 뒤 각각의 혼을 천주가 심판하고 구별하여 취하는 것을 알아야 한다. 선한 무리는 하늘의 위에 올려서 무궁한 복을 베푼다. 이는 곧 천주가 선에 보답하는 것이다. 악한 무리는 지옥에 들어가게 하고 온갖 종류의 형벌을 받게 한다. 이는 곧 천주가 악을 징계하는 것이다. 천주 지극히 공의로우시므로 선에 보응하지 않거나 악을 징계하지 않음이 없다.

jalan i niyalma ehe be yabumbime . bayara jirgara . sain be yabumbime . yadara joborongge adarame [6a] seci .

세상 사람이 악을 행하는데도 부유하고 안일하고, 선을 행하는데도 가난하고 고통당하는 것은 어째서 그러한가?

tere niyalma bucehe manggi . abkai ejen sain be yabuha fayangga be . abkai dele gamafi mohon akū hūturi isibumbi . ehe be yabuha fayangga be . nai loo de dosimbufi mohon akū erun be alibumbi . aikabade abkai dergi hūturi . nai loo i jobolon akū oci . jalan i niyalmai sain ehe be aini karulambi . isebumbi .. tuttu oci sain be yabure niyalma untuhuri ombime . [6b]ehe be yabure niyalma ele jabšambi kai .. ere be geli abkai ejen i umesi tondo seci ombio ..

그 사람이 죽은 뒤, 천주는 선을 행한 혼을 하늘의 위에 데려가서 무궁한 복을 베푼다. 악을 행한 혼을 지옥에 들어가게 해서 무궁한 징계를 받게 한다. 만약에 천상의 복, 지옥의 고통이 없으면 세상 사람의 선악을 어찌 보응하고 징계하는가? 그러면 선을 행하는 사람 속절없게 되면서 악을 행하는 사람 더욱 행운이도다. 이를 또 천주가 지극히 공정하다면 되는가?

ememungge fonjime . sain ehe be ne jalan de karulara . turgun geli adarame ..

어떤 이가 묻기를, “선악을 현세에서 보응하는 까닭은 또 어째서인가?”

jabume . aikabade sain ehe be yooni bucehe manggi . ilgaci . mentuhun niyalma bucehe amargi weile be sarakū be dahame . abkai dele iletu ejen bisire be adarame serebuci ombi .. tuttu ofi jurgan be fudarakangge be nimeku gashan jobolon [7a]de ucarabufi amaga be targabumbi .. giyan de ijishūn ningge be hūturi be isibume . terei dulekede karulame jidere be huwekiyebumbi ..

답하기를, 만약에 선악을 전부 죽은 뒤 구분하면 우매한 사람은 죽은 뒤의 죄를 모르는데, 하늘의 위에 밝은 주가 있음을 어떻게 깨닫게 하는가? 그러므로 의(義)를 거역한 자를 질병, 재난, 고통을 만나게 하여 나중을 경계하게 한다. 이치에 순응하는 자에게는 복을 베풀고, 그의 지나간 것에 보응하여 다가올 것을 고무시킨다.

ememungge sain be yabumbime yadame joborongge . sain i dorgi de ajige endebuku bifi . abkai ejen ne isebume jobobufi . bucehe manggi . hūturingga bade gamafi enteheme sebjelebumbi .. ehe be yabumbime bayara jirgarangge . terei ehei dorgi de heni sain ba bifi . [7b] abkai ejen ne karulame jirgabufi . bucehe manggi . farhūn loode dosimbufi tumen jobolon be alibumbi ..

어떤 이가 선을 행하는데도 가난하고 고난 받는 것은 선 안에 작은 허물이 있어, 천주가 지금 징계하고 고난을 주고 죽은 뒤, 복된 곳에 데려가 영원히 즐거워하게 한다. 악을 행하는데도 부유하고 평안한 것은 그의 악 안에 조금 선한 바 있어, 천주가 현재 보응하여 평안하게 하고, 죽은 뒤 어두운 감옥에 들어가게 하고 만 가지 고통을 받게 한다.

jalan i niyalma ne looi eiten . hacin i jobolon ci guwefi . abkai dele wesifi mohon akū hūturi be aliki seci . urunakū ilan hacin be kice ..

세상 사람이 지옥의 온갖 고통을 면하고, 하늘의 위에 올라가 무궁한 복을 받고자 한다면 반드시 3가지 사항을 힘쓰라!

emu hacin . abkai dergi ejen be unenggi ejen seme saci acambi .. jalan i niyalma weri niyalmai boode ebufi tataki seci . urunakū neneme boo i ejen [8a] de baime gisurefi teni teci ombi .. abkai ejen be sarakū oci .

abkai dergi mohon akū hūturi be aliki seci ombio ..

1항, 하늘의 상주(上主)를 참된 주님하고 알아야 한다. 세상 사람이 다른 사람의 집에 머물러 묵고자 하면 반드시 먼저 집주인에게 청하여 말하고 비로소 거할 수 있다. 천주를 모른다면 천상의 무궁한 복을 받을 수 있는가?

emu hacin . abkai dergi jugūn be uthai abkai ejen i doro seme saci acambi .. jalan i niyalma tere bade geneki seci . tere jugūn be sarakū oci. tere bade bahafi isinarakū . abkai dergi jugūn be sarakū oci . adarame bahafi isinambi ..

1항, 천상의 길을 곧 천주의 도리라고 알아야 한다. 세상 사람이 거주할 곳에 가고자 하면 그 길을 모르면 거주할 곳에 이를 수 없다. 천상의 길을 모르면 어떻게 얻어 이르겠는가?

emu hacin . urunakū saha babe [8b] yabuci acambi .. niyalma udu genere jugūn be bahanacibe . boode ekisaka tefi . tucifi yaburakū oci . bahafi isinarakū .. aikabade abkai mohon akū hūturi bisire bade isinaki seci . urunakū abkai ejen i enduringge tacihiyan i baita be yabuci acambi kai ..

1항. 알게 된 것을 반드시 행해야 한다. 사람이 비록 가는 길을 얻을지라도 집에서 편안히 거주하고, 나가서 행하지 않으면 도달하지 못한다. 만약에 하늘의 무궁한 복이 있는 곳에 이르고자 하면 반드시 천주의 성교(聖教)의 일을 행해야 한다.

ememungge fonjime . tiyan ju . abka . na . niyalma . eiten jaka i ejen bime . terei unenggi doro . abkai dele wesire jugūn be gemu bahafi donjiha. damu [9a] abkai ejen i enduringge tacihiyan be dahame yabubure doro adarame ..

어떤 이가 물었다. "천주는 천, 지, 인, 만물의 주이고, 그의 참된 도리와 하늘의 위에 오르는 길을 모두 들을 수 있었다. 다만 천주의 성교(聖敎)를 따르며 행하게 하는 도리 어떻게 해야 하는가?"

jabume . enduringgei tacihiyan de dosiki seci urunakū juwe hacin be kice .. uju de . unenggi mujilen be jafafi . nenehe endebuku be geterembume dasa .. jai de . tiyan ju i juwan targacun be dahara de bi ..

답하기를, 성교(聖敎)에 입문하고자 하면 반드시 두 가지를 힘쓰라! 첫째로, 참된 마음을 지니고 이전의 허물을 제거하여 고치라. 둘째로, 천주의 십계명을 따르는 데 있다.

abkai ejen i juwan targacun . uju de . abkai ejen be tumen jaka i dele bi seme ginggule . jai de . abkai ejen i enduringge gebu be hūlame holtome ume [9b]gashūre .. ilaci de . juktere doloro inenggi be ume jurcere .. duici de . ama eme be hiyoošula .. sunjaci de . niyalma be ume wara .. ningguci de . dufe langse be ume yabure .. jakūci de . sarakū ume siden ilire . uyuci de . weri hehe be ume buyere .. juwanci de . weri ulin be ume bahaki sere .

천주의 십계명. 첫째로 천주를 만물의 위에 있다고 공경하라. 둘째로 천주의 거룩한 이름을 몰래 속여서 맹세하지 말라. 셋째로 제사하고 예를 갖추는 날을 어기지 말라. 넷째로 부모를 공경하라. 다섯째로 사람을 죽이지 말라. 여섯째로 음란함을 행하지 말라. 여덟째로, 모르면서 증인 서지 말라. 아홉째로 남의 여인을 원하지 말라. 열 번째로 남의 재물을 얻고자 하지 말라. 하고,

ere juwan targacun be . juwe hacin de baktamburengge . abkai ejen be tumen jaka i dele bi [10a] seme ginggule . niyalma be gosirengge . beye i adali gūnirede bi .. ere uthai nenehe inenggi abkai ejen i hese i jalan i gubci niyalma be ginggguleme daha sehe ba .. sain be yabuci . abkai dele wesimbufi hūturi be isibumbi .. ehe be yabuci . nai loo de wasimbufi erun be isibumbi .. ere ududu hacin be tucibuhengge cohome amba muru..

이 십계명을 두 가지에 포함시키는 것은 천주를 만물의 위에 있다고 공경하고, 다른 사람 사랑하는 것을 자신과 같이 여기는데 있다. 이는 곧 전날에 천주의 명령으로 세상의 모든 사람으로 삼가 따르라 하신 바이다. 선을 행하면 천상에 올려서 복을 베푼다. 악을 행하면 지옥에 내려서 징계를 베푼다. 이는 여러 가지를 진술한 것의 특별한 대략이다.

aikabade abkai ejen i doro be wacihiyame saki seci . [10b] urunakū abkai ejen i yargiyan jurgan i hacin hacin i bithe be narhūšame tuwaha de . teni hafu ulhifi kenehunjerakū ombi .. ere doro be emu gisun i teile de wacihiyame muterakū .. [11a]

만약에 천주의 도리를 전부 다 알고자 한즉 반드시 천주의 진실한 의(義)의 각종의 글을 자세하게 살펴보면 비로소 통달해 깨달아 의심하지 않게 된다. 이 도리를 한 마디로 전부 다 할 수 없다.

제4장
만주어 『천주정교약징(天主正敎約徵)』 역주

1. 서론

청대에는 통치자인 만주족 황제의 명에 의하거나 또는 황제의 기대에 부응하기 위하여 만주어 그리스도교 문헌들이 다수 간행되었다. 이들 문헌들을 살펴보면 마테오 리치의 한문 『천주실의(天主實義)』의 번역인 만주어 『천주실의(天主實義, abaki ejen i unenggi jurgan)』를 비롯해서 만주어 『천주정교약징(天主正敎約徵, abkai ejen i tob tacihiyan i temhetu i šošohon)』, 만주어 『천주성교약언(天主正敎約言, abaki ejen i enduringge tacihiyan i oyonggo gisun)』, 만주어 『천주교요(天主敎要, abaki ejen i tacihiyan i hešen i bithe)』, 만주어 『주제군징(主制群徵, abaki ejen i toktobuha geren yargiyan temgetu)』, 만주어 『만물진원(萬物眞原, tumen jaka i unenggi sekiyen)』, 만주어 『척죄정규략(滌罪正規略, weile be geterembure jingkini kooli)』, 만주어 『성체요리(聖體要理, enduringge beyei oyonggo gisun)』, 만주어 『성체답의(聖體答疑, enduringge beye be kenehunjehengge de jabuha bithe)』 등이 번역되었

다.[1)]

본고에서는 이들 다양한 문헌 가운데 불리오(利類思 Luigi Buglio, 1606~1682)[2)] 신부의 한문 『천주정교약징』의 만주어 번역본을 역주하고, 본문에 나오는 그리스도교의 주요 용어들이 한문본을 통해 만주어로 어떻게 번역되었는지 등을 살펴보고자 한다.[3)]

2. 만주어 『천주정교약징』의 서지 고찰

본고의 역주에 사용한 저본은 프랑스국립도서관 소장 만주어 『천주정교약징』(Mandchou 150)이다. 본서의 앞표지 제첨(題簽)은 "abkai ejen i tob tacihiyan i temhetu i šošohon 天主正教約徵"으로 되어 있고,[4)]

---

1) John L. Mish, "A Catholic Catechism in Manchu 一本滿文天主教教義問答, Monumenta serica Vol. XVII 1958, pp. 361-372 ; Giovanni Stary, "Christian Literature in Manchu", Central Asiatic Journal 44-2, 2000, p. 306 ; Hartmut Walravens, "Christian Literature in Manchu. Some Bilbiographic Notes 滿族文基督宗教的文獻", Monumenta Serica Vol. XLVII, 2000, pp. 445-469 참고.

2) 불리오 신부의 대표 저작으로는 토마스 아퀴나스의 『신학대전』을 번역한 『超性學要』 등이 있는데, 그의 저작에 대해서는 Louis Pfister(費賴之, 1833-1891), 1932, Notices biographiques et bibliographiques sur les jésuites de l'ancienne mission de Chine, 1552-1773, Changhai, Imprimerie de la mission catholique (馮承鈞 譯, 『在華耶穌會士列傳及書目』, 中華書局, 1995) ; 方豪, 『中國天主教史人物傳 (上 · 中 · 下)』, 中華書局, 1988 참고.

3) 본문에서 주요 용어의 비교에 사용한 한문과 라틴어 부분은 漢文 『天主正教約徵』과 雷立栢(Leopold Leed) 編, 『漢語神學術語辭典-拉丁-英-漢語幷列 (Dictionarum Theologicum-Latine-Anglice-Sinice)』, 宗教文化出版社, 2007 참고.

4) 본고에서 사용한 滿文의 로마자 전사는 묄렌도르프(P. G. von Mo llendorff, 1892, A Manchu Grammar with analysed texts, Shanghai, American Presbyterian Press)에 준해서 표기하였다.

규격은 26.4×15.7cm, 본문 구성은 9장 18면(1a~9b)이다. 사주쌍변(四周雙邊), 상어미(上魚尾), 반엽(半葉) 만주어 9행으로 이루어져 있고, 판심(版心)은 "abkai ejen i tob tacihiyan 約徵"이며 페이지 숫자는 한자이다.

저자와 관련해서 한문 『천주정교약징』의 경우 "極西耶穌會士利類思著"라고 하여 불리오 신부로 분명히 밝혀져 있으나 만주어본에는 저역자 등에 대한 별다른 기록이 없다. 피스터(L. Pfister, 費賴之)에 의하면 불리오 신부가 『서방요기(西方要紀)』와 함께 1669년 북경(北京)에서 간행하여 강희제(康熙帝)에게 바쳤다고 하였다.[5]

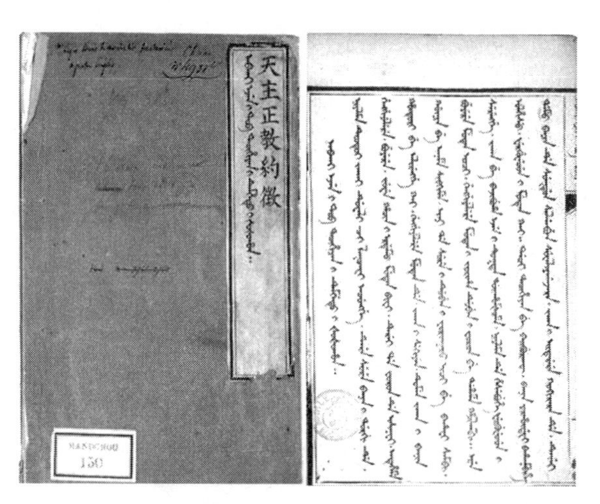

[그림] 만주어 『천주정교약징』
(프랑스국립도서관 소장본, Mandchou 150)

5) Louis Pfister(馮承鈞 譯), 1995, 앞의 책, p. 245.

3. 만주어 『천주정교약징』의 분석

3.1. 만주어 『천주정교약징』의 개요

만주어 『천주정교약징』은 인간을 여타 만물과 확연히 구별되는 존재로 파악하고, 인간의 영성(靈性)에 '밝게 하는 능력[明司, genggiyelere muten]'과 '사랑하는(원하는) 능력[愛司, buyere muten]', 즉 천주께서 인간에게 부여해주신 두 가지 능력인 양지(良知), 양능(良能)으로 본래 방향[本向]에 도달해서 영원히 복을 받는 존재로 보았다.

그러나 천주께서 부여해주신 '밝게 하는 능력'이 기질과 외물의 영향으로 본래 능력을 발휘하지 못하고, '사랑하는 능력'은 행해야 할 바가 모호하게 되었는데, 바로 여기서 가르침, 즉 종교가 시작되었다고 하였다. 다만 여러 종교 가운데 오직 그리스도교만이 인간 영성의 우매함을 제거할 수 있기 때문에, 다른 가르침과 구별되는 바른 가르침[正教]이자 참된 가르침[眞教]이라고 강조하였다.

사람의 본분으로 반드시 알아야 할 세 가지로는 첫째, 천주의 임재하심. 둘째, 천주의 만물 창조. 셋째, 인류의 최후심판을 들었는데, 이 가운데 인류의 궁극을 언급하면서 사람은 영혼(靈魂, sure fayangga)과 형신(形身, arbun beye)의 결합체인데, 형신은 화 · 수 · 기 · 토(火水氣土) 4가지 요소인 4행(行)[6]이 나중에 흩어져서 모두 근원으로 돌아가지만 영혼은 흩어지지 않고 사후에 천주의 심판을 받는다고 하였다. 그 결과 선

---

6) 4원소와 동양 5행설에 대해서는 전용훈, 「서양 사원소설에 대한 조선후기 지식인들의 반응」, 『한국과학사학회지』제31권 제2호, 한국과학사학회, 2009 참고.

(善)을 행하면 '올라가서' 복을 누리고, 악(惡)을 행하면 '떨어져서' 고통스러운 응보를 받게 된다고 하였다.

그리스도교가 바르고 참된 종교, 즉 정교이자 진교라는 증거로는 다음의 세 가지를 들고 있다. 첫째, 선을 권면(勸勉)하고 악을 경계(警戒)할 수 있는 능력이 있는가 여부. 둘째, 사교자(司教者)의 말과 행동이 일치하는가 여부. 셋째, 봉교자(奉教者)의 품행과 자취가 진실로 선에 가깝고 악에서 먼가 하는 것이다.

선을 권면하고 악을 경계할 수 있는 능력이 있는지에 대해서, 천주께서는 천지만물의 참된 주인으로 사람을 창조하고 기르시고, 또 사람의 죄를 대속(代贖)하기 위하여 인간의 몸으로 강생하였기에 사람들이 믿고[信] 소망하고[望] 사랑하고[愛], 그 결과 선을 행하고 죄를 멀리할 수 있다고 하였다. 사교자들의 언행일치 여부를 언급하는 대목에서는 직접 주장하지 않고, 서광계(徐光啓, 1562~1633)의 「변학장소(辨學章疏)」와 양정균(楊廷筠, 1562~1627)의 「효란불병명설(鴞鸞不幷鳴說)」을 인용하여 그들이 진실로 성현의 제자이며, 언행이 일치하는 이들임을 주장하였다. 봉교자들의 행실과 자취 면에서도 이단적이거나 잘못된 것을 들어본 바 없다고 함으로써 그리스도교를 적극 옹호하였다.

3.2 만주어 『천주정교약징』의 주요 용어

만주어 『천주정교약징』에 나타난 그리스도교의 주요 용어들을 비교하면 다음과 같다.

[표1] 그리스도교를 표현한 용어

滿文	漢文	國譯
abkai ejen i tacihiyan (하늘 주인의 가르침)	天主教	그리스도교
abkai tacihiyan (하늘의 가르침)	天教	천교
enduringge tacihiyan (성스러운 가르침)	聖教	성교
unenggi tacihiyan (참된 가르침)	眞教	진교
tob tacihiyan (바른 가르침)	正教	정교

[표2] 천주를 표현한 용어

滿文	漢文	國譯
abkai ejen	天主	천주, 하느님
dergi di abkai ejen	上帝天主	상제천주
jaka be banjibuha ejen	造物之主	창조주, 조물주
jaka be banjibuha wesihun ejen	造物之上主	만물을 창조하신 높으신 주
sekiyen akū unenggi ejen	無元眞主	무원진주
da sekiyen unenggi ejen	本原眞主	본원진주

이밖에 본문에 나오는 주요 용어들을 살펴보면 다음과 같다.

[표3] 주요 용어

滿文	漢文	滿文	漢文
genggiyelere muten	明司	buyere muten	愛司
ferguwecun i ulhisu	良知	ferguwecun i muten	良能
sure banin	靈性	arbun beye	形身
duben i foron	終向	duin feten	四元行
muke . tuwa . sukdun . boihon	水火氣土 (=火氣水土)	sure fayangga	靈魂
aitumbume jolimbi	救贖	akda hargaša buyembi	信望愛
enduringge muke be alimbi	領洗	gosiholome nasambi	痛悔
sume alambi	告解	da ten	太極
sain	善	ehe	惡
unenggi hūturi	眞福	na i loo	地獄
enduringge mergen	聖賢	enduringge niyalma	聖人
giyan	理	sukdun	氣
abkai doro	天道	niyalmai doro	人道
beye be dasambi	修身	erdemu be dasambi	修德
unenggi mujilen	誠心	jurgan giyan	義理
tondo hiyoošun	忠孝	gosin jilan	仁慈
abkai giyan	天理	niyalmai gūnin	人情

이들 외에도 사교지인(司教之人, tacihiyan de dalaha niyalma), 봉교지인(奉教之人, tacihiyan i urse)을 비롯해서 bithei urse (儒者), fucihi urse (釋氏)와 fucihi (佛), kungdz (孔子)와 sioi guwang ki (徐光啓)와 yang ting giyūn (楊廷筠) 같은 표기를 살펴볼 수 있다.

4. 만주어 『천주정교약징』 본문 역주

abkai ejen i tob tacihiyan i temgetu i šošohon ..
天의 主 의 바른 가르침 의 증거 의 목록
天主正教約徵

[사람이 만물과 다른 두 가지 특성][7]
niyalma tuotui[8] jakai duwali[9] ci lakcafi encungge .
사람이 그렇게 物의 同類 에서 단절되어 다른 것은
tere sure banin[10] i dorgi de genggiyelere[11] . buyere[12] .
그 총명한 本性 의 안 에 밝게 하고, 사랑하는
juwe hacin i erdemu muten[13] bifi .
두 종류 의 德 能이 있어
terei da foron de isinafi . enteheme hūturi be alirengge kai .
그의 本 向 에 도달해서 영원히 福 을 받는 것이다.
genggiyelere muten de . jaka i sekiyen .
밝게 하는 능력 으로 物 의 근원과

---

7) [ ] 소제목은 필자가 이해를 돕기 위하여 편의상 문단을 나누고 붙인 것이다.
8) tuttu의 의미로 보았다. 만주어 『천주실의』에도 유사한 표기가 보인다.
9) jakai duwali: 物類
10) sure banin: 총명한 본성. 靈性의 만주어 대역이다. 이하 靈性으로 풀이하였다.
11) genggiyelere muten: 明司 ; (羅) intellectus 理智, 理解能力
12) buyere muten: 愛司 ; (羅) voluntas. cf. 愛德(caritas)
13) erdemu muten: 德能, 才能

tumen jaka i banin gūnin be aname sibkime .
萬 物의 性 情 을 미루어 궁구하고,
ini da sure i duben i foronoro ici[14] be bahafi sambi .
그의 本 靈 의 최종 의 향하는 쪽 을 알 수 있다.
buyere muten oci . genggiyelere muten i joriha
사랑하는 능력 은 밝게 하는 능력 이 가리킨
duben i foron[15] be dahame hajilambi ..
최종 의 向 을 따라서 가까이 한다.

[놀라운 깨달음(良知), 놀라운 능력(良能)]
ere serengge . jaka be banjibuha ejen i
이것 은 物 을 창조하신 主 께서
tuktan doihomšome . niyalma de hesebuhe
애초에 예비하여 사람 에게 부여하신
ferguwecun i ulhisu[16] . ferguwecun i muten[17] kai ..
놀라운 깨달음(良知), 놀라운 능력(良能)이다.
daci tacihiyan be baiburakū . banin yarhūdafi bahanambihe ..
본래 가르침 을 필요치 않고, 본성 인도하여 얻을 수 있었다.

---

14) duben i foronoro ici: 終向 ; (羅) finis, finis ultimus 最終目的, 최종 목적. 궁극적인 지향점.
15) duben i foron: 終向, 최종 목적. 궁극적인 지향점.
16) ferguwecun i ulhisu: 良知 ; ulhisu 悟性
17) ferguwecun i muten: 良能

damu banin de sukdun salgabun[18] suwaliyagajara[19] .
다만 본성 에 氣 質 뒤섞고,
jaka i eiterere kokirara de .
物 이 속이고 손상시키니
teni (1a) da ferguwecun i muten ebderebure jakade .
비로소 本 놀라운 능력을 훼손시키는 까닭에,
genggiyelere muten i giyan i sarangge farhūn oho ..
밝게 하는 능력 이 응당 알아야 할 것 어둡게 되었고
buyere muten i giyan i yaburengge hūlhi ohobi .
사랑하는 능력 이 응당 행해야 할 것이 모호하게 되었다.
uttu be dahame . aide bahafi terei duben i foronoro ici de
이렇기 때문에 무엇으로 얻어 그의 최종 의 향하는 쪽 에
elhe ombini . tacihiyan ereci deribuhe kai ..
편안케 되겠는가? 가르침[20] 이로부터 시작한 것이다.
tuttu seme . tacihiyan i duka inu geren .
그렇지만 가르침 의 門 또한 여럿이다.[21]
geren bicibe . unenggi tacihiyan damu emu ..
여럿 이지만 참된 가르침 오직 하나이다.

banin be dasara tacihiyan seci .
본성 을 닦는 가르침을 말한즉,

---

18) salgabun: 稟賦 ; 天稟
19) cf. suwaliyaganjara
20) tacihiyan: 가르침. 教를 뜻한다.
21) 불교, 기독교, 이슬람교 등 다양한 종교가 있다는 의미이다.

damu banin be hesebuhe ejen teni banin i nimeku be dasame .
오직 본성 을 부여하신 主 비로소 본성 의 질병 을 고치며,
farhūn be geterembufi . genggiyelere muten be dahūmbufi .
우매함 을 제거시키고, 밝게 하는 능력 을 보완하게 하고,
giyan i sarangge be ulhibume .. terei yadalinggū be niyecefi .
응당 알아야 할 것을 깨닫게 하며, 그의 허약함 을 보충하고,
giyan i yabure be yabubume . geli niyalma be hesebun i banin i
응당 행할 것을 행하게 하며, 또 사람 을 부여받은 본성 의
jingkini foronoro be dahabume . dergide oci . unenggi ejen be buyeme
진정 향하는 것을 따르게 하여 위로 는 참된 主 를 사랑하고
fejergide de[22] oci . emu duwali niyalma be gosime mutebumbi .
아래로는 한 同類의 인간 을 사랑할 수 있게 한다.

gūwa tacihiyan serengge gemu niyalma i gūnin i cihai (1b)
다른 教 라는 것 모두 사람 의 뜻 대로
ilibuhangge ofi . udu niyalma be sain de huwekiyebuki sehe
세운 것이므로, 비록 사람 을 善 에 권면하고자 했다
seme . sain be yaburengge elemangga unenggi akū ombi .
해도 善 을 행하는 것 도리어 참되지 않게 된다.
udu niyalma be ehe be aldangga obu sehe seme .
비록 사람 을 惡 을 멀리 하게 했다 해도

22) de가 중복되어 들어간 것으로 보인다.

ehe be unggirengge ainaha seme geterembume muterakūngge .
惡 을 제거하는 것은 단연코 소멸시키지 못하는 것이다.
cohome terei sara muterengge[23] kemun micihiyan ofi .
특별히 그의 아는 능력(知能)이 유한하고 천박하므로
terei foronoro . ibenerengge unenggi akū turgun kai ..
그의 향하고 나아가는 것 참되지 않은 까닭이도다.

[사람으로서 알아야 할 세 가지]
te abkai tacihiyan teni sure banin i farhūn be unggifi .
이제 天의 教가 비로소 靈 性 의 우매함 을 보내고
genggiyen be nonggime giyan i sarangge be ulhibume
밝음 을 보태어 응당 알아야 할 것을 깨닫게
muterengge adarame saci[24] . niyalma i ubui dorgi .
할 수 있는 것, 어떻게 아는가? 사람 의 본분의 안에,
giyan i saci acarangge ilan hacin bi .
응당 알아야 할 것이 세 가지 있다.
emude oci . dergi abkai enggelere be ..
첫째로는 上 天의 굽어보심 이다.
jaide oci . wembume banjiburei[25] turgun be ..
둘째로는 교화하고 창조하는 까닭 이다.

23) sara muterengge: 知能
24) saci는 다른 부분에서 대부분 seci로 나타난다.
25) banjibure의 의미로 보았다. wembume banjibure: 化育하다.

ilacide oci . niyalmai duwali i dubentele adarame ojoro be ..
셋째로는 人 類 의 최종 어떻게 되는가 이다.
ere ilan hacin yongkiyaha sehede . niyalmai duwali i
이 세 가지를 갖추었다고 하면 人 類 의
jingkini ubu be teni akūmbuha seci ombi .
진정한 본분 을 비로소 다했다고 할 수 있다.

[상천(上天)의 굽어보심]
aibe dergi (2a) abka i enggelere be seci .
무엇을 上 天 의 굽어보심 이라 하면,
enduringge tacihiyan de henduhengge .
聖 教 에서 말한 것,
abka na . i dorgi tulergi . damu emu sekiyen akū
天 地 의 안 밖에, 오직 한 분 시원 없는
unenggi ejen[26] bifi . ini yongkiyaha muten[27] de .
참된 主 있어 그의 온전한 능력(全能) 으로
tumen jaka be banjibume šanggabuha ..
萬 物 을 창조하여 완성하였다.
ini yongkiyaha mergen[28] de . eiten duwali be yarhūdame neifi .
그의 온전한 지혜(全知) 로 온갖 同類 를 인도하여 열고

26) sekiyen akū unenggi ejen: 無元眞主
27) yongkiyaha muten: 全能 ; (羅) omnipotens
28) yongkiyaha mergen: 全知 ; (羅) omniscientia

meni meni teisu be bahabuha . tumen jaka be deribume
각각의 상응하는 것을 얻게 하였다. 萬 物 을 시작하고
dubenbumbime . niyalmai sure banin i duben i forонorongge ombi .
끝마치게 하며 사람의 靈 性 의 최종 의 향하는 것 된다.
aikabade tumen jaka i duben i foronorongge be saki seci .
만약에 萬 物 의 최종 의 향하는 것을 알고자 하면
abkai ejen uthai niyalmai duben i foronorongge inu ..
天 主 바로 사람의 최종 의 향하는 것이다.

[천지만물의 창조주]
aibe wembume banjibure turgun seci .
무엇을 化하고 창조하는 까닭 한즉,
ere abka . na . tumen jaka be banjibuhangge .
이 天 地 萬 物 을 창조한 것
gemu niyalmai jalin kai .
모두 사람을 위함이도다.
abka i enggelere na i alire . šun biya i eldenere .
하늘 이 굽어보고, 땅 이 받치고, 해 달 이 비추고
orho moo . gurgu gasha be inenggidari baitalaburengge .
풀, 나무, 짐승, 새 를 날마다 사용하게 하는 것
ya emu hacin . niyalmai jalin wakangge waka ..
어느 한 가지 사람을 위함 아닌 것 없다.
ereci aname . enggelere . alire . hūwašara . (2b)
이로부터 미루어 굽어보고, 받치고, 양육하고

ujire kesi be gūniha de . niyalma ofi . adarame
기르는 은혜 를 생각하면 사람 되어 어떻게
da sekiyen unenggi ejen[29] be takarakū oci ombini ..
원래 근원인 참된 主 를 알지 못하면 되겠는가?

[인간의 사후 심판]
aibe niyalma dubentele adarame ojoro be seci . niyalma de
무엇을 사람 최후까지 어떻게 되는가 를 말한즉, 사람 에게
sure fayangga[30] . arbun beye[31] juwe hacin bi ..
靈 魂, 形 身 두 가지 있다.
arbun beye serengge . duin feten[32] .
形 身 이라는 것은 4 行,
muke . tuwa . sukdun . boihon i šanggaha niyalma .
水, 火, 氣, 土 로 이루어진 사람
tuttu ofi . efujeme bucembi . da duwali de bederembi ..
그러므로 무너져 죽고, 원 同類 로 돌아간다.
niyalma sere anggala . yaya jaka gemu uttu .
사람 뿐만 아니라 모든 物 다 이렇다.
damu sure banin teni enduri duwali .
다만 靈 性 곧 神과 同類

29) da sekiyen unenggi ejen: 本原眞主
30) sure fayangga: 靈魂 ; (羅) anima, anima intellectiva, intellectivum principium
31) arbun beye: 形身 ; (羅) corpus ; 몸, 육체, 육신, 신체.
32) duin feten: 四元行 ; (羅) elementa 元素

enteheme bifi samsirakū . bucehe amala .
영원히 있고 흩어지지 않는다. 죽은 뒤
dergi di abkai ejen de bederefi beidebume lashalabumbi .
上 帝 天의 主 께 돌아가서 심판받는다.
eici sain be yabuha turgunde wesihun dekdenere .
혹은 善 을 행한 까닭에 위로 오르고
eici ehe be yabuha turgunde fusihūn irure .
혹은 惡 을 행한 까닭에 아래로 빠져서
ai ocibe enteheme karulan be alirakūngge akū ..
어찌 됐든 영원히 응보 를 받지않는 것 없다.

[천교(天教)의 능력]
ere ilan hacin be . damu abkai tacihiyan de
이 세 가지 를 오직 天의 教 에서
narhūšame gisurehe dabala . gūwa tacihiyan de (3a)
상세히 논했을 따름이다. 다른 教 에서
embici gisurerakū . embici gisurecibe eden ofi .
혹 논하지 않고, 혹 논하더라도 결여 되어
elemangga unenggi akū ohobi .
도리어 진실하지 않게 되었다.
damu abkai tacihiyan teni sure banin i yadalinggū be niyecefi .
오직 天의 教 비로소 靈 性 의 허약함 을 보충하고
giyan i yabure de hūsun nonggime mutembi serengge
응당 행하는 데 힘을 보태기 가능하다 하는 것

adarame seci . ainci niyalma ajigan ci ciksime sakdafi .
어째서 그러한즉, 생각건대 사람 어려서 부터 장성하고 늙는데,
gebu . ulin . boco . ere ilan hacin de ušabume
명예, 재물, 색, 이 세 가지 에 이끌려
irurakūngge komso kai . emgeri iruci .
빠지지 않는 이 적도다. 한번 빠지면
tucirengge mangga . gūnin ilifi[33] beye eteki[34] seme
나오는 것 어렵다. 뜻 세우고 자신을 이기려고 해도
jugūn baharakū . dubentele tob doro be ufarabufi .
길을 얻지 못해서 종내 바른 道 를 잃게 되고,
miosihon de tuhefi . enteheme jobolon de goimbi ..
사악한 데 떨어져서 영원히 고통 을 받는다.

tuttu damu abkai tacihiyan teni niyalmai banin i nimekui
그래서 오직 天의 教가 비로소 사람의 본성 의 질병의
fulehe be acinggiyame mutembi . dasara arga be ilibuhabi .
뿌리 를 움직일 수가 있다. 치유하는 계책 을 세우고
geli abkai karmatara ba bifi . terei enduri hūsun be
또 天이 보호하는 바 있어, 그의 신령한 힘 을
ibebume mutembi . meni meni cisu be unggifi .
나아가게 할 수 있고, 각각의 사사로움 을 제거하여,

---

33) gūnin ilimbi: 立志
34) beye etembi: 克己

cib seme bolgo oome[35] mutembikai . (3b)

고요히 깨끗 하게 할 수 있도다.

te julgei te i abkai tacihiyan i urse be cendehe bici .

이제 古 今의 天의 教 의 무리 를 시험하였더니

mesi wesihun urse[36] oci . boco be lashalafi .

몹시 높은 이들 은 色 을 끊고[37]

unenggi be akdulame[38] . ulin be waliyafi .

참됨 을 고수하고, 재물 을 버리고

yadahūn de teme . gebu be burubufi . cihanggai somimbi ..

가난 에 거하며 이름 을 가리고 기꺼이 숨는다.

juken urse[39] oci . gebu de temšen akū .

평범한 이들 은 명예 로 다툼 없고

bayan yadahūn emgilembi . boco be juwederakū .

부와 가난을 하나로 여기고, 色 을 두 마음 두지 않는다.

abkai tacihiyan i niyalma biretei uttu ..

天의 教 의 사람은 모조리 이렇다.

---

35) ome

36) wesihun urse: 上者

37) 금욕 생활을 말한다.

38) unenggi be akdulame: 寶貞

39) juken urse: 中者

[그리스도교가 타종교와 다른 이유]

erei tuwaha de . gūwa tacihiyan de uttu oome[40] mutembio ..

이로 보면 다른 教 에서 이렇게 되기 가능한가?

gūwa tacihiyan . yooni niyalmai hūsun i banjibuhangge ofi .

다른 教는 전부 사람의 힘 으로 만들어 낸 것이므로

udu enduringge mergen seme . abka i enggelere šumin

비록 聖 賢 이라도 天의 굽어보고 깊고

narhūn i babe sarangge urunakū kemun[41] .

세밀한 바를 아는 것 반드시 유한하다.

tuttu terei ten be gisureci . enduringge niyalma seme .

그래서 그것의 궁극 을 말하면 聖 人 이라도

inu sarakūngge[42] babi sehebi ..

또한 알지 못하는 바 있다 하였다.

terei saimbe huwekiyebure ehe be unggire hūsun seci .

그것이 善을 권면하고 惡 을 제거하는 힘을 말한즉,

tede damu terei doro be jorime mutere dabala .

그것에 다만 그것의 道 를 가리킬 수 있을 따름

terei (4a) yabun be niyeceme dekdebume muterakū ..

그것의 행함 을 보충하고 흥기시키지 못한다.

damu abkai tacihiyan de yongkiyara jakade

오직 天의 教 로 온전해지는 까닭에

40) ome

41) 원문에는 형태가 완전하지 않으나 kemun으로 추정하였다.

42) cf. sarkūngge

tuttu unenggi tacihiyan . tob tacihiyan seci ombi sere anggala .
그래서 眞 敎, 正 敎 할 수 있을 뿐만 아니라
yargiyan i unenggi seme tukiyeci teisu kai ..
진실로 참되다 고 칭송할 만하도다.

[그리스도교가 진교(眞敎)인 3가지 증거]
aikabade abkai tacihiyan i temgetu acan unenggi be simneme
만약에 天 敎 의 증거 부합 참됨 을 시험하여
baicaki seci . ilan hacin i šošohon bi . terei dorgi
구하고자 하면 세 가지 의 目錄 있다. 그것의 안에
targara huwekiyeburengge . giyan de acanambio acanarakūn ..
경계하고 권면하는 것 이치 에 맞는가 맞지 않는가?
yargiyan i saimbe huwekiyebume . ehe be targabume mutembio
진실로 善을 권면하고 惡 을 경계하기 가능한가
muterakūn . ere emu . tacihiyan de dalaha niyalma[43] .
가능 않은가? 이것이 하나이다. 敎 에 앞장선 사람,
gisun yabun . ishunde adalio akūn . ere juwe ..
言 行이 서로 일치하는가 않는가? 이것이 둘이다.
geli tacihiyan i ursei yabun songko adarame . yargiyan i
또 敎 의 무리의 행실과 자취 어떠한가? 진실로
sain de hanci . ehe de aldanggo akūn . ere ilan ..
善 에 가깝고 惡 에서 먼가 아닌가? 이것이 셋이다.

43) tacihiyan de dalaha niyalma: 司敎之人

[첫째, 선을 권면하고 악을 경계함]

enduringge tacihiyan i targabure . huwekiyebure kooli durun[44)].
聖 教 의 경계하고 권면하는 규례 규범
giyan de narhūšahangge uttu . ne i jalan de yabubuha
이치 에 세밀히 한 것 이렇다. 지금 의 세상 에 유행하였던
abkai tacihiyan i hacingga bithe be (4b) tuwaha de .
天의 教 의 각종 서적 을 보면
terei sain be huwekiyebure . ehe be targabure unenggi doro
그것이 善 을 권면하고 惡 을 경계하는 진실한 道
uthai enduringge tacihiyan i ujui hacin .
곧 聖 教 의 첫 항목이다.

[천지만물의 주인]

tede henduhengge . abka na . tumen jaka i dele . jaka be
그것에 말한 것, "天 地 萬 物의 위, 物 을
banjibuha wesihun ejen bifi . muse niyalma be ujime bibuhebi
창조하신 높으신 主 있어, 우리 사람 을 기르고 존속케 했다"
sehebi . ere tob seme niyalmai akdara . olhoro . ginggulere .
하였다. 이것이 바로 사람이 믿고, 경외하고, 공경하고,
buyere . mujilen be dekdebuci ombi . ememungge
사랑하는 마음 을 일으키게 할 수 있다. 어떤 이는

44) kooli durun: 規條

abka na de ejen akū . jaka gemu holkonde banjinahangge .
天 地에 主 없고 物 모두 홀연히 생겨난 것이다,

ememungge geli jaka i sekiyen uthai giyan . uthai sukdun .
어떤 이는 또 物의 근원 곧 理, 곧 氣,

uthai da ten inu seme hendurengge . adarame niyalma akdara .
곧 太極 이라고 말하는 것, 어떻게 사람이 믿고

olgoro . ginggulere buyere mujilen be dekdebume mutembi .
경외하고 공경하고 사랑하는 마음 을 일으키게 할 수 있겠는가?

[오직 한 분이신 주]

geli henduhengge unenggi ejen damu emu sehebi ..
또 말한 것, "참된 主 오직 한 분" 하였다.

ede niyalmai mujilen i foronorongge juweden akū be dahame .
이에 사람의 마음 이 향하는 것 두 마음 품지 아니함으로

tuwakiyarangge ini cisui beki ofi . hing seme julesi ibeme .
지키는 것 자연히 확고하므로 힘껏 앞으로 나아가고

majige hono kenehunjerakū ohobi .
조금 도 의심하지 않게 되었다.

[전지전능하신 주]

geli (5a) henduhengge . abkai ejen i sarangge . ten i
또 말한 것, "天의 主 의 아시는 것 지극히

yongkiyan ofi . sarakūngge[45] akū sehebi . niyalma ede
온전하므로 알지 못하는 것 없다." 하였다. 사람이 이에
gelhun akū sain gebu be butuleme holtome gaime .
감히 좋은 이름 을 막고 속여 취하고,
abkai ejen be eitereme . geren niyalma be gidašarakū .
天의 主 를 기만하여 여러 사람 을 능멸치 못한다.
yaya gūninjara gisurere . yaburengge . damu dergi abkai ejen
무릇 생각하고, 말하고, 행하는 것, 다만 上 天의 主
de acabume . erde ocibe . yamji ocibe gingguleme olgošombi ..
께 부응하여 아침 이든 저녁 이든 공경되이 삼간다.

[인간의 죄를 대속하신 주]
geli henduhengge . jaka be banjibuha . dergi abkai ejen .
또 말한 것, "만물 을 창조하신 上 天의 主
niyalma i weile be aitumbume joolire[46] turgunde .
사람 의 罪 를 구원하여 贖하려는 까닭에
niyalma ofi jalan de wasinjifi[47] hacingga gosihon be
사람 되어 세상 에 내려와서 각종 고난 을
funde aliha sehebi . ere ele niyalmai buyere ginggulere
대신 받았다." 하였다. 이는 더욱 사람의 사랑하고 공경하고

45) cf. sarkūngge
46) aitumbume joolimbi: 救贖 ; (羅) redempio
47) niyalma ofi jalan de wasinjimbi: 降世爲人; 天主降生 ; (羅) incarnatio

akdara olgoro mujilen be nemebume . niyalma be beyei
믿고 경외하는 마음 을 더하게 하여 사람 을 자신의
ehe . weile be eimeme cihanggai suilara yertere be
惡과 罪 를 싫어하고 기꺼이 고생하고 부끄러움 을
alire dabala . bucetei doro be tuwakiyame .
받을 따름, 죽도록 道 를 지키며
jalan i sebjen be narašarakū ohobi .
세상 의 즐거움 을 연연치 않게 하였다.

[믿음 · 소망 · 사랑]
geli henduhengge abkai ejen i targabuhangge . (5b)
또 말한 것, "天의 主 의 경계하신 것
niyalma be gūnin gisun yabun[48] i abkai ejen be akda
'사람 이 생각, 말, 행동 으로 天의 主 를 믿으라,
hargaša . buye sere jakade . abkai doro[49] mohohobi ..
소망하라, 사랑하라!' 하는 고로 하늘의 도리 극진히 하였다.
gūnin gisun yabun i emu duwali de hūwaliyasun oso
'생각, 말, 행동 으로 한 同類 와 화목 하여라!'
sere jakade niyalmai doro[50] yongkiyahabi .
하는 고로 사람의 도리를 온전히 갖추었다."

---

48) gūnin gisun yabun: 思言行
49) abkai doro: 天道
50) niyalmai doro: 人道

[영혼 불멸]

geli henduhengge . sure fayangga mukiyerakū sehebi .
또 말한 것, "靈 魂은 불멸한다." 하였다.
ede arga bodohon[51] goro golmin ojoro be dahame .
이에 꾀 지모 멀고 길게 되므로
uthai beyei amala[52] i unenggi hūturi baire be kiceme ofi .
곧 몸의 나중 의 참된 福 구하기를 힘쓰므로
arbun beye i jirgara joboro be terei gūnin de
形 身 의 안일하고 고난됨 을 그의 생각 에
dabure ba akū ohobi ..
셈하는 바 없게 되었다.

[사후 세계의 심판]

geli henduhengge . amaga jalan de enteheme šang .
또 말한 것, "나중 세상에 영원히 賞,
enteheme koro bi sehebi . ede muse niyalma ini cisui
영원히 罰 있다." 하였다. 이에 우리 인간 저절로
erecun . olgocun i mujilen banjiname ofi . sain be yabure .
소망, 경외하는 마음 생겨나게 되어 善 을 행하고
ehe be unggirengge . ele šumin ombime unenggi ombi .
惡 을 제거하는 것, 더욱 깊게 되면서 진실하게 된다.

51) cf. bodogon
52) beyei amala: 身後 ; (羅) post hinc vitam

[영세를 받음]

geli henduhengge . enduringge muke be alici weile be
또 말한 것, "聖 水[53] 를 받으면 죄 를

guwebumbi sehebi . ede endebuku be halarade duka baha
사해준다." 하였다. 이에 허물 을 고칠 적에 門 얻고

karulara be ererede (6a) temgetu bisire jakade .
보응 을 바랄 적에, 증거 있는 고로

terei forome ibenere mujilen bandarakū ohobi
그의 向하여 나아가는 마음 나태하지 않게 되었다.

[회개와 고해]

geli henduhengge . gosiholome nasame[54] sume alambi[55]
또 말한 것, "통곡하고 탄식하며 告解한다"

sehebi . ere kooli bici . holkonde endebucibe .
하였다. 이 규례 있으면 홀연히 허물 있어도

erecun be ufarabure de isinara ba akū . tereci
소망 을 잃게하는 데 이르는 바 없다. 그로부터

endebuku be nasafi . gelhun akū jai necirakū .
허물 을 참회하고, 감히 다시 범하지 않고

53) enduringge muke: 聖水 ; (羅) aqua benedicta. cf. enduringge muke be alimbi 領洗

54) gosiholome nasame: 痛悔 ; (羅) poenitentia

55) sume alambi: 告解 ; (羅) confessio

inenggidari . icemlehe dade icemlembi .
날마다 새로워진 데에 새로워진다.[56]
te enduringge tacihiyan i targabuha huwekiyebuhe
지금 聖 教 의 경계하고 권면한
hacin hacin i kooli jurgan . yooni tob seme yabuci acara
各 種 의 규례 조항 모두 정히 행해야 마땅한
unenggingge be iletu sambime . elemangga miosihon gisun .
진실한 것 을 분명히 보면서, 도리어 사악한 말,
hashūtai doro[57] seme hendurengge yargiyan i usacuka kai .
左의 道 라고 말하는 것 진실로 애통하도다.

[둘째, 사교자의 언행일치]
jai de . tacihiyan be aliha niyalma be leoleci .
둘째로 教 를 맡은 사람 을 논한즉
terei gisun yabun[58] ishunde acanambio akūn .
그의 言 行 서로 부합하는가 않는가?
ubabe gelhun akū beye gisurerakū .
이를 감히 직접 말하지 않겠다.
aikabade beyebe tukiyecere weile baharahū sembi .
만약에 자신을 높이는 죄 얻을까 한다.

---

56) icemlehe dade icemlembi: 日新又新
57) hashūtai doro: 左道 ; (羅) superstitio
58) gisun yabun: 言行

damu jiowei giyoo tung wen gi bithei dorgi .
다만 絶 徼 同 文 紀 글의 안에서
ming gurun i (6b) sioi gung guwang ki . yang gung ting giyūn .
明 나라의 徐 公 光 啓, 楊 公 廷 筠
ere juwe amban i gisun be yarhūdaki .
이 두 大臣의 말 을 인용하고자 한다.[59]

dzaisiyang sioi guwang ki i wesimbuhengge ..
재상 서 광 계가 상주한 것[60]

amban bi utala aniya sibkime giyangname mohobume kimciha be dahame . ere jergi ambasa i umesi unenggi umesi yargiyan . terei mujilen i ici[61] . yabun i songkoi . emu genehunjere[62] ba akū sere anggala . yargiyan i gemu enduringge mergen i šabi . terei doro umesi uru terei tuwakiyan umesi cira . terei tacihangge umesi ambula terei bahanarangge umesi narhūn . terei mujilen umesi genggiyen . terei sahangge umesi tomorhon . tesei gurun de bici . inu gemu minggan saisa ci dabanara mergen . tumen niyalma ci colhoroko baturu ofi . teni juwan ududu tumen be[63] ci ebsi jihebi . tesei gurun i niyalma be tacihiyarangge.

---

59) 참고로 인용한 부분은 문단으로 번역하였다.

60) 徐光啓, 「辨學章疏」, 明 萬曆 47년(1616) 南京敎難 발생시 徐光啓가 그리스도교를 변호하여 上疏한 것이다.

61) mujilen i ici: 心事

62) cf. kenehunjere

63) ba 里를 의미하는 것으로 보아야 할 것이다.

(7a) gemu beyebe dasara be kiceme . abkai ejen be weilembi .. musei dulimbai gurun i enduringge mergen i tacihiyan de . inu gemu beyebe dasame . abka be weilere be dahame . giyan ishunde acanahabi seme. tuttu suilame jobome . tuksicuke be tafame . olgocuka[64] be doome . ishunde temgetulema[65] jihebi . ere cohome niyalma toome gemu sain be yabume dergi abka i niyalma be gosire gūnin de acabukini sehengge kai .. terei gisun . iletu dergi di be weilere be fulehe da obuhabi . beyei sure be karmame aitumbure be ujen oyonggo obuhabi tondo hiyoošun . gosin jilan be gung hūsun obuhabi . sain de gurire endebuku be halara be. dosire duka obuhabi .. nasame aliyara[66] . šaringgiyame geterembure be . tuwancihiyame dasara de obuhabi .. abka de wesire[67] unenggi hūturi be .. (7b) sain be yabuha wesihun šang obuhabi .. na i looi enteheme gashan be . ehe be yabuha gosihon karulan obuhabi . hacingga targacun tacibun . kooli durun . yooni abkai giyan . niyalmai gūnin i ten i ba sehebi .

(신 제가 이렇듯 여러 해 궁구하며 강구하고 추궁하며 상세히 살펴 보았더니 이들 대신들이 몹시 참되고 몹시 진실합니다. 그의 마음의 방향, 행실의 자취의 하나 의심할 바 없을 뿐만 아니라 진실로 모두 성현의 제자입니다. 그의 도(道) 몹시 옳고, 그의 지킴 몹시 엄하고, 그의 배운 것 몹시 광대하고, 그의 이해하는 것 몹시 세밀하고, 그의 마음 몹시

---

64) cf. olhocuka

65) cf. temgetuleme

66) nasame aliyambi: 懺悔

67) abka de wesimbi 昇天 ; (羅) ascensio

밝고, 그의 아는 것 몹시 명료합니다. 그들의 나라에 있으면 또한 모두 1천 명의 현인보다 뛰어난 현자, 만 명의 사람보다 출중한 영걸(英傑)이므로 이제 십 수만 리에서 이쪽으로 왔습니다. 그들 나라의 사람을 가르치는 것 모두 몸을 닦기를 힘쓰고, 천주(天主)를 섬깁니다. 우리 중국 성현의 가르침에 또한 모두 몸을 닦고 하늘을 섬기므로 이치 서로 부합한다 하고, 그래서 수고하고 고생하며 위험을 무릅쓰고 두려움을 건너서 서로 증거하러 왔습니다. 이는 특별히 사람마다 모두 선을 행하여 상천(上天)께서 사람을 인애하시는 뜻에 부합하고자 한 것입니다. 그의 말 분명히 상제(上帝)를 섬기는 것을 근본 삼았습니다. 몸의 영(靈)을 보호하고 구원하는 것을 중요하게 여겼습니다. 충효인자(忠孝仁慈)를 공부(工夫) 삼았습니다. 선으로 옮기고 허물을 고치는 것을 입문(入門) 삼았습니다. 탄식하며 참회하고 신원(伸寃)하며 제거하는 것을 바로잡으며 수행하는 것 삼았습니다. 하늘에 오르는 참된 복을, 선을 행한 귀한 상으로 삼았습니다. 지옥의 영원한 재난을 악을 행한 쓴 응보 삼았습니다. 각종 경계 가르침 규례 규범이 전부 천리(天理)와 인정(人情)의 지극한 바라고 하였습니다.)

yang ting yūn i henduhengge .
양 정 균 이 말한 것[68]

yaya tacihiyan i tob miosihon be ilgaci . giyan i abkai ejen i tacihiyan

68) 楊廷筠, 「鴞鸞不幷鳴說」

de . ai gese niyalma be kimcici acambi . te wargi saisa[69] i tacihiyan i da oho niyalma . sargan gaijarakū . hafan terakū . jalan de bairengge akū be dahame . genggiyen bolho[70] saisa seci ombi . jalan i wesihulere fucihi jergingge be mohobufi . damu emu sekiyen seme milarakangge . colgorome iliha saisa seci ombi .. abka . na niyalmai giyan be mohobuha bime mentuhun i adali serecun akū . cihanggai jalan de burubuhangge . butui dasara saisa seci ombi .. wargi saisa (8a) siran siran i musei jecen de jihengge . gūsin aniya funcehe . musei gurun i mergengge saisa be ududu tanggo[71] mentuhun urse be dulembuhengge toloho seme wajirakū . umai tesei emu ufaracun be joriha ba akū . udu kimutulehe[72] urse gūnin tebuhei anagan baicibe . dubentele jaka bahakūbi . ese yargiyan i narhūšame bolhomire[73] saisa inu kai . kemuni tuwaci . jalan i niyalma giyan be leolecibe . yabun be dasarengge akū . suilame yabun be dasacibe giyan be ulhirakū .. wargi saisa oci . ere juwe gemu bi . bithei urse i unenggilerengge . [genggiyelerengge] sasa dosimbi[74] . fucihi ursei yaburengge . surengge juru dasambi[75] sehengge ere adalingge be kai . ainahai ere gese urse . niyalma be tondo hiyoošun akū baita be tacibumbini . terei ehe be yabure . facuhūn be deribure baita . (8b) da

69) wargi saisa: 西士
70) cf. bolgo
71) cf. tanggū
72) cf. kimuntulehe
73) cf. bolgomire
74) unenggilerengge . [genggiyelerengge] sasa dosimbi: 誠明並進, [ ] 譯註者 보충
75) yaburengge . surengge juru dasambi: 行解雙修

[dube] acanarakū[76] . gebu yargiyan yooni calhari[77] . duibuleci tondo moo be . helmen de tuwaha de mudangga . hojikon cira be . buleku de bocihe serengge . giyan de oron akūngge kai .

(무릇 종교의 바름과 사악함을 구분하려면 그리스도교에서 어떤 사람을 상세히 살펴야 하는가? 지금 서쪽 현인의 가르침의 수장(首長) 된 사람은 결혼하지 않고 벼슬하지 않고 세상에 구하는 것 없으므로 밝고 깨끗한 현인이라고 할 수 있다. 세상이 존경하는 부처 같은 것을 힐난하고 오직 한 근원하고 전개한 것, 우뚝 선 현인이라고 할 수 있다. 천지인(天地人)의 이치를 궁구하였으면서 어리석은 것 같이 과시함 없고, 기꺼이 세상에서 은둔한 것, 은밀히 수행하는 현인이라고 할 수 있다. 서쪽 현인이 연이어 우리나라에 온 것 30년 남짓 되었다. 우리나라의 지자(智者), 현자(賢者)를 수백 명, 어리석은 무리를 제도한 것 다 헤아리지 못한다. 전혀 그들의 그릇된 것 하나 지적한 바 없다. 비록 원수진 이들이 마음먹고서 구실 찾지만 끝내 틈 얻지 못했다. 이들 진실로 은밀히 재계하는 현인이도다. 늘상 보면 세상 사람이 이치를 논하지만 행실을 닦는 이 없다. 수고롭게 행실을 닦지만 이치를 깨닫지 못한다. 서쪽 현인은 이 둘 모두 있다. '유교의 무리는 성심껏 애쓰는 것[誠]과 밝게 하는 것[明] 함께 나아가고, 불교의 무리는 행(行)하는 것과 해(解)하는 것 쌍으로 닦는다[雙修]' 한 것, 이 같은 것이다. 어찌하여 이 같은 이들이 사람을 충효가 아닌 일로 가르치겠는가? 그가 악을 행하고 문란케 하는 일, 본말(本末)이 부합하지 않고 명실(名實)이 전부 배치된다. 비유하자면 곧

76) da dube acanarakū: 本末不應, [ ] 譯註者 보충
77) cf. calgari

은 나무를 그림자에서 보면 구부러지고, 예쁜 얼굴을 거울에서 추하다고 하는 것은 이치에 전혀 없는 것이다.)

te wesihun gurun[78] i ši daifu hafan . meni jergi goroki
지금 귀한 나라 의 士大夫 관리, 우리 같은 먼 곳의
fusihūn beye be . hono dahin dahin i maktame saišahabi .
비천한 몸 을 오히려 거듭거듭 찬양하고 칭찬하였다.
tuttu seme . meni jergi fusihūn beye .
그렇지만 우리 같은 비천한 몸이
ai gelhun [akū][79] alimbi .
어찌 감히 감당하겠는가?

[셋째, 봉교자의 품행 평가]
ilaci de . tacihiyan de dosika urse . uyunju aniya funceme .
셋째로, 教 에 입문한 무리, 90 년 남짓
enduringge tacihiyan . dulimbai gurun de . yabubutele .
聖 教가 中 國 에 행해지기까지
umai tacihiyan i urse de . encu demun[80] bi seme
전혀 教 의 무리 에 다른 괴이함 있다 고

78) wesihun gurun: 上國 ; 貴國
79) gelhun akū: 敢, [ ] 譯註者 보충
80) encu demun: 異論 ; cf. 異端

jorime leolehe be donjiha be[81] akū .
가리켜 논한 것을 들은 바 없다.
ba na be kadalaha ambasa de . jalingga koimali seme
地方 을 관할했던 대신들 에게 간사하고 교활하다 고
baicame tucibuhe be . inu umai donjiha ba akū .
조사해서 들춰낸 것을 또한 전혀 들은 바 없다.
esei dorgide hono unenggi mujilen i tacihiyan de dosifi .
이들의 안에 오히려 誠 心 으로 教 에 입문하고
erdemu be dasafi . gosin be (9a) šanggaha saisa bi ..
德 을 닦고 仁 을 성취한 賢人이 있다.
te wacihiyame tucibume muterakū . tere anggala .
지금 전부 다 드러낼 수 없다. 뿐만 아니라
tacihiyan de dosire onggolo . umesi miosihon de dayaha urse .
教 에 입문하기 이전에, 몹시 사악한 데 의지했던 이들,
halafi tob ohobi .. jai dosi . nantuhūn . cokto . banuhūn urse .
바뀌어 바르게 되었다. 또 탐욕 더러움 교만 나태한 이들이
tacihiyan i kooli be alime . uthai fe urebuhe ehe be kūbulifi .
教 의 규례를 받고, 즉시 옛날 익혔던 惡 을 변화시키고
doro giyan be mutebuhebi . ere yooni unenggi baita .
道 理 를 능히 이루었다. 이 모두 참된 일
yargiyan temgetu . gubci sara . gubci donjirengge kai .
진실한 증거, 전부 알고 전부 듣는 것이다.

---

81) cf. ba

aikabade tacihiyan i mentuhun irgen . daci jurgan giyan be
만약에 教 의 우둔한 백성이 본래 義 理 를
hafuhakū . ini teile muwa songko be tuwakiyame .
달통치 못하고 그저 조잡한 행적 을 지키내며
eici doro yabun beki akū ofi . dubentele eyehengge [komso][82) .
혹은 道 行이 확고하지 않으므로 끝까지 지속한 이가 적다.
ere enduringge tacihiyan tob akūngge waka .
이는 聖 敎가 바르지 않은 것이 아니라
cohome tere niyalma fe miosihūn be geterembufi .
특별히 그 사람이 옛날 사악한 것을 제거시키고
emu mujilen i tob de bederehekū turgun kai .
一 心 으로 바른 데 돌아가지 않은 까닭이도다.
kungdz i terei emgi dosimbi . terei emgi bedererakū
孔子께서 "그와 함께 들어가고, 그와 함께 물러나지 않는다."
sehengge[83) . ere be henduhebi dere .. (9b)
라고 한 것 이것 을 말하였으리라.

4. 결론

이상에서 청대 만주어 그리스도교 문헌의 일종인 만주어 『천주정교

---

82) dubentele eyehengge komso: 流爲鮮終, [ ] 譯註者 보충
83) 『論語(述而)』 "子曰: 與其進也, 不與其退也."

약징』의 판본과 내용 및 주요 용어 등을 살펴보았다. 중국에 들어온 예수회 신부들은 그리스도교가 결코 이단의 무리가 아니며 충효를 가르치는 중국 성현의 가르침과 다름이 없는 참되고 바른 가르침이라는 점을 밝히고 있다. 또 그리스도교가 정교이자 진교라는 증거로 선을 권면하고 악을 경계하는 능력이 있다는 점, 사교자들의 언행이 일치한다는 점, 또 봉교자들의 행실과 자취가 선에 가깝고 악에서 멀다는 것 등을 언급하였다. 특히 중국 사대부인 서광계와 양정균의 글을 인용하여 그리스도교의 무리가 성현의 제자와도 상통한다고 극력 강조하였다.

끝으로 청대 만주어 그리스도교 문헌은 한문본과 라틴어본 이외에 이본(異本)으로서의 가치가 주목된다. 특히 기존 판본들의 모호한 대목이나 어려운 어휘의 의미를 파악하는데 도움을 받을 수 있다. 또 그리스도교 용어들이 만주어로 번역되면서 어떻게 문화적인 변용이 이루어졌는지 등을 살펴볼 수 있는데, 이는 동서문명교류의 차원은 물론이고 동아시아 내에서의 상호 교류라는 측면에서도 많은 시사점을 줄 것으로 기대한다.

만주어 『천주정교약징』 영인 자료

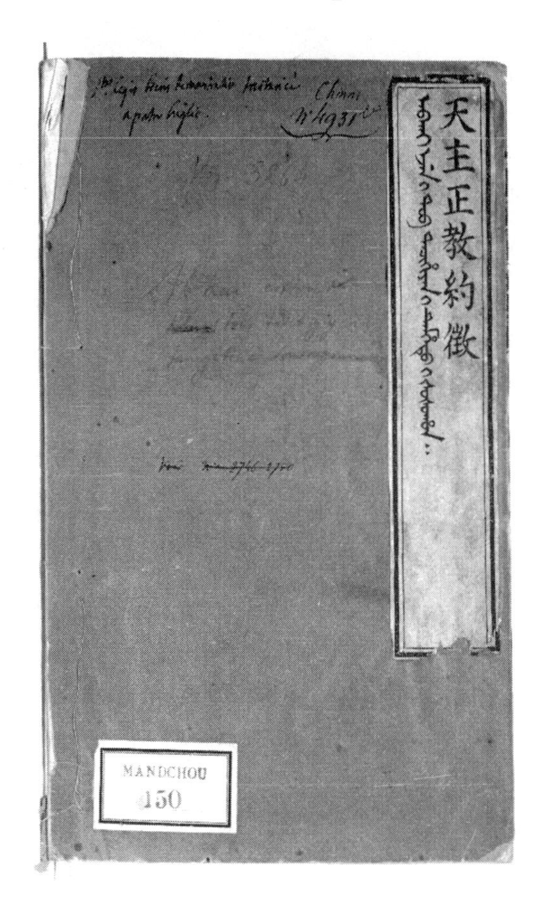

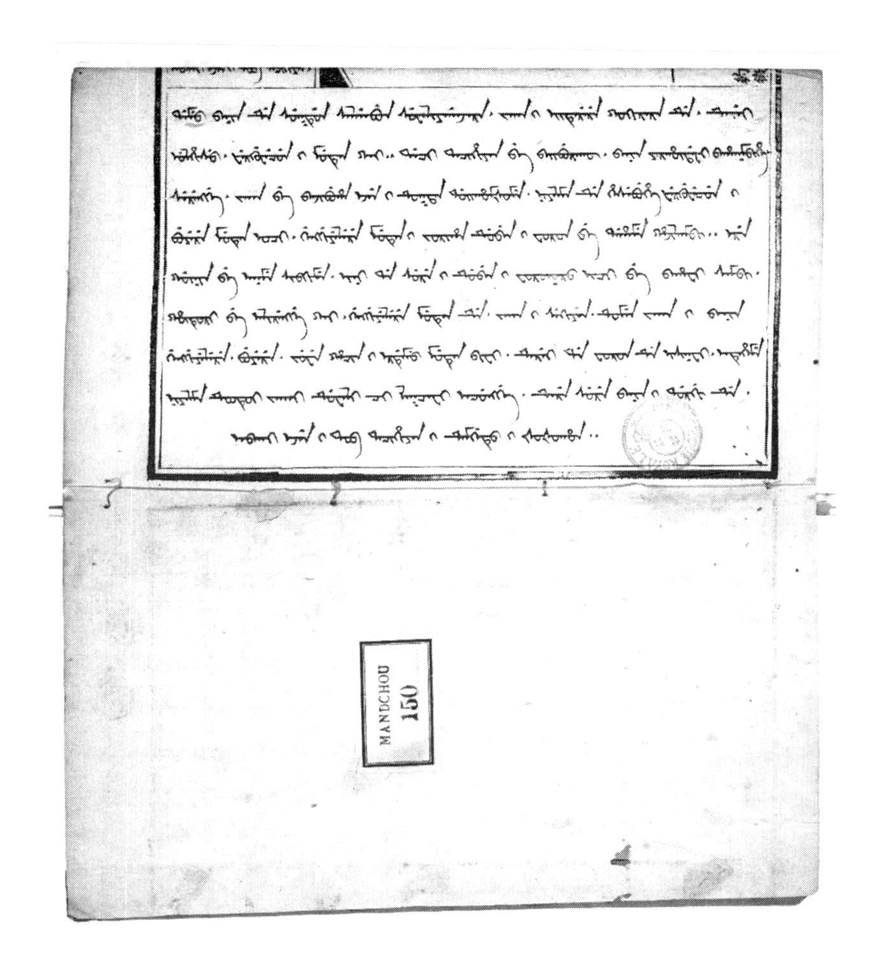
MANDCHOU
150

[illegible]
[illegible]
[illegible]
[illegible]
[illegible]
[illegible]
[illegible]
[illegible]
[illegible]

[illegible]
[illegible]
[illegible]
[illegible]
[illegible]
[illegible]
[illegible]
[illegible]
[illegible]

[illegible]

[illegible]

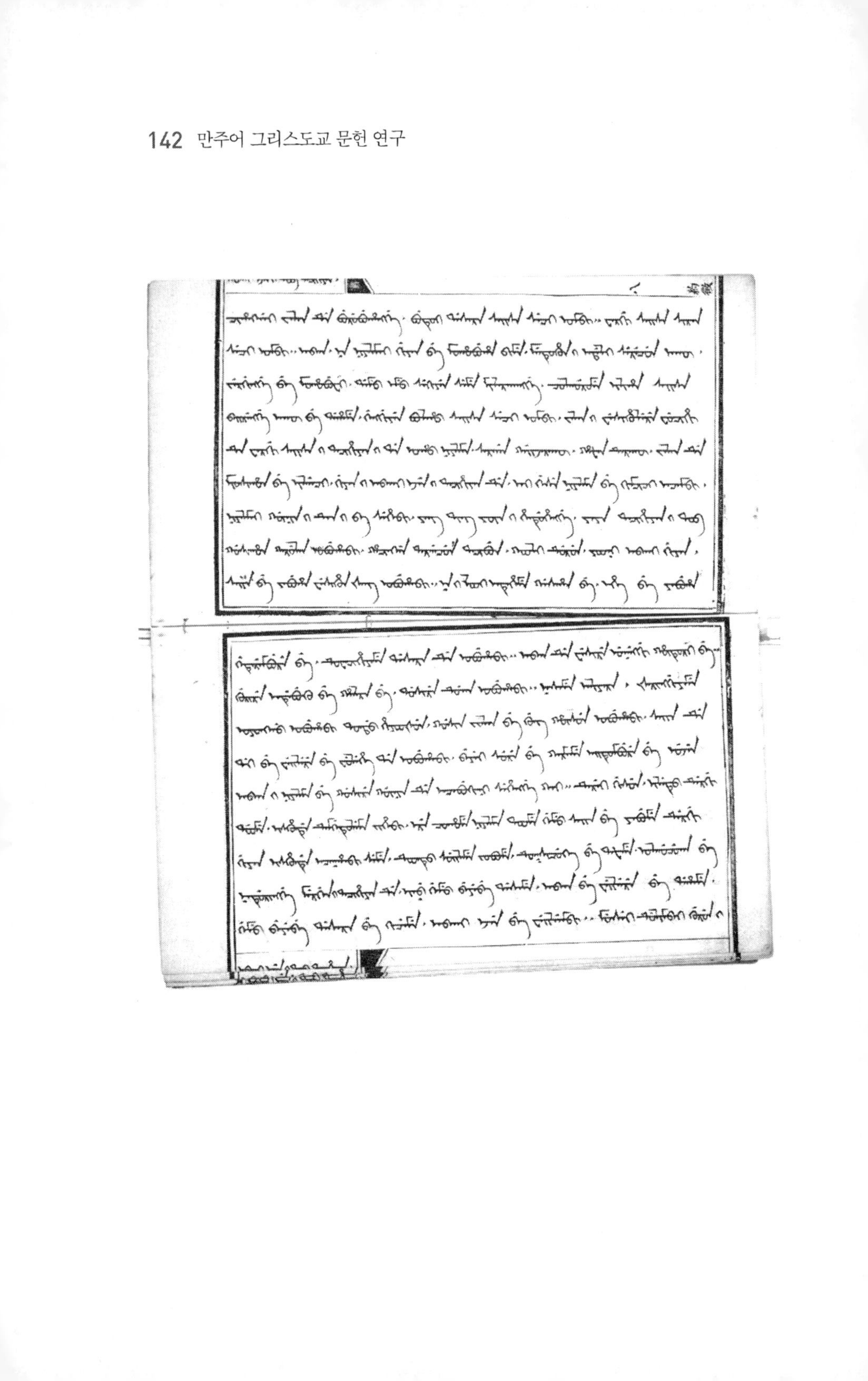

[illegible]

[illegible]

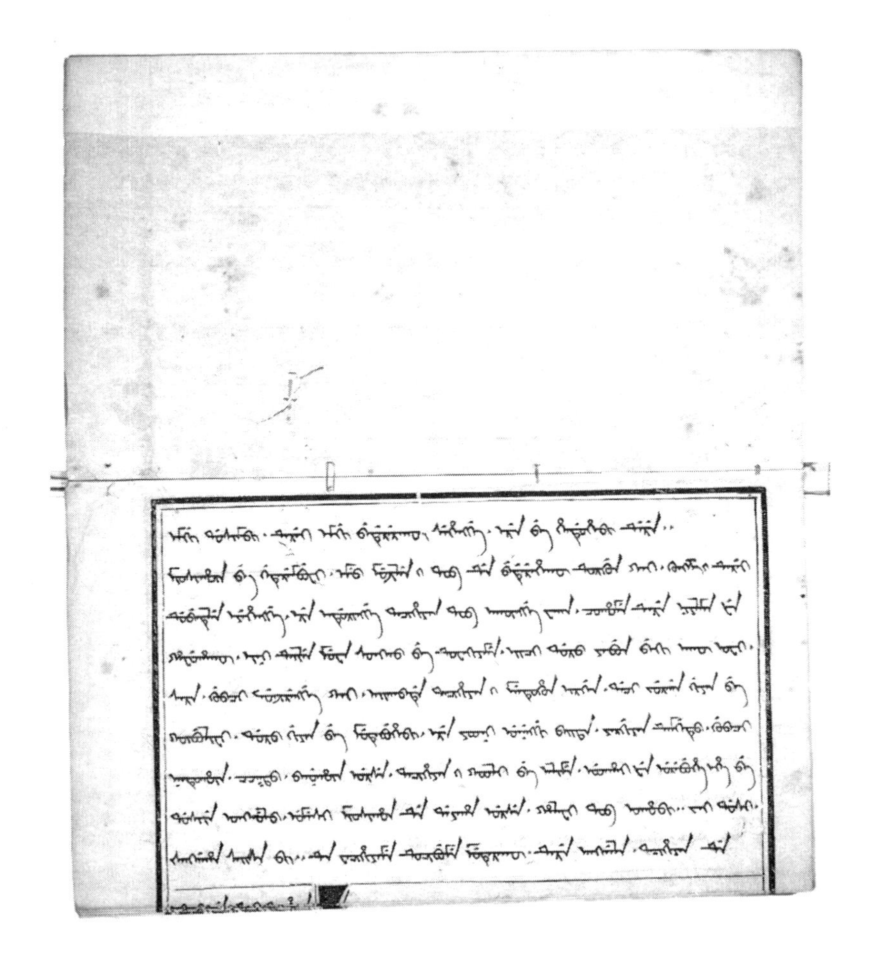

제5장
중국 전례논쟁 만주어자료 역주

1. 중국 선교와 전례논쟁

서양의 그리스도교가 동아시아에 전래되면서 각 지역의 선교 문헌에는 신(神) 같은 용어의 번역을 두고 다양한 차이를 드러냈다. 중국의 경우 그리스도교의 하나님을 천주(天主)로 번역한 이래 마테오 리치의 『천주실의(天主實義)』 등을 통해 널리 사용되기에 이르렀다.[1]

그러나 천주라는 용어가 그리스도교의 유일신을 올바르게 표현한 것인지, 또 공자숭배나 조상에 대한 제사 등이 우상숭배는 아닌지에 대한 논쟁도 있었는데, 이것이 바로 중국 전례논쟁(典禮論爭)이다.[2]

---

1) 명말청초 데우스(Deus)의 譯語로 天主 이외에 '了無私'(『新編西天竺國天主實錄』), 陡斯 등이 있다. 19세기 중국어성경 번역에서도 그리스도교의 유일신을 중국어로 어떻게 번역할 것인지에 대한 의견이 대립되어 하나님을 神으로 번역한 소위 神版과 上帝로 번역한 上帝版으로 나뉘기도 하였다.

2) 전례논쟁은 달리 의례논쟁, 예의논쟁, 제사논쟁이라고도 한다. 李天綱, 『中國禮儀之爭: 曆史,文獻和意義』, 上海古籍出版社, 1998 ; 신의식, 「강희제의 천주교 인식 : 강희 년간에 파견된 교황청 특사와의 관계를 중심으로」, 『중국학논총』24, 한국중국문화학회, 2007 ; 김병태, 「명말청초 전례논쟁의 선교사적 이해」, 『한국기독교와 역사』28,

본고에서 소개하는 자료는 이 같은 전례논쟁의 와중에 나온 『중국전례보고서』(약칭 Brevis Relatio)의 만주어 부분인데, 예수회 신부들이 공자와 조상 및 하늘에 대한 제사가 우상숭배가 아닌 중국의 전통의례라는 것을 확인받고자 강희제에게 청원하는 내용이다.

2. 중국전례보고서

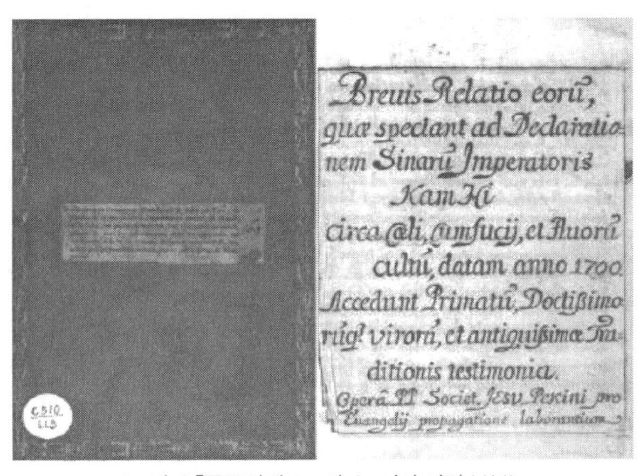
Breuis Relatio corũ,
quæ spectant ad Declaratio-
nem Sinarũ Imperatoris
Kam Hi
circa Cœli, Cumfucij, et Auorũ
cultũ, datam anno 1700.
Accedunt Primatũ, Doctißimo-
rũq. virorũ, et antiquißimæ Tra-
ditionis testimonia.
Operâ PP. Societ. JESU Pekini pro
Euangelij propagatione laborantium.

[그림1] 『중국전례보고서』(표지와 서명 부분)

『중국전례보고서』는 국내외에 소장되어 전하는데, 본 역주에 활용한

2008 ; 최소자, 『東西文化交流史硏究-明淸時代 西學受容』, 삼영사, 2002 ; 송태현, 「볼테르와 중국: 전례논쟁에 대한 볼테르의 견해」, 『외국문학』, 외국문학연구소, 2012 ; 고명영, 『강희황제(康熙皇帝)와 로마교황청의 전례논쟁 연구』, 평택대학교 피어선신학대학원, 2016 ; 심장섭, 『그리스도교는 어떻게 중국을 공략했는가』, 자유문고, 2018 ; 오순방, 『明末淸初 天主敎 예수회선교사의 天主敎中文小說과 索隱派 文獻 硏究』, 숭실대학교, 2019 ; 에바히스트 헤지 육(김지인, 안경덕, 최현주, 김상근 역), 『강희제 통치기의 예수회 중국 선교와 전례 논쟁』, 연세대학교 대학출판문화원, 2021.

것은 서울대학교 중앙도서관 소장본으로 현재 고문헌자료실(청구기호 貴 C510 113)에 소장되어 있다.[3] 1701년 중국 북경에서 간행되었으며, 본문의 주요 언어는 라틴어이나 예수회 선교사들이 강희제에게 상주한 내용과 답변 부분은 만주어, 라틴어, 한문 3체로 되어 있다.[4] 서울대본 『중국전례보고서』의 문헌적 가치에 대해서는 안재원(2018)에서 언급된 바 있는데, 서명에 대한 풀이가 다음과 같이 소개되어 있다.

> "천(天)과 공자와 조상 숭배에 대해서 1700년에 중국 황제 강희제가 내린 입장 표명에 대한 간략한 보고서. 수석 대주교와 가장 박식한 학자들과 가장 오래된 전통에서 찾은 증언들이 수록되었다. 복음을 전파하기 위하여 고생하는 북경 예수회의 신부들의 노고로 지어진 것이다.(*Brevis relatio eorum quae spectant ad Declarationem Sinarum Imperatoris Kam Hi circa Caeli, Cunfucii, et Avorum cultum, datam anno 1700. Accedunt Primatum, Doctissimumque Virorum, et Antiquissimae Traditionis Testimonia. Opera PP. Societatis Jessu Pekini pr Euangelii propagatione laborantium*)"[5]

만주어 원문의 내용을 보면 강희제에게 보고된 청원문은 예수회의 민명아(閔明我) · 서일승(徐日昇) · 안다(安多) · 장성(張誠) 등이 공동

3) 『중국전례보고서』는 서울대학교도서관 소장본과 독일 바이에른주립도서관 소장본을 참고하였다. 이외에 프랑스국립도서관과 영국국립아카이브 관련 자료를 참고하였다. 특별히 영국 국립아카이브 자료는 강원묵 선생님의 도움을 받았다.

4) 한문의 경우 같은 내용이 『熙朝定案』에도 수록되어 있다.

5) 안재원, 「『중국전례보고서』에 대하여」, 『敎會史學』15호, 수원교회사연구소, 2018. 99면. 李天綱(『中國禮儀之爭』, 1998)에서는 書名을 『1701年中國康熙皇帝有關中國禮儀之爭的簡短回答』이라고도 하였다.

으로 논의하여 한문으로 상주한 것을 원외랑(員外郎) 혁세형(赫世亨, Hesihen)[6]이 만주어로 번역하고 접자(摺子)에 써서, 강희 39년 10월 20일 원외랑 혁세형과 주사 장상주(張常住)가 강희제에게 상주한 것으로 나온다.

3. 만주어 대역

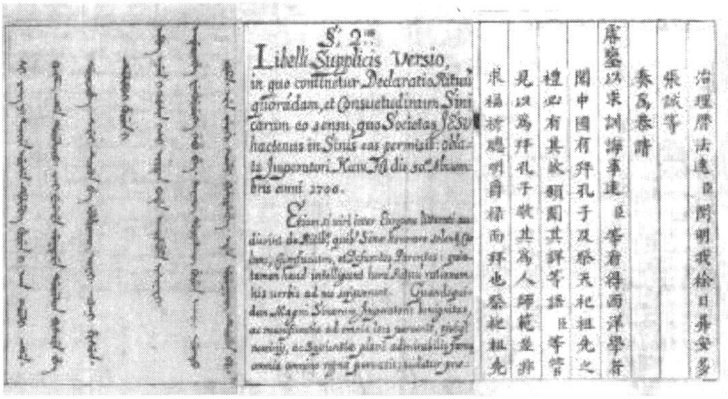

§. 2.
Libelli Supplicis Versio,
in quo continetur Declaratio Rituum quorundam, et Consuetudinum Sinicarum eo sensu, quo Societas JESU hactenus in Sinis eas permisit: oblata Imperatori Kam Hi die 30. Novembris anni 1700.
Etiam si viri inter Europeos litterati audivissent [illegible]

治理曆法遠臣閔明我徐日昇安多
張誠等
奏為恭請
睿鑒以求訓誨事。臣等看得西洋學者
聞中國有拜孔子及祭天祀祖先之
禮必有其故願聞其詳等語。臣等管
見以為拜孔子敬其為人師範並非
求福祈聰明爵祿而拜也。祭祀祖先

[그림2] 청원문의 앞부분(만주어 · 라틴어 · 한문)

si yang ni tacire urse[7] dulimba gurun i an kooli de .

西 洋 의 학문하는 이들 中 國 의 風俗 에

6) 赫世亨: hesihen(1645?~1708). 羅麗達, 「一篇有關康熙朝耶穌會士禮儀之爭的滿文文獻—兼及耶穌會士的宣言書《Brevis Relatio》」, 『歷史檔案』, 1994年 第1期 ; 陳國棟, 「兩岸故宮第三屆學術研討會: 十七,十八世紀(1662-1722)中西文化交流」, 2011년 참고.

7) tacire urse: 學者 ; 學生, 배움의 무리.

kungdz de doroloro . jai wecere juktere dorolon bisire be
孔子 에게 行禮하고, 또 제사하는 禮가 있음 을

donjicibe . terei turgun be ulhirakū ofi . ceni gisun .
듣지만, 그것의 사유 를 알지 못하므로 그들의 말,

dulimbai gurun i
中의 國 의

#[8] amba ejen[9] i gosin kesi eiten bade akūmbume isinafi .
大 君主 의 仁愛 恩德 모든 곳에 온전하게 도달하여

enduringge ferguwecuke gebu be . sarkū donjihakū gurun akū .
성스럽고 神異한 이름 을 모르거나 듣지 못한 나라 없다.

uttu bime ere jergi kooli bisirengge . ede urunakū turgun bi .[1-6a][10]
그렇지만 이 같은 儀禮 있는 것, 이에 반드시 사유 있다.

bairengge . turgun be narhūšame tucibume arafi jasireo sehebi ..
바라기는 사유 를 상세하게 진술하여 써서 편지주시오 하였다.

---

8) #은 원문의 擡頭를 나타낸 것이다.
9) amba ejen: 大皇帝, 大帝.
10) 페이지의 앞 숫자는 본고에서의 순서, 뒤의 숫자는 서울대본 원문 페이지이다.

kungdz de dorolongge . terei ulan[11] be ginggulerengge .
孔子 에게 行禮하는 것, 그의 傳授 를 공경하는 것이다.

terei tacihiyan be aliha bime niyakūrara hengkilere
그의 가르침 을 받았으면서 무릎 꿇고 叩頭하는

dorolon akū oci ombio .. tuttu abkai fejergi
禮가 없다면 되는가? 그래서 天의 下

sasa kungdz be wesihuleme sefu obuhangge .
일제히 孔子 를 尊崇하여 스승 삼은 것은

yargiyan i ere gūnin .. sure genggiyen obure be baire .
진실로 이 뜻이다. 聰慧 英明 하기 를 구하고,

hafan funglu be jalbarire jalin dorolorongge waka ..
官爵 俸祿 을 빌기 위해 行禮하는 것 아니다.

wecere hisalara dorolon be yaburengge .
제사하고 獻酒하는 禮 를 행하는 것은

---

11) ulan: 傳授. 가르침을 전하는 孔子의 교육자로서의 위상을 말한 것이다.

niyaman be hing seme gosire . [2-6b]
어버이 를 힘껏 사랑하고

fulehe de karulara unenggi be akūmburengge .. tuttu
뿌리 에 보답하는 誠心 을 극진히 하는 것. 그래서

nenehe wang se wecere juktere dorolon be toktobufi .
이전 王 들 제사하는 禮 를 정하고,

yaya ama eme . ahūn deo . jai niyaman gucu akū oho amala .
무릇 父 母, 兄 弟, 또 친척, 벗 죽은 뒤에

aniya forgon . juwari tuweri . erin de acabume . wecebume
年 계절, 여름 겨울, 때 에 맞춰서 제사지내고

hisalabuhabi .. ere cohome haji gosire gūnin be akūmbukini
獻酒하게 하였다. 이는 특별히 親愛하는 뜻 을 극진히 하라

serengge kai .. nenehe mafari sa i oren[12] be ilibuhangge ..
하는 것이다. 이전 조상 들 의 位牌 를 세우게 한 것,

12) oren: ūren. 塑像. 位牌.

nenehe mafari sai fayangga be . yargiyan i ere moo de
이전 조상 들의 魂 을, 진실로 이 나무 에

nikembi tomombi sehengge [3-7a]
의지하고 깃든다 한 것

waka .. inu hūturi fengšen be bairengge waka ..
아니다. 또한 福 祿 을 구하는 것 아니다.

wecere ursei gūnin de damu bisire adali[13)]
제사하는 이들의 뜻 에 다만 계신 것 같이

unenggi be girkūre jakade . tuttu faidara doboro de .
誠心 을 독실히 하는 故로, 그래서 陳設하고 獻物할 적에

uthai arbun giru be acaha gese[14)] ..
곧 容貌 를 만난 것 같이 한다.

tere yargiyan i emu fulehe i niyaman be onggorakū .
그것은 진실로 한 뿌리 의 어버이 를 잊지 않고,

---

13) 『論語』: "祭如在, 祭神如神在."
14) 『禮記』: "凡祭, 容貌顔色如見所祭者."

goidatala mohon akū . amcame kidure gūnin kai[15] .. nenehe
오래도록 다함 없이 뒤좇아 그리워하는 뜻이다. 이전

di wang se gemu abka de wecere dorolon be yabuhangge .
帝 王 들 모두 天 에 제사하는 禮 를 행한 것은

uthai bithei ursei giyoo še i dorolon[16] . dergi di be [4-7b]
곧 文의 무리의 郊 社 의 禮, 上 帝 를

weilerengge seme henduhengge inu .. tuttu oren i pai de
섬기는 것 이라고 말한 것이다. 그래서 位牌 의 牌 에

dergi di seme arahabi .. yasa de sabure arbun dursun
上 帝 라고 썼다. 눈 에 보이는 형상

bisire abka[17] be wecere jukterengge waka .. cohome abka na
있는 하늘 을 제사하는 것 아니다. 특별히 天 地

tumen jakai ejen da de wecere jukterengge .. olgoro ginggulere
萬 物의 主 宰 에 제사하는 것이다. 조심하고 공경함이

---

15) 『論語』: "愼終追遠."
16) 『中庸』: "郊社之禮, 所以事上帝也."
17) arbun dursun bisire abka: 한문본은 蒼蒼有形之天이다.

ten de isinara jakade . gelhun akū tob seme gisurerakū .
극 에 이르는 故로, 감히 바로 말하지 않고,

dergi abka . gosingga abka . deserengge abka sehebi .. uthai
위의 하늘, 인자한 하늘, 거대한 하늘 하였다. 곧

ejen[18] be tukiyere de . ejen serakū . terkin fejile . dergi [5-8a]
皇上 을 높일 적에 皇上 하지 않고, 陛 下, 上

yamun seme hendure adali .. udu tukiyere gebulerengge adali
衙門 이라고 하는 것과 같다. 비록 높이고 이름 부르는 것 같지

akū bicibe . yargiyan i emu .. uttu ofi
않지만 진실로 하나이다. 이러므로

hūwangdi i šangname buhe pai biyan de .
皇帝 가 상 내려 준 牌 匾 에

beye abka be ginggule sere hergen be arahangge .
몸소 天 을 恭敬하라 하는 문자 를 쓴 것은

18) 한문본은 主上이다.

tob seme ere gūnin .. goroki amban[19] i albatu gūnin .
바로 이 뜻이다. 먼 곳 大臣 의 비루한 뜻은

acanara acanarakū be sarkū .. gingguleme bairengge .
부합하는지 않는지 를 모른다. 삼가 바라옵기는

ejen tacibume dasafi bureo .. [6-8b]
皇上 가르치고 고쳐 주십시오.

si yang ni niyalma min ming o[20] . sioi ži šeng[21] . an do[22] .
西 洋 의 사람 閔明我, 徐日昇, 安多,

jang ceng[23] sei uhei toktobume gisurefi .
張誠 등이 공동 결정하여 의논하고

si yang gurun de jasiki sere jalin .
西 洋 國 에 편지하자 하기 위함.

tacibure hese be baime araha nikan bithe be .
가르치는 旨 를 구하려 쓴 漢 文 을,

---

19) goroki amban: 遠臣. 먼 곳에서 온 신하.
20) 그리말디(Claudio Filippo Grimaldi, 1639~1712).
21) 페레이라(Thomas Pereira, 1656~1709).
22) 도마(Antoine Thomas, 1644~1709)
23) 제르비용(Jean François Gerbillon, 1654~1707).

aisilakū hafan[24] hesihen ubaliyambume jedz de arafi .
員外郎 赫世亨 번역하여 摺子 에 써서,

elhe taifin i gūsin uyuci aniya juwan biyai orin de
康熙 의 제39 년 10 월의 20 일에

aisilakū hafan hesihen . ejeku hafan[25] jang cangju[26] [7-9a]
員外郎 赫世亨, 主事 張常住는

tuwabume wesimburede . dahabume wesimbuhengge .
보시도록 상주할 적에, 뒤따르게 하여 상주한 것,

si yang ni ursei gisun . si yang ni jasigan de .
西 洋 의 무리의 말, 西 洋 의 편지 에,

dulimbai gurun i # amba ejen i ferguwecuke enduringge .
中의 國 의 大 君主의 神異한 성스러움,

umesi baturu manggan[27] bime . bithe de mangga .
몹시 勇武 剛毅 하고 글 에 뛰어나다.

24) 郎中의 次席.
25) 員外郎의 次席.
26) 張常住 또는 張長住.
27) mangga.

eiten hacin be sarkū bahanarakūngge akū seme
모든 부류 를 모르거나 이해 못하는 것 없다 고

donjiha saha .. damu ere juktere doroloro turgun be .
들었고 알았다. 다만 이 제사하고 行禮하는 사유 를,

ce sarkū . ofi . turgun be sume jasi seme jasihabi .. meni ere
그들 모르므로 사유 를 풀어 편지하라 고 편지했다. 우리의 이

jasigan de dulimbai gurun i an kooli holbobuha bime . meni [8-9b]
편지 에 中의 國 의 風俗 관련되어 있고, 우리의

turgun be uttu suhengge . ubai turgun be baha . bahakū be
사유 를 이렇게 풀이한 것, 이곳의 사유 를 얻고 얻지못함 을

getuken i sarkū ofi . gelhun akū cisui jasirakū ..
명백하게 모르므로, 감히 임의로 편지하지 못하고

ejen i tacibure be baimbi seme wesimbuhede .
皇上 의 가르침 을 구합니다 하고 상주하니,

hese[28] . ere arahangge umesi sain . amba doro de acanahabi .
旨, 이것 쓴 것 아주 좋다. 큰 道理 에 부합하였다.

---

28) hese: 旨. 강희제가 상주문을 열람하고 내린 답변 부분이다. 영국 국립아카이브 관련

abka ba[29] ginggulere . ejen niyaman be weilere . sefu unggan[30]
天 을 공경하고, 君主 어버이 를 섬기고, 스승과 長者

be kundulerengge . ere abkai fejergi uhei kooli kai .
를 恭待하는 것, 이는 天의 下의 공통된 儀禮이다.

ere uthai inu . umai dasabure ba akū sehe ..[9-10a]
이것 곧 그렇다. 전혀 고치게 할 바 없다 하였다.

4. 만주어 의역

서양의 학자들은 중국의 풍속에 공자에게 예를 행하고, 또 제사하는 예가 있다는 것을 듣지만 그 사유를 알지 못하기 때문에, 그들의 말에, '중국 대제의 인애와 은덕이 모든 지역에 온전하게 도달하여 거룩하고 신이한 이름을 모르거나 듣지 못한 나라가 없습니다. 그렇지만 이 같은 의례가 있는 것은 여기에 반드시 사유가 있으니, 바라기는 사유를 상세히 진술하여 써서 편지 주시오!' 하였습니다.

공자에게 예를 행하는 것은 그가 전하여 가르치는 것을 공경하는 것이고, 그의 가르침을 받았으면서 무릎 꿇고 절하는 예가 없다면 되겠습니까? 그래서 천하가 일제히 공자를 존경하여 스승으로 삼은 것은 진실

자료에는 황제의 硃批 형식을 살린 붉은색으로 되어 있다.
29) 점이 보이지 않으나 be의 의미로 보았다.
30) ungga.

로 이 뜻입니다. 총명하기를 구하거나 관작이나 녹봉을 바라고자 하여 예를 행하는 것은 아닙니다.

제사하고 술을 올리는 예를 행하는 것은 어버이를 정성껏 사랑하고 뿌리에 보답하는 성심을 극진히 하는 것입니다. 그래서 이전 왕들은 제사하는 예를 정하고, 무릇 부모형제, 또 친척이나 벗이 죽은 뒤에, 절기나 여름과 겨울, 때에 맞춰서 제사하고 술 올리게 하였습니다. 이는 특별히 친애하는 뜻을 극진하게 하자는 것입니다. 이전 조상들의 위패를 세우게 한 것은 이전 조상들의 영혼이 진실로 이 나무에 의지하고 깃드는 것이 아닙니다. 또 복록을 구하는 것도 아닙니다. 제사하는 이들의 뜻에 다만 계신 것 같이 성심을 다하고자 하는 까닭에, 그래서 진설하고 제물을 바칠 적에 즉시 몸가짐을 만난 것 같이 합니다. 그것은 진실로 한 뿌리의 어버이를 잊지 않고 영원토록 무궁하게 추모하는 뜻입니다.

이전 제왕들이 모두 하늘에 제사하는 예를 행한 것은 바로 문인들의 교사의 예이고, 상제를 섬기는 것이라고 말한 것입니다. 그래서 위패에 '상제(上帝)'라고 썼습니다. 눈에 보이는 형상 있는 하늘을 제사하는 것이 아닙니다. 특별히 천지만물의 주재자에게 제사지내는 것입니다. 조심하고 공경함이 지극한 데 이른 까닭에, 감히 바로 말하지 않고 상천(上天), 인천(仁天), 홍천(鴻天)이라고 하였습니다. 곧 황상을 높일 적에 황상이라 하지 않고, 폐하나 조정이라고 하는 것과 같습니다. 비록 높이고 이름 부르는 것은 같지 않지만 진실로 하나입니다. 그러므로 황제께서 상 내려주신 편액에 친히 하늘을 공경하라는 '경천(敬天)' 글자를 쓰신 것은 바로 이 뜻입니다.

먼 곳의 대신의 비루한 뜻으로는 부합하는지 부합하지 않는지를 모르겠습니다. 삼가 청하옵기는 황상께서 가르치고 고쳐 주십시오!

서양인 민명아 · 서일승 · 안다 · 장성 등이 공동으로 결정하여 논의하고 서양국에 편지하자 하는 사안.

가르치는 황지(皇旨)를 구하려고 작성한 문서를 원외랑 혁세형이 번역하여 주접(奏摺)에 써서, 강희 39년 10월 20일에 원외랑 혁세형과 주사 장상주가 황제께서 보시도록 상주할 적에, 뒤따르게 하여 상주한 것.

서양인들의 말입니다.

서양의 편지에, '중국 대제의 신이한 성스러움은 몹시 용맹스러우면서 문장에도 뛰어나고 만사를 모르거나 이해 못하는 것이 없다고 들어 알고 있습니다. 다만 제사하고 예를 행하는 사유를 그들이 모르므로 사유를 풀어서 편지하라!' 하고 편지했습니다. 저희들의 이 편지에 중국 풍속이 관련되어 있고, 저희들이 사유를 이렇게 풀이한 것이 이 땅 풍속의 사정을 제대로 파악한 것인지 분명하게 알지 못하므로 감히 임의로 편지하지 못하고 황상의 가르침을 구합니다.

하고 상주하니,

황제의 지(旨).

여기 작성한 것 아주 훌륭하다. 대도에 부합하였다. 하늘을 공경하고, 군주와 어버이를 섬기고, 스승과 어른을 공경하는 것은 천하의 공통된 의례이다. 이것 바로 그렇다. 전혀 수정하게 할 것 없노라.

하셨습니다.

5. 전례논쟁 만주어자료의 의의

천주라는 용어와 공자숭배 및 조상을 제사지내는 것에 대한 서양 선교사들의 인식 차이에서 촉발된 전례논쟁은 강희제와 로마교황청의 대립에서 절정에 달했다. 본고에서 소개한 자료는 바로 이 같은 전례논쟁 속에서 간행된 『중국전례보고서』의 만주어 부분으로, 중국의 공자숭배와 제사문화 등에 대한 당시 예수회 신부들의 입장과 강희제의 공식적인 반응 등을 엿볼 수 있는 소중한 자료이다.

영인 부록(서울대도서관 소장본)

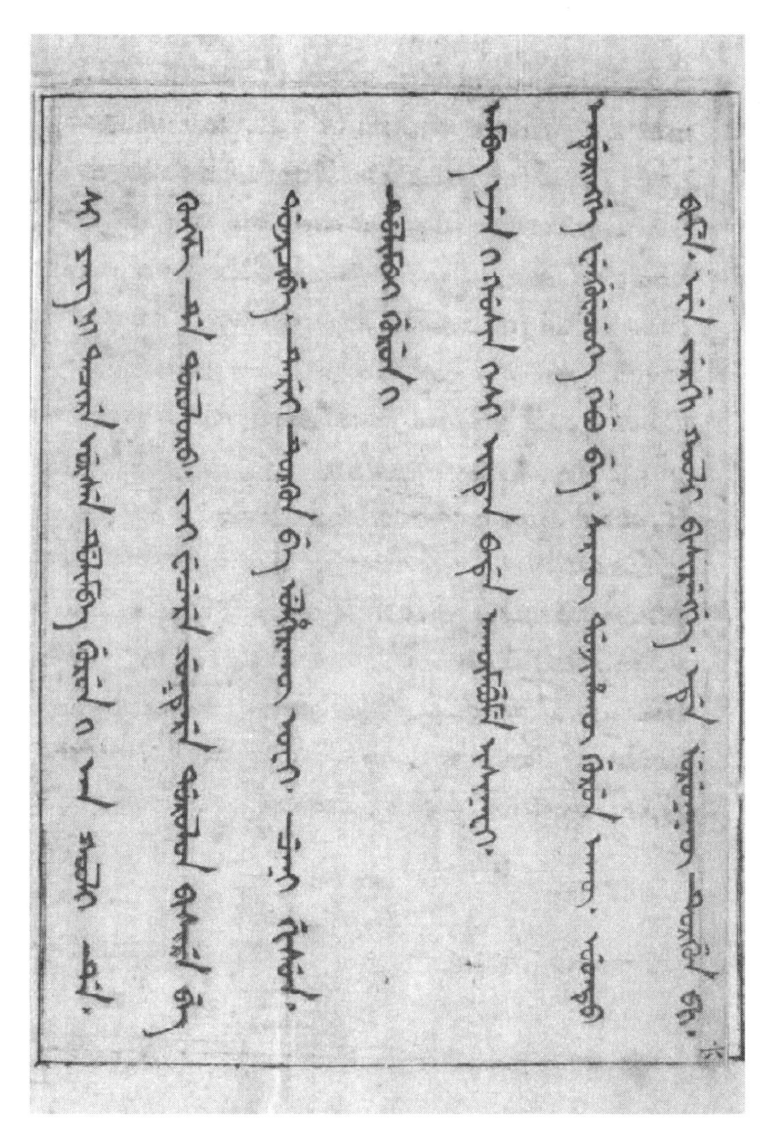

[1-6a]

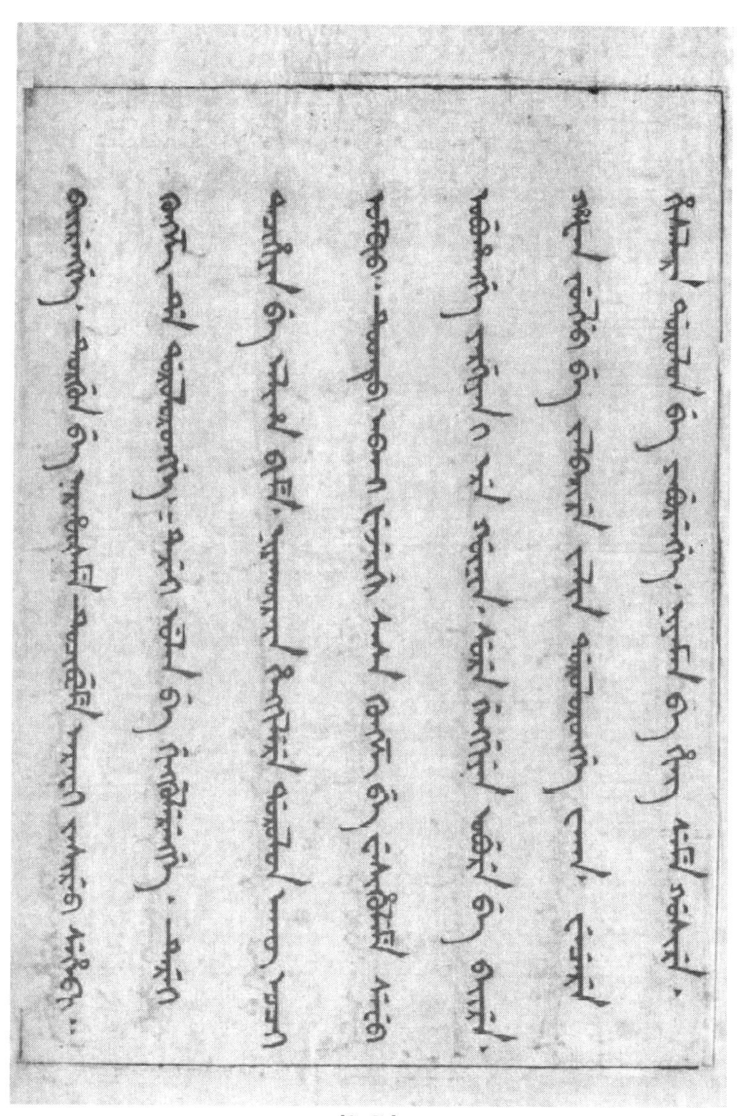

[2-6b]

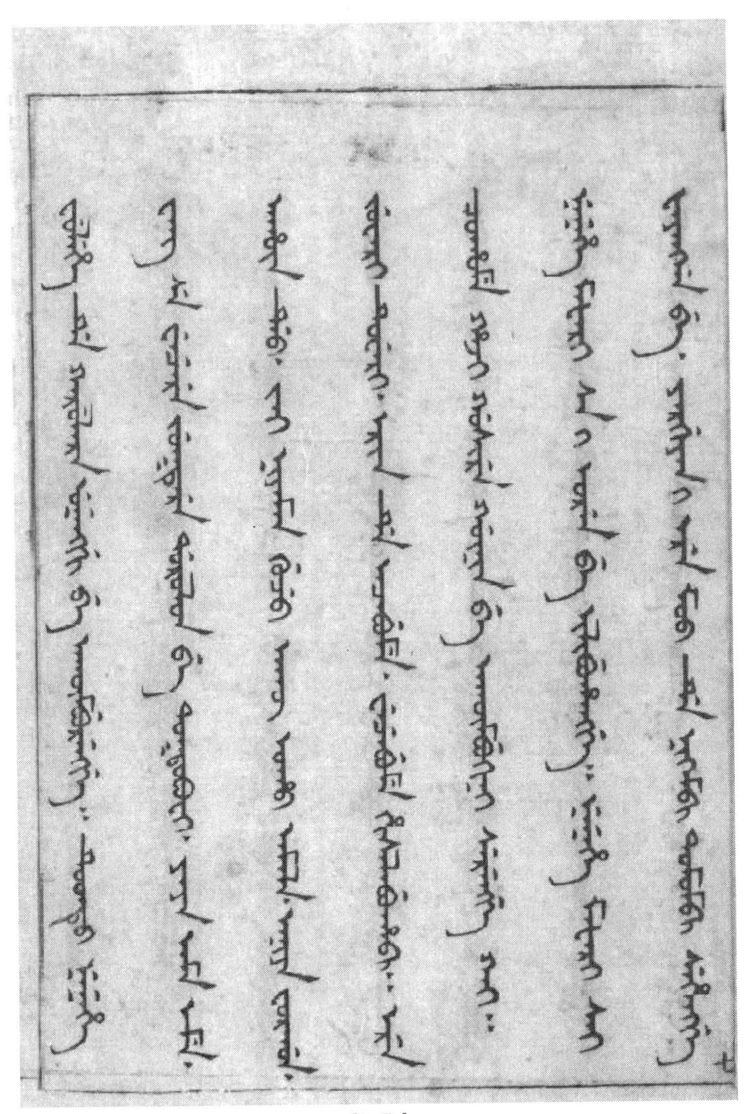

[3-7a]

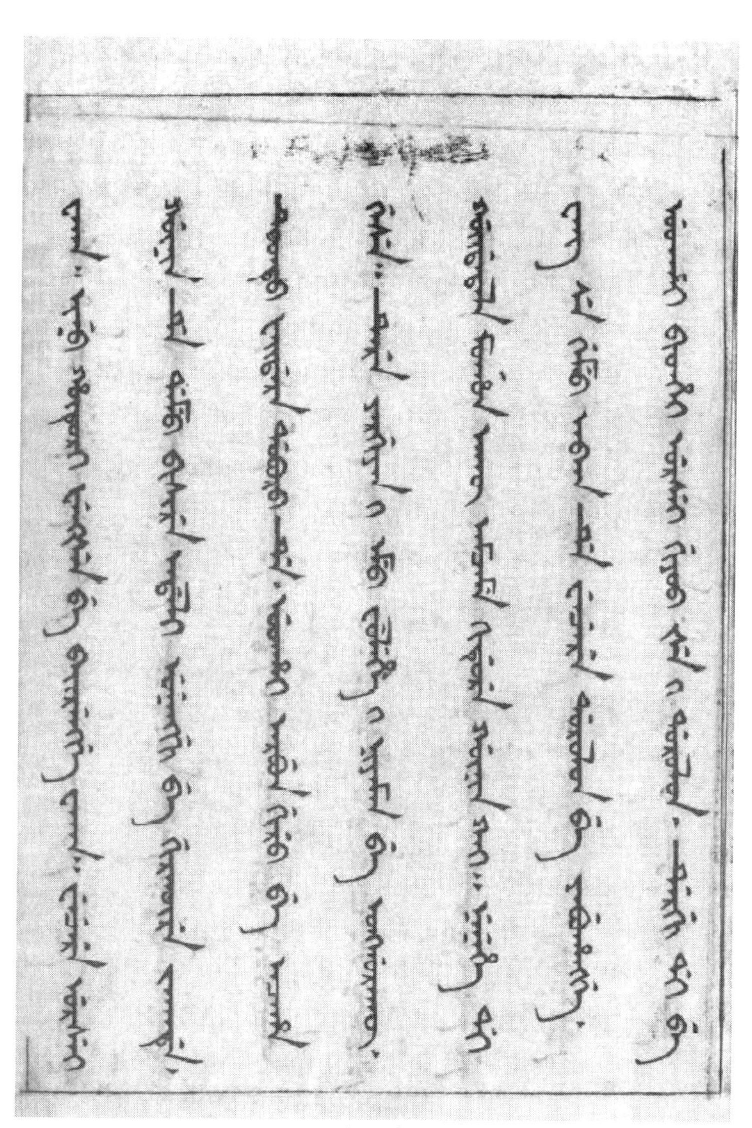

[4-7b]

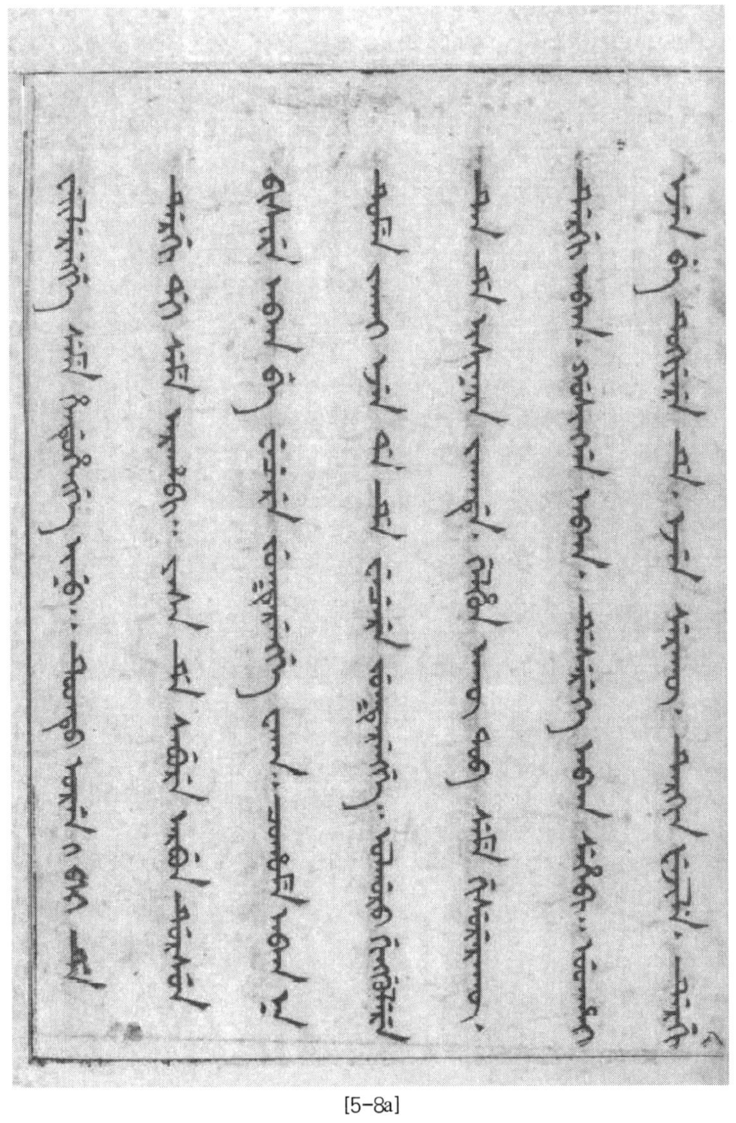

[5-8a]

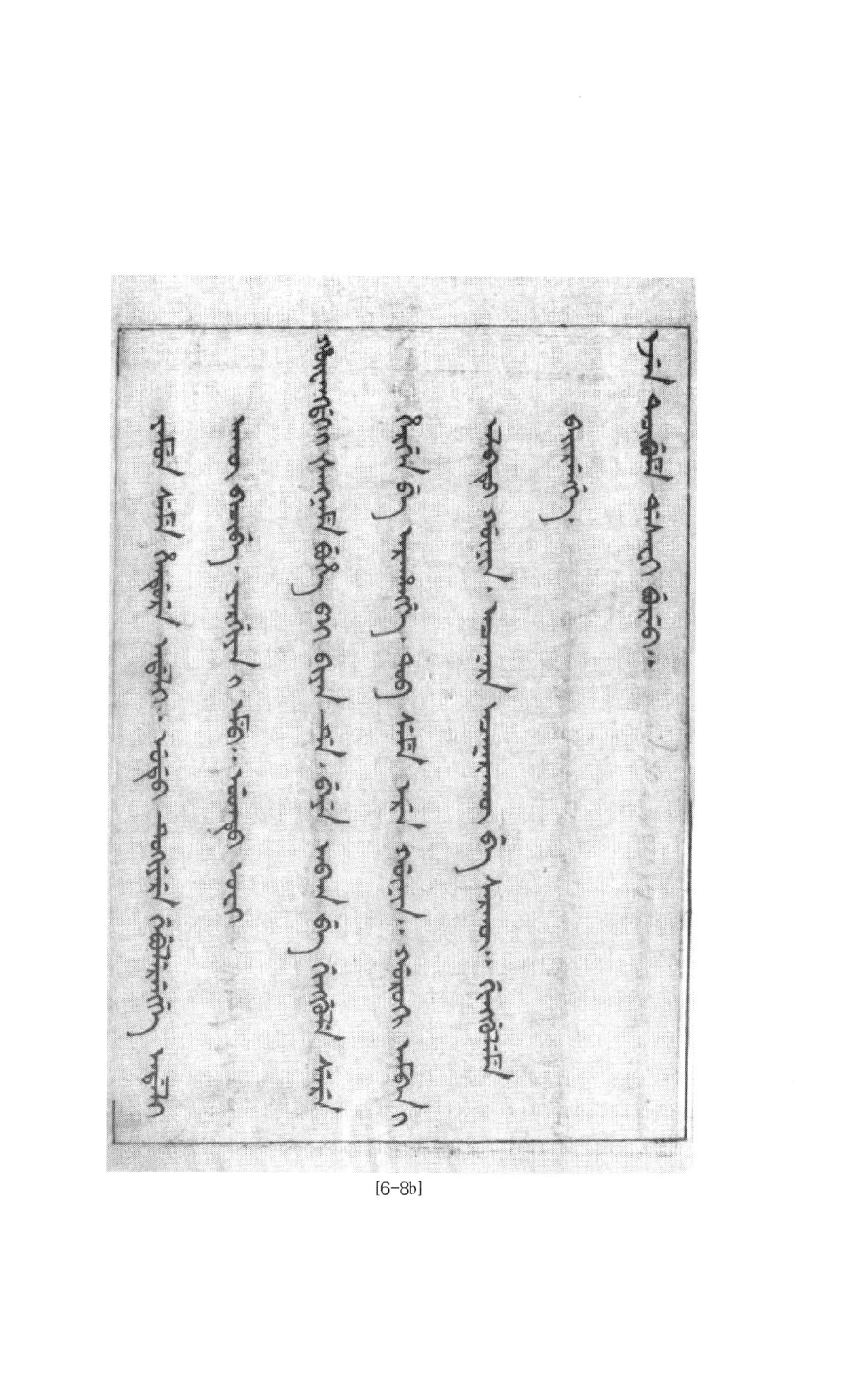

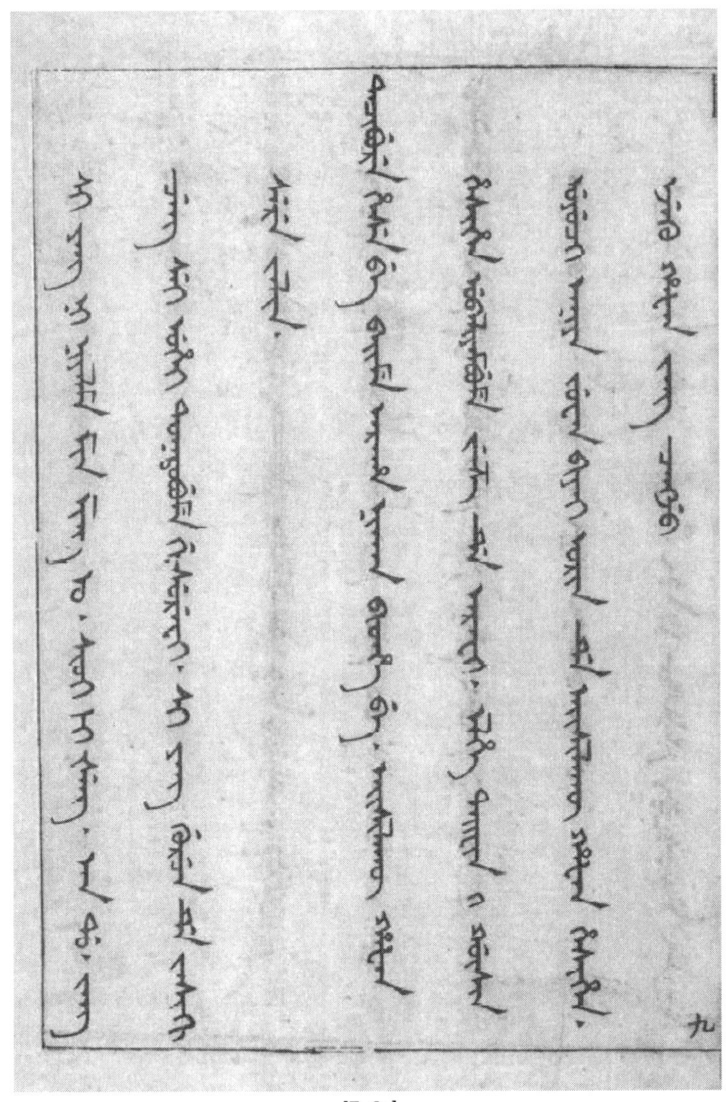

[7-9a]

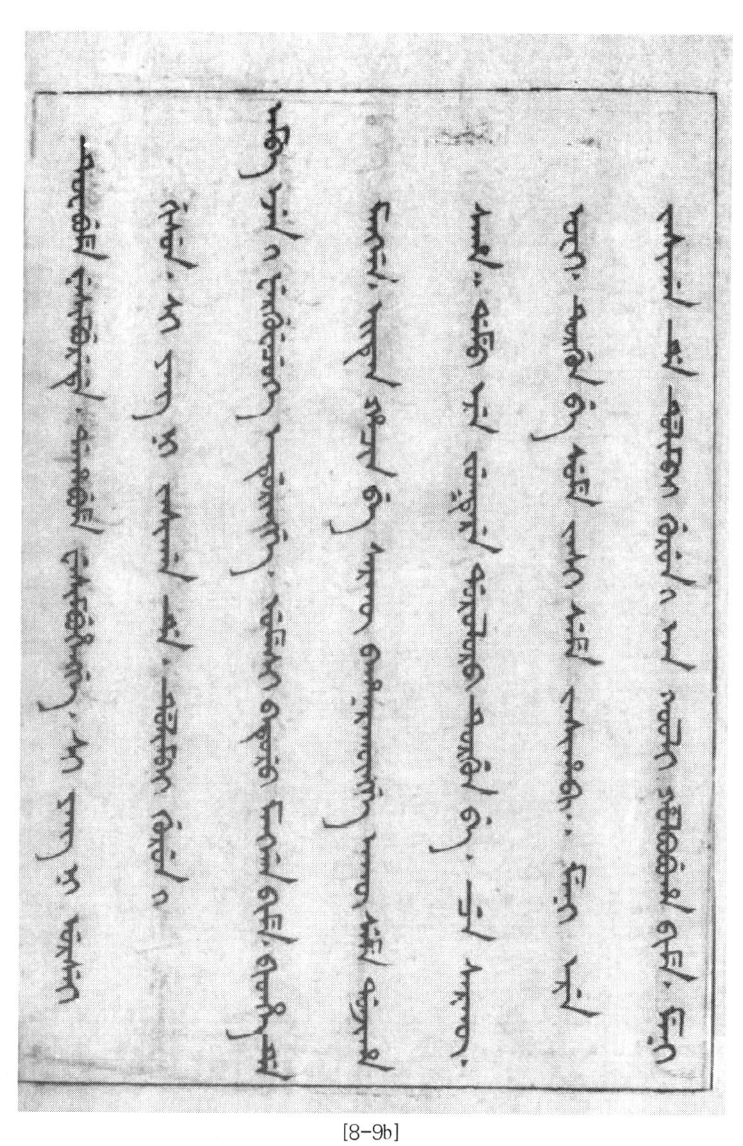

[8-9b]

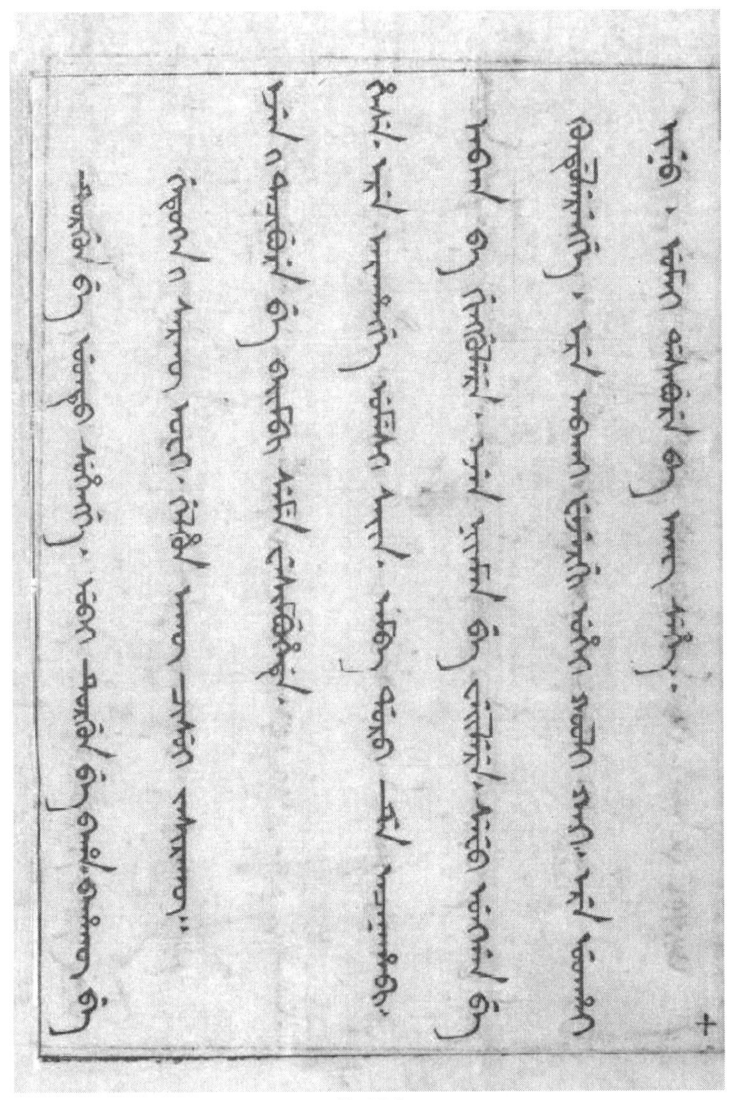

[9-10a]

제6장
만주어 『만물진원(萬物眞原)』 번역론

1. 서론

청대 그리스도교 문헌인 만주어 『만물진원』에는 번역의 방법에 대한 독특한 입장을 표명한 글이 있어서 만주어 번역사에서 관심을 기울일 필요가 있다. 프랑스 국립도서관 소장본 만주어 『만물진원』(Mandchou 247)에는 본문의 번역에 앞서 역자의 번역 원칙을 전개한 글이 수록되어 있다. 이 글은 『만물진원』을 만주어로 번역하면서 만주어와 한문의 차이를 인식하고, 문자적인 축역 방법과 문장의 의미를 분명하게 드러내기 위해 의역하는 방법을 거론하였다. 그 결과 역자는 알레니 선교사의 한문본 『만물진원』을 만주어로 번역하면서 축자적인 번역을 지양하고 적절히 가감하는 방식으로 번역했다고 밝히고 있다. 이와 동시에 한문『만물진원』은 명대에 이루어진 문헌이라 시간적인 추이를 감안하여 이를 반영해야 한다고도 하였다. 이 같은 만주어 번역 방법론은 오늘날 성경을 비롯한 다양한 언어를 번역하는 과정에서 직역이냐 의역이냐 등을 두고 벌어지는 논쟁에도 일정한 참고가 될 수 있을 것으로 판단된다.

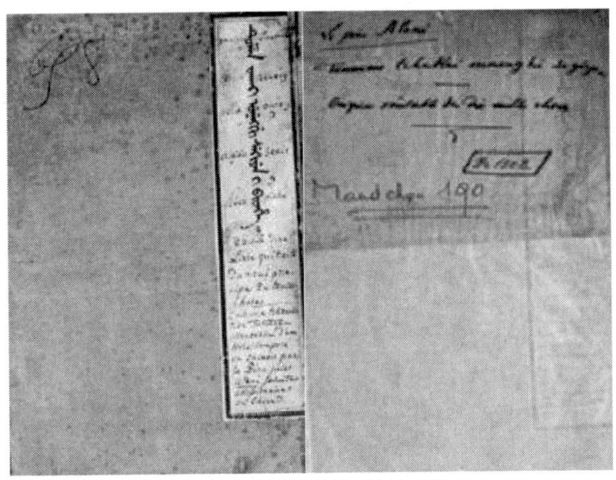

[그림] 만주어『만물지원』(BnF 소장본)

2. 만주어 번역론 대역

bithei ubaliyambure kooli be muwašame leolehengge
글의 번역하는 법칙 을 대략 논한 것

bithei ubaliyambure kooli, juwe hacin bi.
글의 번역하는 법칙 2 가지 있다.

emu hacin, bithei gisun hergen be aname ubaliyamburengge bi,
한 종류는 글의 언어 문자 를 일일이 번역하는 것이 있고,

emu hacin, bithei hergen be aname ubaliyamburakū,
한 종류는 글의 문자 를 일일이 번역하지 않고

damu bithei jurgan be iletuleme tucibume / ubaliyamburengge bi,
다만 글의 뜻 을 뚜렷하게 드러내어 번역하는 것이 있다.

hanciki jalan i šu fiyelen narhūn bime largin,
근래의 세상 의 文 章 세밀 하면서 번잡하다.

manju gisun i / ubaliyambure de,
만주 어 로 번역할 적에

aika damu šu fiyelen i gisun hergen be
만약 다만 文 章 의 언어 문자 를

emke emken i / hergen jorime acabume ubaliyambure oci,
하나 하나씩 문자 가리켜 부합시켜 번역하게 되면

turgun giyan getuken akū sere / anggala, elemangga
까닭 이치 분명하지 않을 뿐만 아니라 도리어

jingkini jurgan be iletuleme tucibume muterakū / ombi.
바른 뜻 을 뚜렷하게 드러낼 수 없게 된다.

te ai dz i banjibuha ere bithei šu fiyelen i hergen be [1a]
지금 艾子가 편찬한 이 글의 文 章 의 문자 를

emke emken i aname jorime ubaliyambure oci,
하나 하나씩 일일이 가리켜 번역하게 되면

bithei jingkini jurgan be / iletuleme tucibure de mangga bime,
글의 바른 뜻 을 뚜렷하게 드러내는 데 어려우면서

elemangga jingkini jurgan i / turgun hacin
노리어 바른 뜻 의 事 情

gemu bithei hergen de usa bufi,
모두 글의 문자 에 반하여

fuhali getuken / ijishūn i banjinarakū ombi.
결국 분명하고 순조롭게 되지 못하게 된다.

šu fiyelen serengge, duibuleci, /
文 章 이라는 것 비유하자면

yangsangga fiyangga booi adali.
文彩 있고 아름다운 집과 같다.

ere boo be tuwarade,
이 집 을 볼 적에,

damu booi / yangsangga fiyangga be sabuha gojime,
다만 집의 文彩 있고 아름다움 을 보았을 뿐

booi ten, akdun beki babe / asuru daburakū.
집의 기초, 견고한 바를 몹시 계산하지 않는다.

tuttu ofi, ai dz i banjibuha nikan / bithe be tuwara niyalma,
그러므로 艾子 의 편찬한 漢 書 를 보는 사람

damu bithei šu yangsangga be buyeme / hūlara,
다만 글의 文 彩 를 사랑하여 읽고

bithede leolehe doro giyan i akdun beki babe
글에서 논한 道 理 의 견고한 바를

daburakū / [1b] ayoo seme,
셈하지 않았나 싶다 하여

bi ere bithe be ubaliyambure de,
나 이 책 을 번역할 적에

bithei šu yangse, / saikan miyamigan gisun be meitefi,
글의 文 彩, 예쁜 수식하는 말 을 삭제하고

damu bithei yargiyan jurgan be /
다만 글의 진실한 뜻 을

getuken obume sijirhūn i tucibufi ubaliyambuha.
분명하게 해서 곧게 드러내어 번역하였다.

tere anggala, manju gisun
그뿐 아니라 만주 어,

nikan / gisun ci ambula encu ba bifi,
漢 語 에서 많이 다른 곳 있고

tuttu nikan / gisun be manju gisun i ubaliyambure de,
그래서 漢 語 를 만주 어 로 번역할 적에

eici fulu ningge be meiteme / waliyambi,
혹 넘치는 것 을 삭제하여 버리고

eici ekiyehun ningge be niyeceme nonggimbi.
혹 결핍된 것 을 보충하여 더한다.

ere dade, / ai dz ere bithe be ming gurun i fonde banjibuhangge,
이런 데다, 艾子 이 책 을 明 나라 의 시절에 지어낸 것,

tere fon i / an kooli tei an kooli ci lakcafi encu.
그 때 의 常 規 지금의 常 規 에서 단절되어 다르다.

ere bithede gisurehe / ududu ba i gisun hergen
이 글에서 말한 여러 곳 의 언어 문자

gemu tei an kooli de acanarakū ofi, [2a]
모두 지금의 常 規 에 맞지 않으므로

bi ere gese gisun hergen be kimcime halame dasataha.
나 이 같은 언어 문자 를 힘써 바꾸고 고쳤다.

eiterecibe, inu / damu bithei tuwara niyalma be
대체로 또한 다만 글의 보는 사람 을

bithei yargiyan jurgan be iletuleme /
글의 진실한 뜻 을 뚜렷하고

getuken i ulhibure jalin.
명백하게 이해시키기 위함이다.

mergen saisa ere bithe be tuwarade,
지혜로운 군자 이 글 을 볼 적에

ume / ubaliyambuha manju gisun i mudan ici
번역한 만주 어 의 語調 측

muwa micihiyan turgun de /
거칠고 천박하다는 이유 로

uthai leolehe doro giyan be muwa micihiyan obufi tuwara.
즉시 논한 道 理 를 거칠고 천박하게 여겨서 보지 말라!

abkai wehiyehe i orin ilaci aniya, ilan biyade getukeleme leolehe. [2b]
乾 隆 의 제23 년, 3 월에 분명하게 논하였다.

의역 부분

bithei ubaliyambure kooli, juwe hacin bi .. emu hacin, bithei gisun / hergen be aname ubaliyamburengge bi, emu hacin, bithei hergen be / aname ubaliyamburakū, damu bithei jurgan be iletuleme tucibume / ubaliyamburengge bi, hanciki jalan i šu fiyelen narhūn bime largin, manju girun i / ubaliyambure de, aika damu šu fiyelen i gisun hergen be emke emken i / hergen jorime acabume ubaliyambure oci, turgun giyan getuken akū sere / anggala, elemangga jingkini jurgan be iletuleme tucibume muterakū / ombi .. te ai dz i banjibuha ere bithei šu fiyelen i hergen be [1a] emke emken i aname jorime ubaliyambure oci, bithei jingkini jurgan be / iletuleme tucibure de mangga bime, elemangga jingkini jurgan i / turgun hacin gemu bithei hergen de usăbufi, fuhali getuken / ijishūn i banjinarakū ombi .. šu fiyelen serengge, duibuleci, / yangsangga fiyangga booi adali .. ere boo be tuwarade, damu booi / yangsangga fiyangga be sabuha gojime, booi ten, akdun beki babe / asuru daburakū .. tuttu ofi, ai dz i banjibuha nikan / bithe be tuwara niyalma, damu bithei šu yangsangga be buyeme / hūlara, bithede leolehe doro giyan i akdun beki babe daburakū / [1b]

ayoo seme, bi ere bithe be ubaliyambure de, bithei šu yangse, / saikan miyamigan gisun be meitefi, damu bithei yargiyan jurgan be / getuken obume sijirhūn i tucibufi ubaliyambuha ..tere anggala, manju gisun nikan / gisun ci ambula encu ba bifi, tuttu nikan / gisun be manju gisun i ubaliyambure de, eici fulu ningge be meiteme / waliyambi, eici ekiyehun ningge be niyeceme nonggimbi .. ere dade, / ai dz ere bithe be ming gurun i fonde banjibuhangge, tere fon i / an kooli tei an kooli ci lakcafi encu .. ere bithede gisurehe / ududu ba i gisun hergen gemu tei an kooli de acanarakū ofi, [2a]

bi ere gese gisun hergen be kimcime halame dasataha .. eiterecibe, inu / damu bithei tuwara niyalma be bithei yargiyan jurgan be iletuleme / getuken i ulhibure jalin .. mergen saisa ere bithe be tuwarade, ume / ubaliyambuha manju gisun i mudan ici muwa micihiyan turgun de /

uthai leolehe doro giyan be muwa micihiyan obufi tuwara ..

abkai wehiyehe i orin ilaci aniya . ilan biyade getukeleme leolehe ..

글을 번역하는 법칙을 대략 논한 것

글을 번역하는 법칙에는 2종류가 있다. 한 가지는 글의 언어 문자를 일일이 번역하는 것이고, 한 가지는 글의 문자를 일일이 번역하지 않고 다만 글의 뜻을 뚜렷하게 드러내어 번역하는 것이다. 근세(近世)의 문장은 정세(精細)하면서 번잡하다. 만주어로 번역할 적에 만약 다만 문장의 언어 문자를 하나하나씩 문자를 가리켜서 부합시켜 번역하게 되면 까닭이나 이치가 분명하지 않을 뿐만 아니라 도리어 바른 뜻을 뚜렷하게 드러낼 수 없게 된다. 지금 알레니[艾子]가 편찬한 이 글의 문장의 문자를 하나하나씩 일일이 가리켜서 번역하게 되면 글의 바른 뜻을 뚜렷하게 드러내는 데 어려웁고 도리어 바른 뜻의 사정이 모두 글의 문자에 반하여 결국 분명하거나 순조롭지 못하게 된다.

문장이라는 것은 비유하자면 문채(文彩) 있고 아름다운 집과 같다. 이런 집을 볼 적에, 다만 집의 문채 있음과 아름다움만을 보았을 뿐 집의 기초나 견고한 바를 몹시 계산하지 않는다. 그러므로 알레니가 편찬한 한서(漢書)를 보는 사람은 다만 글의 문채를 사랑하여 읽고, 글에서 논한 도리의 견고한 바는 계산하지 않았나 싶다 하여, 나는 이 책을 번역할 적에 글의 문채, 예쁜 수식어를 삭제하고 다만 글의 진실한 뜻을 분명하게 해서 직설적으로 드러내어 번역하였다. 그뿐 아니라 만주어는 한어와 다른 곳이 많고, 그래서 한어를 만주어로 번역할 적에 혹 넘치는 것을 삭제하여 버리고 혹 결핍된 것을 보충하여 더한다. 게다가 알레니는 이 책을 명나라 시절에 지은 것이다. 그때의 상규(常規)는 지금의 상규와는 단절되어 다르다. 이 글에서 말한 여러 곳의 언어 문자는 모두 지금의 상규에 맞지 않으므로 나는 이 같은 언어 문자를 힘써 바꾸고 고쳤다. 대체로 또한 다만 글을 보는 사람으로 하여금 글의 진실한 뜻을 뚜렷하고 명백하게 이해시키기 위함이다. 지혜로운 군자는 이 글을 볼 적에 번역한 만주어의 어투가 거칠고 천박하다는 이유로 곧 논한 도리를 저속하고 천박하다고 여기지 마시오!

건륭 23년 3월 분명하게 논하였다.

영인 부록

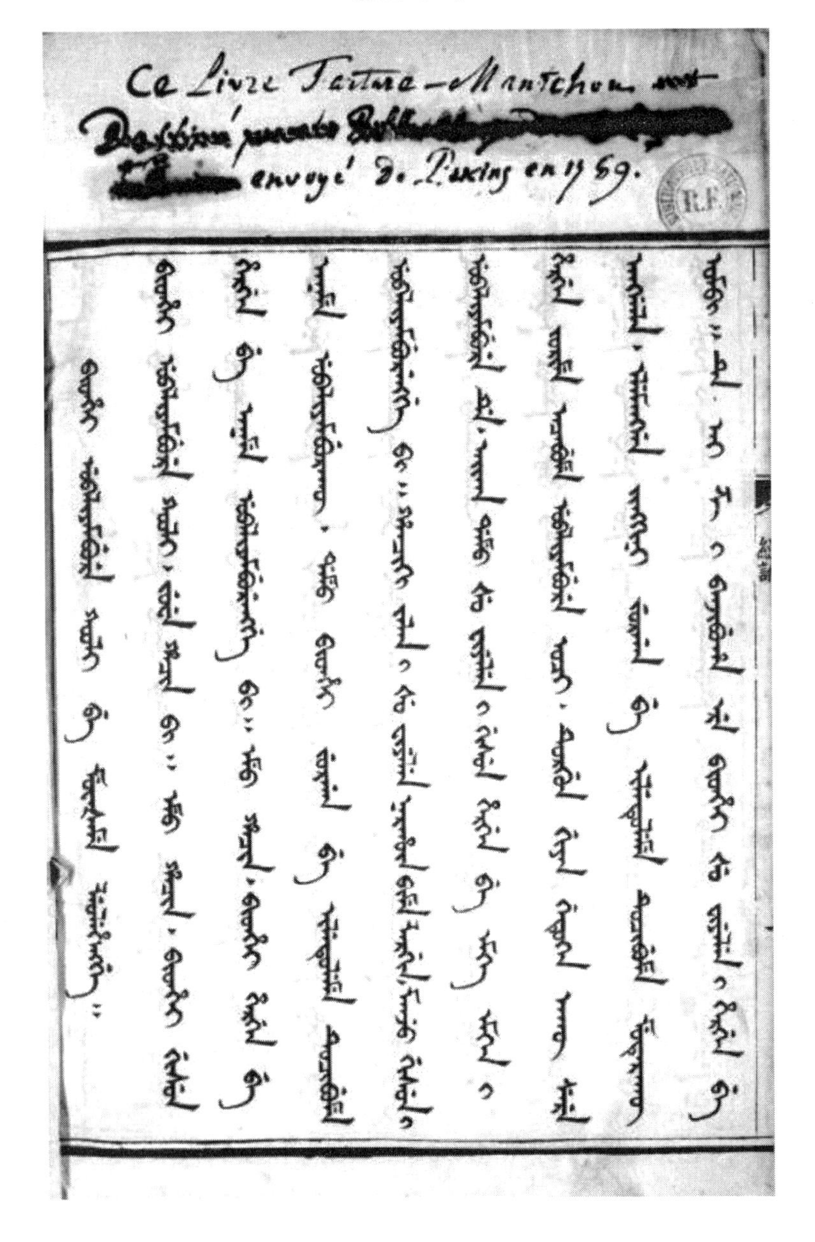
Ce Livre Tartare-Mantchou

envoyé de Pekin en 1759.

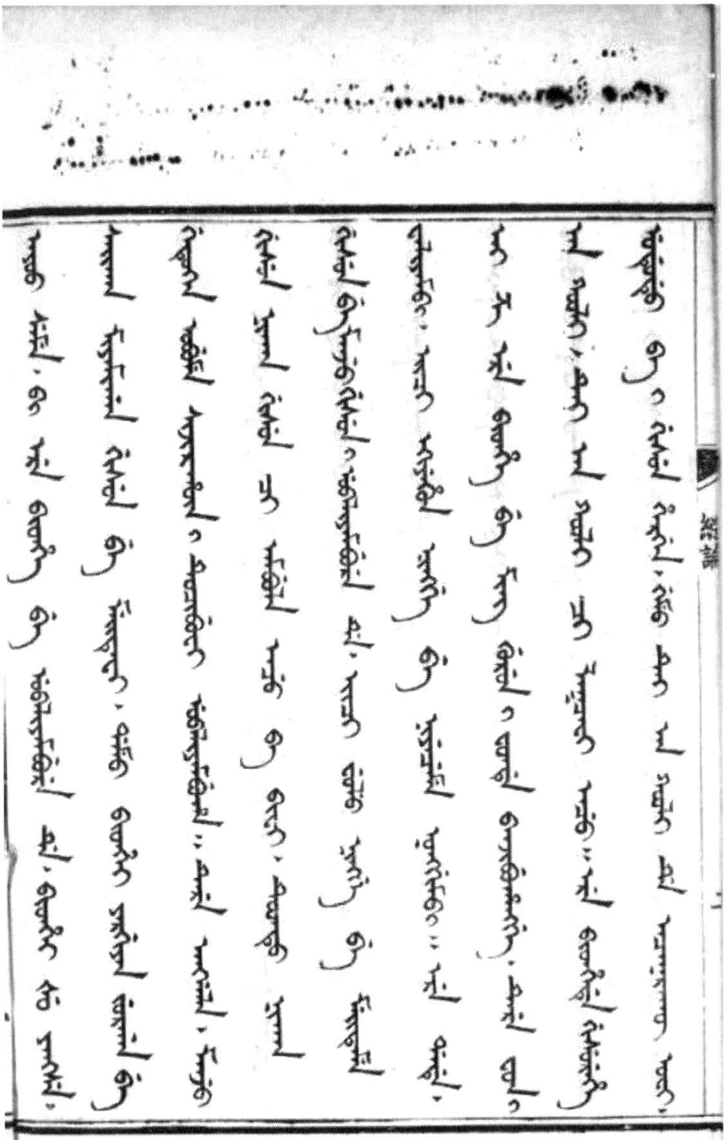

[illegible]

[illegible]

[illegible]

[illegible]

[illegible]

[illegible]

[illegible]

[illegible]

[illegible]

[illegible]

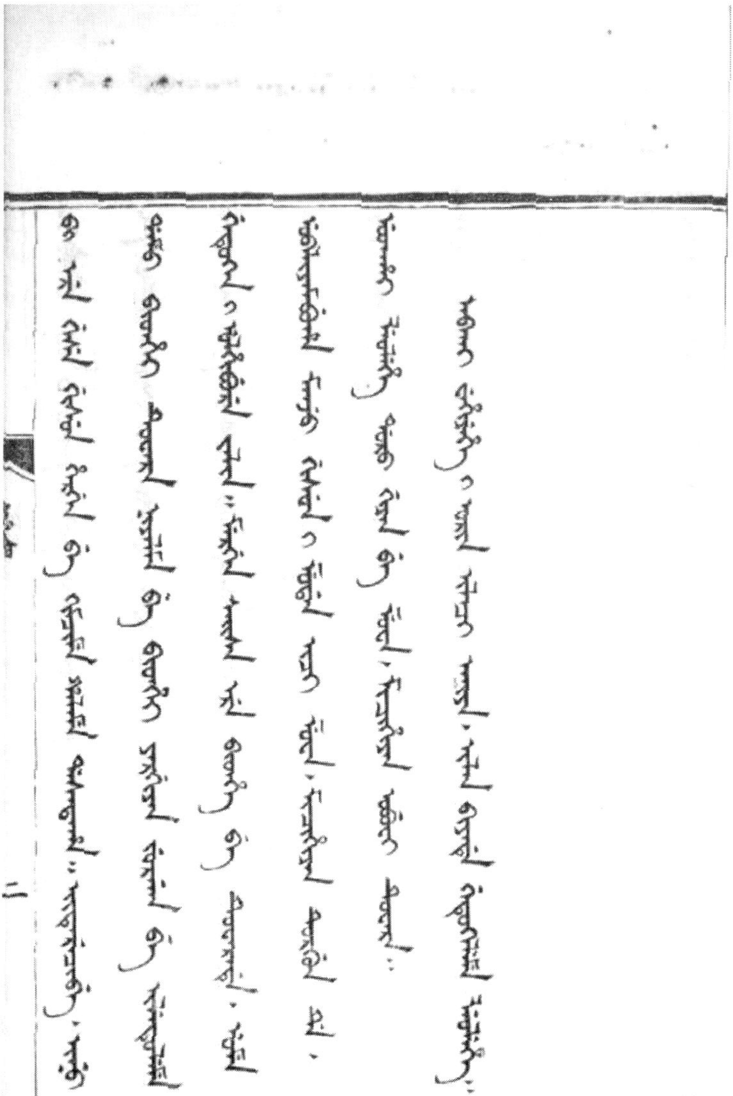

[illegible]

[illegible]

[illegible]

[illegible]

[illegible]

[illegible]

二

제7장
서양 의약 문헌과 만주어 『흡독석(吸毒石)』

1. 연행록과 흡독석

박지원(朴趾源, 1737~1805)의 『열하일기(熱河日記)』[1] 「동란섭필(銅蘭涉筆)」을 보면 흡독석(吸毒石)이라는 것이 등장한다.[2] 말 그대로 '독을 흡입하는 돌'이라는 것인데, 연암의 기록에 의하면 크기는 대추만하고 검푸른 색에 독사의 머릿속에서 생겨나고, 종기나 벌레 물린 곳에 붙이면 효험을 본다는 것이다.

흡독석(吸毒石 독기를 빨아내는 돌)은 크기가 대추만 하고 검푸른 빛

---

1) 『열하일기』는 조선 정조(正祖) 때 연암(燕巖) 박지원(朴趾源, 1737~1805)의 명저이다. 정조 4년(1780) 청(淸) 건륭제의 70수를 축하하기 위하여 청나라에 들어가 성경(盛京) · 북경(北京) · 열하(熱河) 등지를 역람(歷覽)하고 기록으로 남긴 것이다.

2) 흡독석은 蘭學이 성행했던 과거 일본에서도 서양의 네덜란드인이 가지고 온 약으로 독사의 뇌에 있다고 하는 돌로 알려져 있다. 네덜란드어로 슬랑헨스테인(Slangensteen, 의미는 snake stone)인데, 검고 바둑돌과 닮았으며 종기의 농을 빨아들여 해독하는 효과가 있다고 한다.

깔이다. 소서양(小西洋)에 있는 일종의 독사 머리 속에 든 돌인데, 이 돌은 능히 사갈(蛇蝎)과 지네 같은 여러 가지 독충들에게 물린 상처를 낫게 하고, 발치와 일체의 독종과 악창을 고친다. 이 돌을 종기 부위에 놓으면 종기 부위에 붙어 떨어지지 않다가 독기를 다 빨아내면 돌이 저절로 떨어지고 종기는 당장에 낫는다 한다. 그러나 반드시 사람의 젖[乳] 한 종지를 준비했다가 떨어진 돌을 빨리 집어넣어 젖빛같이 약간 노란빛이 날 때까지 담가 둔 후에 맑은 물에 잘 씻고 닦아서 다음번에 쓸 수 있도록 한다. 만일 너무 오랫동안 젖에 담가 두면 돌의 독이 모두 빠져서 오랜 뒤에는 영험이 없어진다 한다.(吸毒石, 棗子大, 青黑色. 小西洋一種毒蛇頭裏生石, 能治蛇蝎蜈蚣諸蟲咬傷, 幷治癰疽, 一切毒瘇惡瘡. 卽將石置傷處, 石自緊黏不落, 吸毒盡時, 石自離落, 患可除痊. 須預備人乳一鍾, 急將石浸之, 候至乳色略綠, 卽洗淸水, 淨抹收貯, 以待後用. 若浸乳稍遲, 則石毒過出, 久後無靈.)[3]

평소의 의학적인 관심이 작용해서 '당장에 낫는다'는 대목이 너무도 흥미로웠으나 전통시대의 미신이나 민간 의술의 일종으로 여기고 그다지 신뢰하지는 않았다. 그런데 놀랍게도 여타 연행록에서도 흡독석이라는 명칭이 여러 차례 언급되는 것을 보고는 이것이 단순히 근거 없는 이야기가 아니라 북경에 사행으로 갔던 사신들이 천주당의 선교사로부터 선물을 받았다는 사실에 주목하게 되었다. 연행록에 보이는 흡독석 관련 기록은 신익철 편저 『연행사와 북경 천주당』에 일목요연하게 정리되어 있는데 대략 다음과 같다.[4]

---

3) 이가원, 『(국역)열하일기』, 민족문화추진회, 1968.
4) 신익철 편저, 『연행사와 북경 천주당(연행록 소재 북경 천주당 기사 집성)』, 보고사, 2013 참고. 이들 연행록 기록 가운데 『북원록』의 흡독석 관련 기사가 상세하다.

조영복(趙榮福), 『연행일록』(1719)

밖으로 나온 후에 천리경 1개, 흡독석(吸毒石) 2개, 소영귀(小靈龜) 2개, 칼 2자루, 화경(火鏡, 돋보기) 2개, 수건 2장, 도서 9권을 주기에 종이 부채와 여러 물건으로 답례하였다.

이기지(李器之), 『일암연기』(1720)

흡독석과 여송과는 각기 사용법이 있었는데, 흡독석은 곧 독사의 머릿속에 든 돌이다.

이건명, 『한포재사행일기』(1721)

종이부채[紙扇] 등의 물건을 주면서 "흡독석(吸毒石)이 있습니까?" 라고 묻자, 서양인이 즉시 여섯 개를 꺼내 주었습니다. 서양 서적 보기를 청하자 훗날 볼 수 있도록 찾아서 보내주겠다고 약속했다.

김순협, 『연행일록』(1729)

낮에 서양 사람들이 사람을 보내어 사례하고, 아울러 약물(藥物) · 흡독석(吸毒石) · 석경(石鏡) · 화도(畫圖) · 능화지(菱花紙)와 만물진원(萬物眞原) · 벽망(闢妄) 2책을 보내왔다.

이의현(李宜顯), 『임자연행잡지』(1732)

천주당(天主堂)의 주인인 비씨(費氏) 성을 가진 사람이, 《삼산논학기(三山論學記)》와 《주제군징(主制群徵)》 각 1책과 채색 종이 4장, 백색 종이 10장, 크고 작은 그림 15폭, 흡독석(吸毒石) 1개, 고과(苦果) 6개를 보냈다. 이에 약간의 물건으로 답례를 했다.

이상봉(李商鳳), 『북원록』(1761)

내가 "흡독석의 용법을 알려주시겠습니까?" 라고 하자, 유송령이 들어가 두루마리[卷子] 3장을 가지고 나왔는데, '흡독석원유용법(吸毒石原由用法)'이라는 제목에 다음과 같이 씌어져 있었다.

홍대용(洪大容),『담헌서 · 연기』(1766)

날이 저물기에 인사하고 돌아오려 하자, 유송령이, "요사이는 항해하는 선박 편이 드물어서 토산물이 떨어졌으므로 답례할 물건이 없습니다." 하고, 조그마한 인화(印畵) 2장, 능화(綾花) 2장, 고과(苦果) 4개, 흡독석(吸毒石) 2개를 나에게 선물하고, 일관(日官)에게도 또한 같이 하였다.

결국 이들 기록을 통해서 흡독석이라는 물건은 조선에서 간 연행사들이 북경 천주당을 방문하는 과정에서 그들과 접촉한 서양 선교사들을 통해서 전해 받은 서양 의약품이라는 것을 알게 되었다. 그 후 흡독석을 추적하는 과정에서 페르비스트(Ferdinand Verbiest, 1623~1688)의 만주어 『흡독석(吸毒石)』(원제는 『흡독석원유용법(吸毒石原由用法, hi du ši wehe i turgun be fetehe .. baitalara be tucibuhe bithe)』, 영역: The origin and use of the stone that attracts poison)을 만나게 되었다.

2. 청대 선교사와 서양의약

청대 서양 선교사들에 의해 이루어진 만주어 문헌은 다양한 분야에 걸쳐 있는데, 종교 신학 방면과 수학 의학 방면의 두 가지로 크게 나누어 볼 수 있다. 전자의 경우 만주어 『천주실의(天主實義, abkai ejen i unenggi jurgan)』를 비롯해서 만주어 『주제군징(主制群徵, abkai ejen i toktobuha geren yargiyan temgetu)』, 만주어 『만물진원(萬物眞原, tumen jaka i unenggi sekiyen)』, 만주어 『성세추요(盛世芻蕘, šeng ši cu nao)』 등이 있고, 후자의 경우 만주어 『기하원본(幾何原本, gi ho yuwan ben bithe)』과 만주어 『서양약서(西洋藥書, si yang ni okto i bithe)』, 만주어 『흠정격체전록(欽定骼體全錄, dergici toktobuha ge ti ciowan lu bithe)』 등이 있다.[5)]

[그림1] 만주어 『서양약서』
(출전: 故宮博物院 編,《故宮珍本叢刊》, 海南出版社, 2000)

이번에 이들 문헌 가운데 흡독석의 유래와 용법을 다루고 있는 서양

5) 졸고, 「청대 만주어 그리스도교 문헌」, 『문헌과 해석』82, 문헌과해석사, 2018 ; 「만주어 천주실의 연구」, 『명청대 예수회 문헌 연구 학술대회』, 서울대학교 서양고전학연구소 2018 발표문 참고.

의약문헌인 페르비스트의 만주어 『흡독석』은 현재 프랑스 국립도서관에 소장되어 있으며 소장번호는 'Mandchou 288'이다.[6] 본문의 내용은 크게 두 부분으로 구성되어 있는데, 전반부는 흡독석의 유래에 대한 것이고 나머지는 그것의 사용법에 대한 것이다.

3.1 만주어 『흡독석』(유래) 역주

hi du ši wehe i turgun be fetehe .. baitalara be tucibuhe bithe ..
吸毒石 돌 의 緣由 를 탐구하고, 사용하는 법을 진술한 글
吸毒石原由用法

[그림2] 만주어 『흡독석』

6) 한문 『흡독석』(Chinois 5321)도 소장되어 있는데, 만주어 『흡독석』은 간행 시기가 한문본이 이루어진 1685~1686년 이후로 보고 있다. 甄雪燕 鄭金生, 「吸毒石及其傳入考」, 『中國藥學雜志』38, 2003년 7월 第7期 ; 〈「吸毒石」與「淸心丸」—燕行使與傳教士的藥物交流〉, 《中華文史論叢》, 2009年 第1期, 第311-346頁.

hi du ši wehe i turgun be fetehengge ..
吸毒石 돌 의 緣由 를 탐구한 것.
吸毒石原由

[ajige si][7] yang gurun de [emu] hacin i horon bisire meihe bi .
[小 西] 洋 國 에 [한] 종류의 毒 있는 뱀 있다.

[tere uju] de e[mu] [wehe] banjimbi . biyan deo tu[ri]
[그 머리] 에 하나 [돌] 생긴다. 扁 豆 콩

---- ------ eiten [hacin] i ehe [suk]dun [be] uksalame
온갖 종류의 惡 氣 를 제거할 수

[mutembi . ere] banita[i] [hi du] ši wehe inu . ba na i [1a]
있다. 이는 천성[의] [吸毒] 石 돌 이다. 地方 의

niyalma . ere [wehe] be tantame ------ . ineku meihe i yali .
사람은 이 [石] 을 두드려서 같은 뱀 의 살

tesu bai [boihon] be suwaliyame [a]cabufi . tonio gese amba wehe
本 地의 흙 을 섞어 합쳐서 바둑알 같은 큰 돌

---

7) [ ] 부분은 가능한 범위 내에서 역자가 추정하여 복원한 것으로 일부 다를 수 있다. 이하 같음.

arambi .. er[e] [araha] hi du [ši] wehe inu . yaya feksime gurgu
만든다. 이는 만든 吸毒[石] 돌이다. 무릇 달리는 짐승

eiten umiyaha . meni meni [da] banin i buyere sukdun amtan i
모든 벌레, 각각의 [本] 性의 원하는 氣 味로

ini beyebe ujimbi .. uthai orho moo meni meni da beyei
그의 몸을 기른다. 곧 풀 나무 각각의 本 體의

baitalarangge be simen obume ini beyebe ujire adali .. ere jergi
사용할것 을 體液 삼아서 그의 몸을 기름 같다. 이 들

horon bisire umiyaha i da banin . eiten horonggo sukdun be [1b]
毒 있는 벌레 의 本 性, 모든 독한 氣 를

jeme ini ergen be ujimbi . geli ini beyebe karmame tuwakiyame
먹어 그의 생명 을 기른다. 또 그의 몸을 보호하여 지켜서

gūwa jaka i nungnere be seremšembi . uthai morin de wahan
다른 物이 침해함 을 방비한다. 곧 馬 에 말굽

bisire . ihan de weihe bisire . tasha . niohe . arsulan[8] .
있고, 소 에 뿔 있고, 호랑이, 이리, 사자

8) arsulan: 사자, 獅子: 참고 arsalan.

[sufangga] de ošoho argan . [g]olmin oforo bifi . bata be
코끼리 에 발톱 어금니, 긴 코 있어, 敵 을

sujara adal[i] . aikabade [geren] horon bisire umiyaha de
맞섬과 같다. 만약에 여러 毒 있는 벌레 에

beyebe uji[re] [ho]ronggo sukd[un] akū oci . uthai morin
몸을 기르는 독한 氣 없으면, 곧 馬

ihan beyebe [ujire] orho [akū] oho adali . ergen [2a]
牛 몸을 기르는 풀 없게 됨 같다. 생명

----------- seme karmame [mu]terakū kai .. tuttu
보호하지 못한다. 그래서

horonggo [sukdun] yargiyan i horon bisire umiyaha i da
독한 氣는 진실로 毒 있는 벌레 의 本

banin i [buyere] baitalara [jaka] ohobi . arga deribufi
性 이 [원하고] 사용하는 物 되었다. 지략 써서

-------- ombi .. ainci [boi]hon i dolo . eiten horon
생각건대 흙 의 안, 모든 毒

bisire jaka be suwaliyame dosimbufi . geli horon bisire
있는 物 을 섞어 집어넣고, 또 毒 있는

meihe i yali be . neneme . arga i horon be geterembufi .
뱀 의 살 을, 먼저 지략 으로 毒 을 제거시키고,

amala horon akū meihe yali be . horon bisire jaka be [2b]
나중에 毒 없는 뱀의 살 을, 毒 있는 物 을

suwaliyaha boihon i dolo dosimbuci . meihe yali urunakū
섞은 흙 의 안에 집어넣으면, 뱀 살 반드시

tere boihon i eiten horon be wacihiyame gocifi ini
그 흙 의 모든 毒 을 전부 다 뽑아 그의

yali i dolo isabumbi . ere terei da banin i buyere .
살 의 안에 모은다. 이는 그의 本 性 이 원하고

baitalara ---- ---- ---- [te] hi du ši wehe de .
사용하는 지금 吸毒石 돌 에

horon be gocime mutere hūsun bisirengge . hi du ši
毒 을 뽑아낼 수 있는 힘 있는 것, 吸毒石

wehe i banjinaha banin . horon bisire meihe i banin turgun de
돌 이 만들어낸 성품, 毒 있는 뱀 의 性 情 에

ishunde adali ofi kai . horon bisire umiyaha i hacin [3a]
서로 같기 때문이다. 毒 있는 벌레 의 종류

toloci wajirakū . meni meni hacingga arbun banin de .
셀 수 없다. 각각의 온갖 形 質 에

yooni teisu teisu ehe sukdun bicibe . inu teisu
모두 제각기 나쁜 氣 있지만, 또한 제

teisu ehe sukdun be mayambure ehe sukdun bi . uthai
각기 나쁜 氣 를 소멸시키는 나쁜 氣 있다. 곧

gasha gurgu de use cihe bisire . orho moo ilga
禽 獸 에 서캐 이 있고, 풀 나무 꽃

niyancaha[9] de . beyebe dahalaha umiyaha bisire . boihon
푸른 풀 에, 몸을 뒤따르는 벌레 있고, 흙

muke de meihe . hiyedz . ugung . wakšan i jergi hacin
물 에 뱀, 전갈, 지네, 두꺼비 등 종류

9) niyanciha: 푸른 풀, 卉.

bisire . sukdun i hacin de . helmehe galma i jergi hacin [3b]
있고, 氣 의 종류 에, 거미 모기 등 종류

bisire adali . erse hacin . geren jaka i horonggo sukdun be
있음 같다. 이들 종류, 여러 物의 有毒한 氣 를

geterembumbime . geli geren umiyaha i da beyebe ujimbi ..
제거하면서 또 여러 벌레 의 本 體를 기른다.

eiterecibe aisi tusa obume . niyalmai duwali be karmame .
대체로 利 益 되게 하며 사람의 同類 를 보호하여

ele[10)]
더욱

jaka be banjibure ejen i niyalma be gosire be iletulere . geren
物 을 창조하는 主의 사람 을 사랑함 을 드러내고, 여러

hacingga jaka be acabume hūwaliyambufi . terei banin
각종 物 을 화합시키며 조화시키고, 그것의 性

10) 이 부분 다음에 행갈이를 한 것은 擡頭이다. 조물주, 즉 창조주 하느님을 높이는 의미로 사용한 것이다.

turgun be ijishūn obufi . jalan i dorgi umesi sain be [4a]
情 을 順하게 하여, 세상 의 안 몹시 좋은 것을

yongkiyame yooni oburengge kai ..
완전히 보전하게 하는 것이다.

○ hi du ši wehe i turgun be fetehengge ..
흡독식 돌의 유래를 탐구한 것.

[ajige si] yang gurun de [emu] hacin i horon bisire meihe bi . [tere uju] de e[mu] [wehe] banjimbi . biyan deo tu[ri] ----- eiten [hacin] i ehe [suk]dun [be] uksalame [mutembi . ere banita[i] [hi du] ši wehe inu . ba na i [1a] niyalma . ere [wehe] be tantame ---- . ineku meihe i yali . tesu bai [boihon] be suwaliyame [a]cabufi . tonio gese amba wehe arambi .. er[e] [araha] hi du [ši] wehe inu . yaya feksime gurgu eiten umiyaha . meni meni [da] banin i buyere sukdun amtan i ini beyebe ujimbi .. uthai orho moo meni meni da beyei baitalarangge be simen obume ini beyebe ujire adali .. ere jergi horon bisire umiyaha i da banin . eiten horonggo sukdun be [1b] jeme ini ergen be ujimbi . geli ini beyebe karmame tuwakiyame gūwa jaka i nungnere be seremšembi . uthai morin de wahan bisire . ihan de weihe bisire . tasha . niohe . arsulan . [sufangga] de ošoho argan . [g]olmin oforo bifi . bata be sujara adal[i]. aikabade [geren] horon bisire umiyaha de beyebe uji[re] [ho]ronggo sukd[un] akū oci . uthai morin ihan beyebe [ujire] orho [akū] oho adali. ergen [2a] ---- seme karmame [mu]terakū kai .. tuttu horonggo [sukdun] yargiyan i horon bisire umiyaha i da banin i [buyere] baitalara [jaka] ohobi . arga deribufi ---- ombi .. ainci [boi]hon i dolo . eiten horon bisire jaka be suwaliyame dosimbufi . geli horon bisire meihe i yali be . neneme . arga i horon be geterembufi . amala horon akū meihe yali be . horon bisire jaka be [2b] suwaliyaha boihon i dolo dosimbuci . meihe yali urunakū tere boihon i eiten horon be wacihiyame gocifi ini yali i dolo isabumbi . ere terei da banin i buyere . baitalara -----. te hi du ši wehe de . horon be gocime mutere hūsun bisirengge . hi du ši wehe i banjinaha banin . horon bisire meihe i banin turgun de ishunde adali ofi kai . horon bisire umiyaha i hacin [3a] toloci wajirakū . meni meni hacingga arbun banin de . yooni teisu teisu ehe sukdun bicibe . inu teisu teisu ehe sukdun be mayambure ehe sukdun bi . uthai gasha gurgu de use cihe bisire . orho moo ilga niyancaha de . beyebe dahalaha umiyaha bisire . boihon muke de meihe . hiyedz . ugung . wakšan i jergi hacin bisire . sukdun i hacin de . helmehe galma i jergi hacin [3b] bisire adali. erse hacin . geren jaka i horonggo sukdun be geterembumbime . geli geren umiyaha i da beyebe ujimbi .. eiterecibe aisi tusa obume . niyalmai duwali be karmame . ele jaka be banjibure ejen i niyalma be gosire be iletulere . geren hacingga jaka be acabume hūwaliyambufi . terei banin turgun be ijishūn obufi . jalan i dorgi umesi sain be [4a] yongkiyame yooni oburengge kai ..

소서양국(小西洋國)에 독(毒)이 있는 뱀 한 종류가 있다. 그 뱀의 머리 안에 돌이 하나 생겨나는데, 크기는 편두콩만하고 ...... 온갖 종류의 나쁜 기운을 제거할 수 있다. 이것이 천연의 흡독석(吸毒石)이다. 그 지역 사람은 이 돌을 깨뜨려서 ...... 바로 그 뱀의 살과 원래 지역의 흙을 섞어 합쳐서 바둑알 같은 큰 돌을 만든다. 이것이 제조한 흡독석이다.

무릇 달리는 짐승과 벌레는 각각의 본성(本性)이 원하는 기미(氣味)로 그의 몸을 기른다. 곧 초목이 각각의 본체(本體)가 사용할 것을 체액(體液) 삼아서 그의 몸을 기르는 것과 같다. 이 같은 독 있는 벌레의 본성은 모든 독 있는 기(氣)를 먹고 그의 생명을 기른다. 또 그의 몸을 보호하고 지켜서 다른 물체가 침해하는 것을 방비한다. 곧 말에 말굽이 있고, 소에 뿔이 있고, 호랑이 · 이리 · 사자 · 코끼리에 발톱 · 어금니, 긴 코가 있어서 적을 대적하는 것과 같다. 만약에 여러 독 있는 벌레에 자신을 기르는 독이 있는 기(氣)가 없으면, 곧 말과 소가 자신을 기르는 꼴이 없게 됨과 같고, 생명 ...... 보호하지 못한다. 그래서 독한 기(氣)는 진실로 독 있는 벌레의 본성이 원하고 사용하는 물체가 되었다. 방법 써서 ......

생각건대 흙의 안에 모든 독 있는 물체를 혼합해 넣고, 또 독 있는 뱀의 살[肉]을 먼저 방법 써서 독을 제거시키고, 나중에 독이 없는 뱀의 살을 독이 있는 물체 혼합한 흙 안에 넣으면, 뱀의 살이 반드시 그 흙의 모든 독을 전부 다 뽑아내서 그의 살 속에 모은다. 이는 그 본성이 원하고 사용하는 ...... 지금 흡독석 돌에 독을 뽑아낼 수 있는 힘이 있는 것은 흡독석 돌의 타고난 성품이 독 있는 뱀의 성정(性情)과 서로 같기 때문이다.

독 있는 벌레의 종류는 이루다 셀 수가 없다. 각각의 온갖 형질(形質)에 모두 제각기 나쁜 기가 있지만, 또한 제각기 나쁜 기를 소멸시키는 나쁜 기도 지니고 있다. 곧 금수(禽獸)에 서캐[蟣]와 이[虱]가 있고, 초목(草木)과 화훼(花卉)에 본체를 뒤따르는 벌레가 있고, 흙과 물에 뱀 · 전갈 · 지네 · 두꺼비 등 종류가 있고, 공기(空氣)에 거미 · 모기 등의 종류가 있는 것과 같다. 이들 종류는 여러 물체의 독기(毒氣)를 제거하면서, 또 여러 벌레의 본체를 기른다.

총괄하여 말하면 이익 되게 하며 인류를 보호하여 더욱 조물주께서 인간 사랑하심을 드러내고, 여러 각종 물체를 화합시키며 조화시키고 그 성정(性情)을 순종하게 하여 세상의 아주 좋은 것을 완전히 보전하게 하는 것이다.

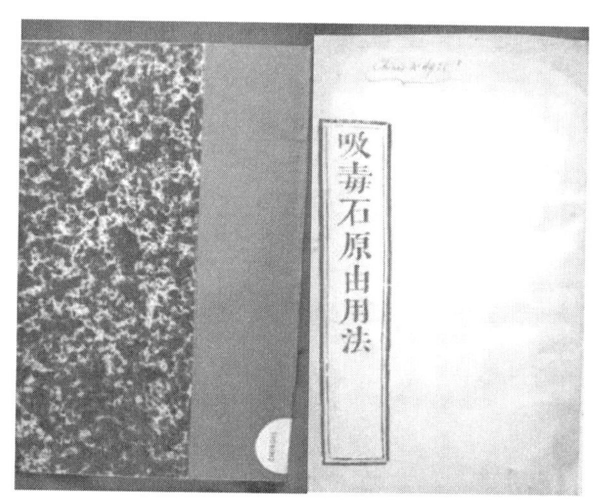

[그림3] 한문본『흡독석』
(프랑스 국립도서관 소장)[11]

---

11) 본고에서 사용한 한문본 이미지 자료는 장로회신학대학교 서원모 선생님(역사신학)의 도움을 받았다. 프랑스 국립도서관 방문 시 직접 촬영해주신 것에 감사드린다.

3.2 만주어 『흡독석』(용법) 역주

hi du ši wehe be baitalara arga ..
吸毒石 돌 을 사용하는 방법
吸毒石用法

ere wehe . meihe hiyedz ugung[12)]. horon bisire umiyaha i
이 돌은 뱀, 전갈, 지네, 毒 있는 벌레 가

šešehe saiha be dasame mutembi.. geli walu[13)] nisirgan[14)]. eiten
쏘고 깨문 곳을 치료할 수 있다. 또 종기, 부스럼, 모든

hacin i aibihe hukšehe . ehe yoo be dasambi .. dulenderengge
종류 의 붓고 부어오른, 나쁜 瘡 을 치료한다. 낫는 것이

umesi hūdun . aikabade erse hacin de ucarabuci . uthai
몹시 빠르다. 만약에 이들 종류 에 만나게 되면, 즉시

hi du ši wehe be šešebuhe ba . walu nisirgan ehe [4b]
吸毒石 돌 을 쏘인 곳, 종기 부스럼 나쁜

---

12) 蜈蚣.
13) walu: 종기, 癰疽.
14) nišargan

yoo[15] banjiha bade sinda . ere wehe . erse horon be gocime
瘡 생긴 곳에 놓으라! 이 돌, 이들 毒 을 뽑아

uksalame . fita latufi ukcarakū . horon be gocime wacihiyaha
제거하되, 꽉 붙어서 안 떨어진다. 毒 을 뽑아내기 다 마친

manggi . teni ini cisui aljafi tuhembi . tuheke manggi .
뒤, 비로소 저절로 분리해 떨어진다. 떨어진 뒤

ekšeme hi du ši wehe be . sun i dolo ebeniyeme . sun
속히 吸毒石 돌 을 젖 의 안에 담그고, 젖

gūwaliyafi majige niowanggiyan boco tucire be kemun obufi .
변해서 조금 녹 색 띠는 것을 기준 삼아서

wehe be gaifi . bolho muke i geterembume obofi . olhobume
돌 을 가지고, 깨끗한 물 로 철저히 씻고, 건조시켜

fufi asarafi amala baitala .. ebeniyehe sun i dolo horon [5a]
닦고 저장해서 나중에 사용하라! 담갔던 젖 의 안에 毒

---

15) yoo: 창질, 종기.

bisire be dahame . urunakū na be fetefi dolafi[16)] dasi .
있으므로 반드시 땅 을 파서 쏟고 덮으라!

niyalma jaka koro baharahū .. šešebuhe . yoo i
人 物 상하게 할까싶다. 쏘인 곳, 瘡 의

horon geterere unde oci . kemuni hi du ši wehe be nenehe
毒 제거하기 아직 이면, 여전히 吸毒石 돌 을 이전

songkoi sindafi . gocime uksalabu . aikabade hi du ši wehe
그대로 두고, 뽑아 제거하게 하라! 만약에 吸毒石 돌

aljame tuheme laturakū oci . horon aifini wajihabe dahame .
분리해 떨어지고 붙지 않으면 毒 이미 다하였으므로

nimerengge elheken i dulembi ..
앓는 것이 천천히 낫는다.

sun be dulin hūntahan belherengge oyonggo ..
젖 을 반 잔 준비하는 것이 중요하다.

---

16) dolafi: doolambi

niyalmai huhun ocibe . ihan i sun ocibe . gemu ombi ..[5b]
사람의 젖 이든 소의젖 이든 모두 된다.

aikabade hi du ši wehe be baitalaha amala . sun de
만약에 吸毒石 돌 을 사용한 뒤에, 젖 에

ebeniyerakū ojoro . embici majige goidafi ebeniyere ohode .
담그지 않게 되거나 혹은 조금 지체해서 담그게 되면

wehe koro bahafi . amala baitalaci ojorakū ombi ..
돌이 손상 받아서 나중에 사용할 수 없게 된다.

hūwangli fa be dasatame icihiyara nan hūwai žin araha .. [6a]
皇曆 法 을 수리하며 처리하는 南 懷 仁 쓰다.

hi du ši wehe be baitalara arga ..
흡독석 돌을 사용하는 방법
吸毒石用法

ere wehe . meihe hiyedz ugung . horon bisire umiyaha i šešehe saiha be dasame mutembi .. geli walu nisirgan . eiten hacin i aibihe hukšehe . ehe yoo be dasambi .. dulenderengge umesi hūdun . aikabade erse hacin de ucarabuci . uthai hi du ši wehe be šešebuhe ba . walu nisirgan ehe [4b] yoo banjiha bade sinda . ere wehe . erse horon be gocime uksalame .

fita latufi ukcarakū . horon be gocime wacihiyaha manggi . teni ini cisui aljafi tuhembi . tuheke manggi . ekšeme hi du ši wehe be . sun i dolo ebeniyeme . sun gūwaliyafi majige niowanggiyan boco tucire be kemun obufi . wehe be gaifi . bolho muke i geterembume obofi . olhobume fufi asarafi amala baitala .. ebeniyehe sun i dolo horon [5a] bisire be dahame. urunakū na be fetefi dolafi dasi . niyalma jaka koro baharahū .. šešebuhe. yoo i horon geterere unde oci . kemuni hi du ši wehe be nenehe songkoi sindafi . gocime uksalabu . aikabade hi du ši wehe aljame tuheme laturakū oci . horon aifini wajihabe dahame . nimerengge elheken i dulembi .. sun be dulin hūntahan belherengge oyonggo .. niyalmai huhun ocibe . ihan i sun ocibe . gemu ombi .. [5b] aikabade hi du ši wehe be baitalaha amala . sun de ebeniyerakū ojoro . embici majige goidafi ebeniyere ohode . wehe koro bahafi . amala baitalaci ojorakū ombi ..

hūwangli fa be dasatame icihiyara nan hūwai žin araha .. [6a]

이 돌은 뱀, 전갈, 지네, 독충이 쏘거나 문 곳을 치료한다. 또 종기, 부스럼, 모든 종류의 부종이나 악창(惡瘡)을 고친다. 낫는 것이 몹시 빠르다. 만약에 이들 종류를 만나게 되면, 즉시 흡독석 돌을 쏘인 곳이나 종기 · 부스럼 · 악창이 생긴 곳에 놓아두라! 이 돌은 이들 독을 뽑아 제거하느라 꽉 들러붙어 떨어지지 않는다. 독을 다 뽑아낸 뒤에, 비로소 저절로 분리되어 떨어진다. 떨어진 뒤 속히 흡독석 돌을 젖의 안에 담그고, 젖 색깔이 변해서 조금 녹색을 띠는 것을 척도 삼아서 돌을 가져다 깨끗한 물로 철저히 씻고 건조시켜서 보관했다가 나중에 사용하라! 담갔던 젖의 안에는 독이 있으므로 반드시 땅을 파서 쏟고 덮어라! 사람과 사물이 상할까 싶다. 쏘인 곳이나 악창의 독을 아직 제거하지 않았으면 여전히 흡독석 돌을 이전대로 두어, 독을 뽑아내고 제거하게 하라! 만약에 흡독석 돌이 분리되어 떨어지고 들어붙어 있지 않으면 독이 이미 다된 것이므로 앓던 것이 천천히 낫는다. 젖을 반 잔 준비하는 것이 중요하다. 사람의 젖이나 소의 젖 모두 가능하다. 만약에 흡독석 돌을 사용한 뒤에, 젖에 담그지 않거나 혹은 조금 지체되어 담그게 되면 돌이 손상 받아서 나중에 사용할 수 없게 된다.

황력(皇曆)을 치리(治理)하는 남회인(南懷仁)이 쓰다.

만주어 흡독석 영인 자료

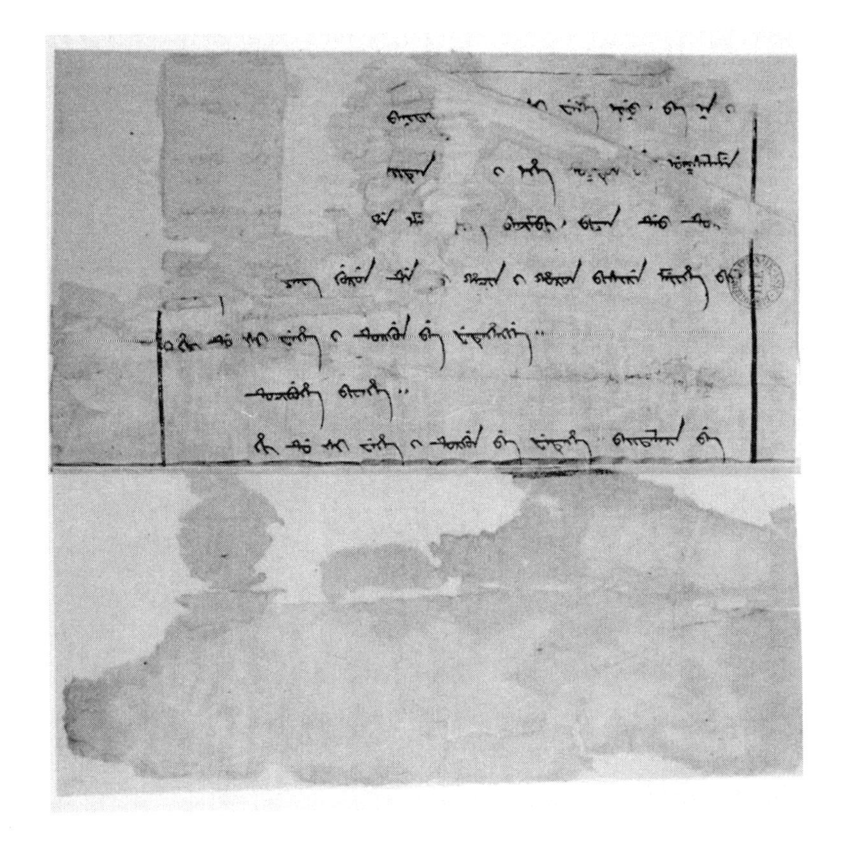

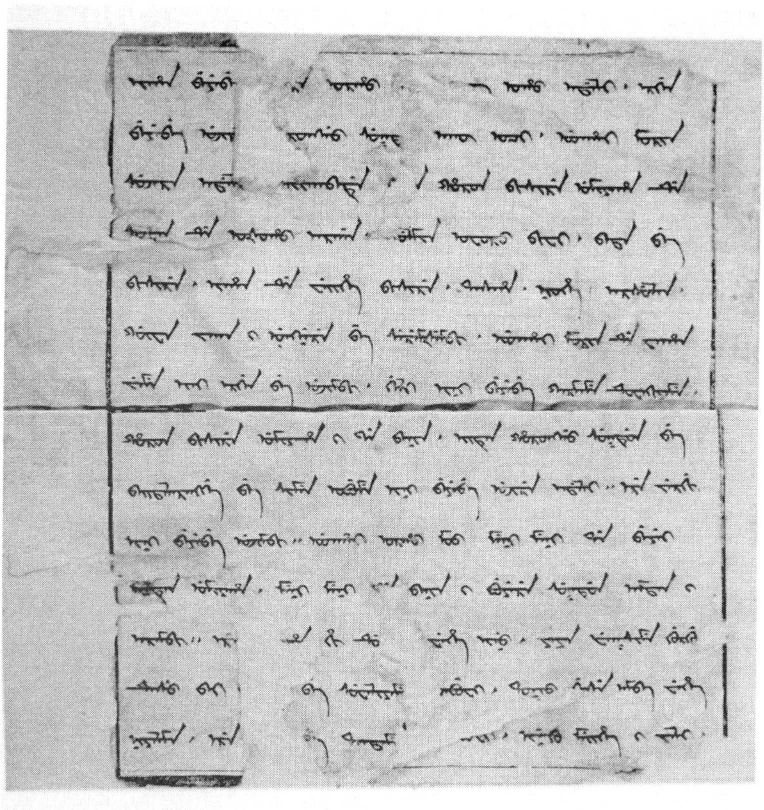

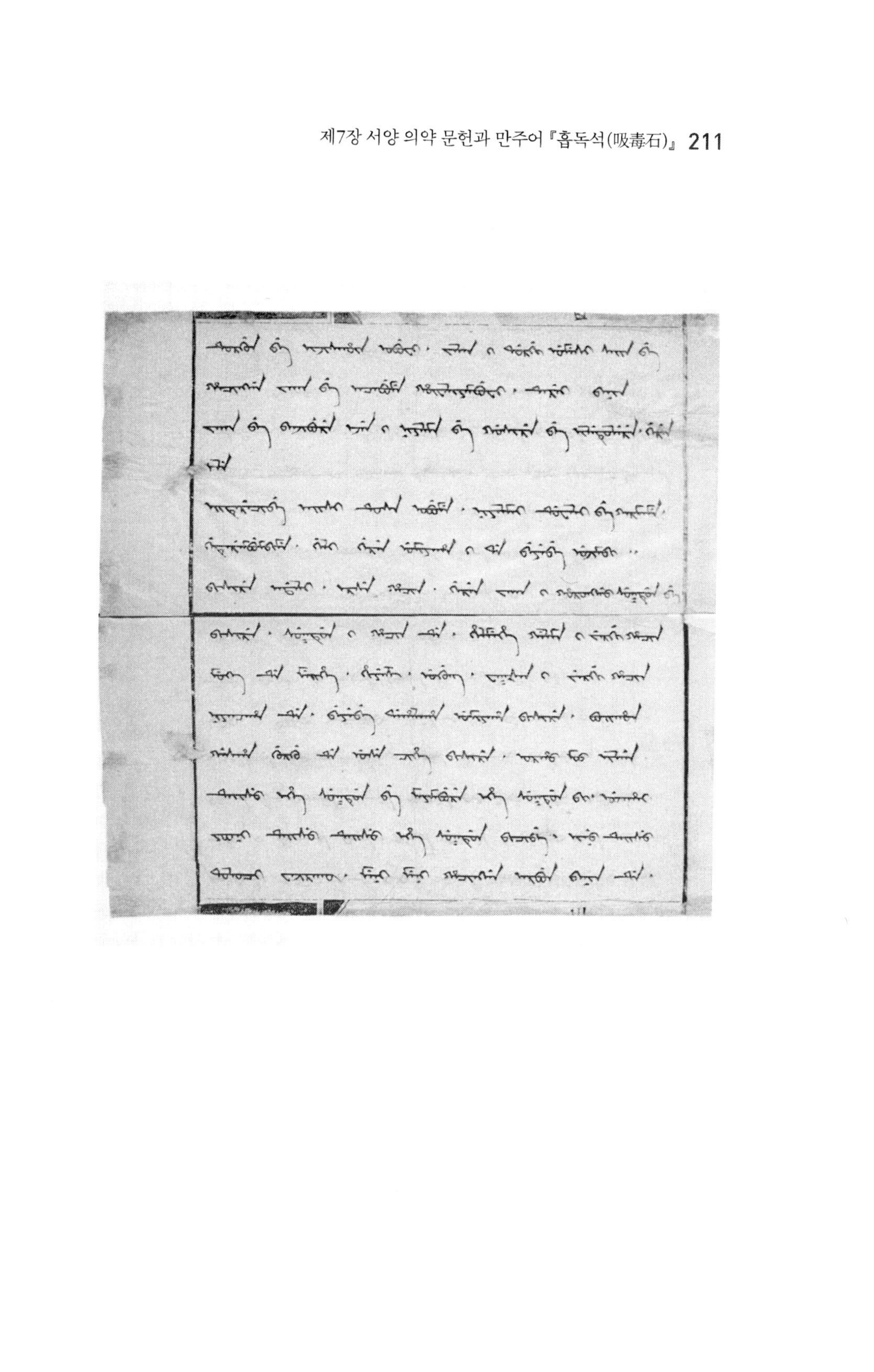

[illegible]
[illegible]
[illegible]
[illegible]
[illegible]
[illegible]
[illegible]
[illegible]
[illegible]
[illegible]
[illegible]
[illegible]
[illegible]
[illegible]

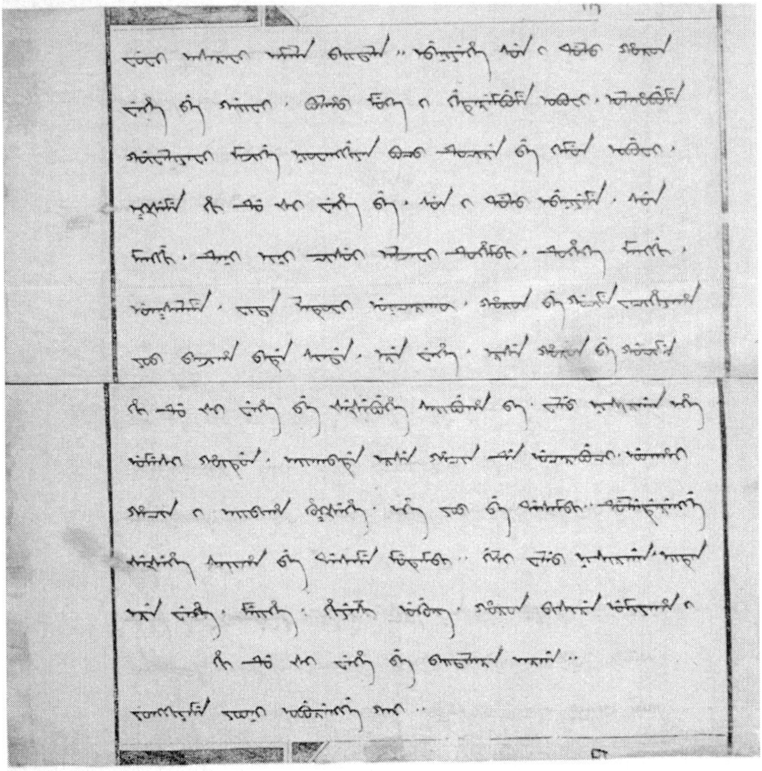

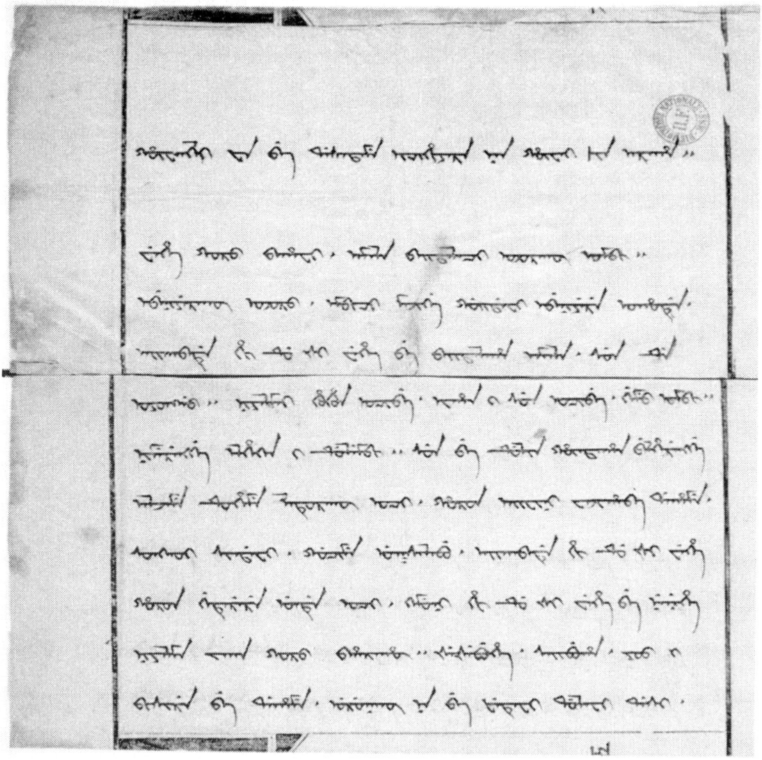

제8장

만주어 『신약전서』

-중국 대련도서관 소장본-

설련(薛蓮)*
송강호 역**

1. 서론

『성경(聖經)』은 『신구약전서(新舊約全書)』라고도 하는데, "구약(舊約)"과 "신약(新約)" 두 부분으로 이루어져 있다. 기독교 신앙의 기초이며, 또한 서양에서 가장 중요한 전적(典籍)이다.

『신약전서』는 전27권인데, "복음서(福音書)"의 가장 이른 것은 대략 1세기 후반에 이루어졌다. 2세기 중엽, 현존하는 4부 판본의 "복음서"가 비로소 연속으로 정형화되어 공인경전(公認經典)이 되었고, "바울서신집"과 "사도행전"은 2세기 전반에 비로소 공인경전이 되었다. "일곱 공동서신(七公函)"과 "계시록"은 2세기 전반을 전후해서 출현하였다.

4세기 초 "신약"의 권위는 점차 다수 교회에 의해 공인되었다. 그러

---

* 설련(薛蓮, 1967-): 중국 대련도서관 고서부 연구원, 고문헌 정리 및 연구 담당.

** 역자주: 본 논문의 번역을 허락해주신 대련도서관 설련(薛蓮) 선생님과 『만어연구(滿語硏究)』 관계자분께 감사드리며, 특별히 번역 논문을 검토해 주시고 귀중한 조언을 아끼지 않으신 대구가톨릭대학교 김동소 선생님(現 명예교수)께 감사드립니다.

나 여전히 법으로 정해진 법정경전(法定經典)이 편찬되지 않았다. 325-330년간 로마 황제 콘스탄티누스 1세는 시칠리아 주교 유세비우스에게 50부의 경전을 편찬하도록 하였다. 397년 제3차 카르타고 종교회의에서 교회 명의로 "신약"의 내용과 목차를 최종 확정하였다.[1]

대련도서관(大連圖書館)의 전신은 "남만주철도주식회사대련도서관(南滿洲鐵道株式會社大連圖書館)"인데, 만주어 자료 소장으로 명성이 높다. 풍부한 각종의 옛 문헌은 대단히 귀중한 것인데, 만주어 『신약전서』[2]도 바로 그 가운데 하나이다.

---

1) 劉叢如 等, 「『성경』 영역본과 그 중요 판본을 논함(論『聖經』英譯及其重要版本)」, 『青海民族研究』, 2006, 167-170. 역자주: 참고문헌으로 소개된 원문의 미주(尾註) 부분을 편의상 각주(脚註)로 처리하였다.

2) 역자주: 만주족의 언어였던 만주어는 청대에 국어로서의 위치를 점했으나 다수의 한어 사용자들에 둘러싸여 점차 한어에 동화되었다. 청말 서태후의 만주어 폐지령으로 공식 석상에서 자취를 감추게 되었으나 오늘날 중국 흑룡강성 부유현 삼가자촌 등에는 80대 노인 가운데 여전히 만주어를 할 줄 아는 이들이 있는 것으로 보고되었다. 중국에 들어온 예수회 선교사들은 청의 조정에 출입하면서 황제와의 응대 및 고위 관료들과의 교제 차원에서 만주어 학습의 필요성을 느끼게 되었다. 1696년 남회인(南懷仁, 페르비스트)에 의해 서구어로 된 최초의 만주어 학습서도 나오게 되었으며, 18세기말 예수회 하청태(賀淸泰, 푸와로) 신부에 의해 만주어성경 번역이 이루어졌다. 그 후 러시아 동방정교회의 리포브초프에 의해 만주어 신약이 번역되었는데, 초기 역본은 1859년 중국 상해(上海)의 런던선교회 소속 개신교 선교사였던 알렉산더 와일리(Alexander Wylie, 1815-1887)에 의해 마태복음과 마가복음 부분이 한문성경과 대역되어 만한대역본으로 간행되기도 하였다. 만주어 『신약전서』는 성경이 어떻게 만주어로 번역되었는가를 성경 번역학 측면에서 살펴볼 수 있는 귀중한 자료이다. 특히 이번에 소개되는 대련도서관 소장본은 기존의 만주어성경 목록에 나오지 않는 만주어성경으로 새로 발굴된 자료로서의 가치도 있다. 참고로 푸와로 신부의 만주어성경이 대구가톨릭대학교 명예교수인 김동소 선생님에 의해 번역되고 있으며 마태복음과 주해 부분이 우선적으로 간행될 예정이다. 이 번역이 출간되면 국내의 만주어성경에 대한 이해를 크게 도울 것으로 생각한다.(補註: 만주어 마태오 복음 연구라는 서명으로 연구서와 자료편이 간행되었다.) 역자도 현재 리포브초프의 만주어 성경 마가복음을 번역중이며, 마태복음 산상수훈 부분은 번역을 마치고 독립된 논문으로 발표할 예정이다. 金東昭, 「3種의 滿文 主祈禱文」 『알타이학보』 제5호, 한국알타이학회, 1995;

2. 대련도서관 만주어 『신약전서』[3]

[그림1] 대련도서관 만주어 『신약전서』
서명 만주어 "ice hese"

대련도서관 소장 만주어 『신약전서』는 모두 2부로 각각 1책이다. 장정 형식은 두 책 모두 하드 커버의 양장본으로 일치한다. 연활자본(鉛印本)이며, 판식(版式)은 "중서합벽(中西合璧)"이다.[4] 본문 페이지의 높이(高, 세로)는 23.2cm, 너비(寬, 가로) 15.3cm, 두께(厚度) 4.1cm이다. 광곽(框廓)의 높이는 16.9cm, 너비는 13.9cm이다. 사주쌍변(四周雙邊) 반엽(半葉) 13행(行)이며 행의 자수(字數)는 일정치 않다.

판심(版心)은 순차적으로 만주어 각 부분의 명칭, 만주어 페이지, 아라비아 숫자 페이지로 되어 있다.[5] 비록 통 페이지가 아니라 낱 페이지

金東昭, 「最初 中國語 滿洲語 聖書 譯成者 賀淸泰 神父(P. Louis de Poirot, S. J.)」, 『알타이학보』 제13호, 2003; 趙杰(宋康鎬 譯), 「北京語의 滿洲語 基層 硏究: 청대 북경어의 언어 접촉」, 『古書硏究』제26호, 한국고서연구회, 2008 참고.

3) 역자주: 한국 독자들을 위해서 "一, 二"로 나누어진 원문의 체재를 내용 전개에 맞춰 총 6개(1-6)로 세분하고 소제목을 추가하였다. 또 원문이 수록된 『만어연구(滿語硏究)』의 만주어성경 도판 등을 활용하여 시각적 이해를 돕고자 하였다.

4) 역자주: 판식이 중서합벽이라는 것은 중국식과 서양식을 혼합하여 제책한 것을 말한다.

이지만, 통 페이지에 따라서 페이지를 계산하였다. 즉 2면(쪽, 頁)을 1페이지로 계산하였다.[6]

[그림2] 대련도서관 만주어 『신약전서』
"南滿洲鐵道株式會社大連圖書館 昭.11.12.11"
"南滿洲鐵道株式會社圖書印"

본서는 공히 여덟 부분으로 나누어져 있는데, 순서대로 63, 39, 68, 53, 69, 86, 72와 66페이지이다. 서명은 만주어로 "ice hese"라고 하였다.[7] 1책에는 "南滿洲鐵道株式會社大連圖書館 昭.11.12.11"이라는 붉은색 타원형 도장마크가 있으며, 다른 1책은 "南滿洲鐵道株式會社大連圖書館 昭.17.2.18"이라고 하였다. 붉은색 사각형 도장마크와 대련도서관 장서

5) 역자주: 판심(版心)은 책판(册版)의 가운데 부분을 말하는데, 순서는 위(각부 만주어 명칭), 중간(만주어 페이지), 아래(아라비아 숫자 페이지)식으로 구성되어 있다. 예를 들어 마가복음 판심의 경우 앞부분은 "enduringge ewanggelium - emu - 1"식이고, 뒷부분은 "marka i ulaha songkoi"이었을 것으로 판단된다.

6) 역자주: 책판(册版)을 이용한 전통적인 제책 방식과 같이 앞뒤 페이지 모두 1장을 1페이지로 산정하는 개념이다. 통 페이지의 1a, 1b가 오늘날 낱 페이지의 1, 2쪽에 해당하는 셈인데, 한적 영인본 등의 페이지를 연상하면 좋을 것이다.

7) 역자주: "ice hese"는 신약성서에 해당하는 만주어 표현이다. ice에는 새로운(新)의 의미가, hese에는 旨, 勅旨, 聖旨, 上諭 등의 의미가 있다.

인 등이 찍혀 있다. 본서에는 판권지가 없고, 장서인으로 보아 대련도서관에 소장된 시기는 소화(昭和) 11년(1936)과 소화(昭和) 17년(1942)이다. 대련도서관 만주어 『신약』의 8개 부분은 다음과 같다.

1. musei ejen isus heristos i tutabuha ice hese[8] . ujui debtelin .
(우리의 주 예수 그리스도께서 남기신 새로운 성지[聖旨], 첫째 권)
enduringge ewanggelium mattei i ulaha songkoi[9] .. (1-63 마태복음)
(성[聖] 복음 마태의 전[傳]한 대로)

2. musei ejen isus heristos i tutabuha ice hese . jai debtelin .
(우리의 주 예수 그리스도께서 남기신 새로운 성지[聖旨], 둘째 권)
enduringge ewanggelium marka i ulaha songkoi .. (1-39 마가복음)
(성[聖] 복음 마가의 전[傳]한 대로)

3. musei ejen isus heristos i tutabuha ice hese . ilaci debtelin .
(우리의 주 예수 그리스도께서 남기신 새로운 성지[聖旨], 셋째 권)
enduringge ewanggelium luka i ulaha songkoi .. (1-68 누가복음)
(성[聖] 복음 누가의 전[傳]한 대로)

---

8) 역자주: gese cf. hese 속표지의 서명은 hese로 나오는데, 본문은 모두 gese로 전사한 것이 보인다. 원문 권점(圈點)의 명확한 구분이 필요한 대목이다. "우리의 주 예수 그리스도께서 남기신 새로운 성지(聖旨)"는 "우리 주 예수 그리스도의 신유조(新遺詔)"라고도 번역할 수 있다. 중국어성경 가운데 "신약성경"을 "신유조서(新遺詔書)" "신유조성경(新遺詔聖經)" 등의 명칭으로 번역한 예가 있다.

9) 역자주: 푸와로 신부의 만주어 번역에서는 "마태복음의 첫째 편"을 "Enduringge Mateo-i Ewanželio-i ujui debtelin"이라고 한 것이 보인다. 金東昭, 「東洋文庫藏 滿洲文語聖書稿本 硏究」, 『神父 全達出 會長 華甲紀念論叢』, 大邱, 每日新聞社, 1992 참고.

4. musei ejen isus heristos i tutabuha ice hese . duici debtelin .
(우리의 주 예수 그리스도께서 남기신 새로운 성지[聖旨], 넷째 권)
enduringge ewanggelium iowang ni ulaha songkoi .. (1-53 요한복음)
(성[聖] 복음 요한의 전[傳]한 대로)

5. musei ejen isus heristos i tutabuha ice hese . sunjaci debtelin .
(우리의 주 예수 그리스도께서 남기신 새로운 성지[聖旨], 다섯째 권)
geren apostol i yabuha babe ejehe luka i bithe teofil de unggihe .. (1-69 사도행전)
(여러 사도의 행한 바를 기록한 누가의 서신 데오빌로에게 보냈다.)

6. musei ejen isus heristos i tutabuha ice hese . ningguci debtelin .
(우리의 주 예수 그리스도께서 남기신 새로운 성지[聖旨], 여섯째 권)
apostol pafil[10] i geren roma niyalma de unggihe bithe .. (1-29 로마서)
(사도 바울이 여러 로마 사람에게 보낸 서신)
apostol pafil i koringt hoton i niyalma de unggihe dergi bithe .. (30-57 고린도전서)
(사도 바울이 고린도 성의 사람에게 보낸 서신: 상)
apostol pafil i koringt hoton i niyalma de unggihe fegergi bithe .. (58-76 고린도후서)
(사도 바울이 고린도 성의 사람에게 보낸 서신: 하)

10) 역자주: 바울(Paul)을 "pafil"로 표기한 것은 만주어 성경의 역자인 리포브초프가 그리스어나 라틴어식 표기를 따르지 않고 러시아어 "파벨(Павел)"에 준해서 표기한 때문으로 보인다.

apostol pafil i geren galat niyalma de unggihe bithe .. (77-86 갈라디아서)
(사도 바울이 여러 갈라디아 사람에게 보낸 서신)

7. apostol pafil i efes hoton i niyalma de unggihe bithe .. (1-9 에베소서)
(사도 바울이 에베소 성의 사람에게 보낸 서신)
apostol pafil i filipapi hoton i geren niyalma de unggihe bithe .. (10-16 빌립보서)
(사도 바울이 빌립보 성의 여러 사람에게 보낸 서신)
apostol pafil i kolossiye hoton i geren niyalma de unggihe bithe .. (17-22 골로새서)
(사도 바울이 골로새 성의 여러 사람에게 보낸 서신)
apostol pafil i tesalonik hoton i geren niyalma de unggihe dergi bithe .. (23-28 데살로니가전서)
(사도 바울이 데살로니가 성의 여러 사람에게 보낸 서신: 상)
apostol pafil i tesalonik hoton i geren niyalma de unggihe fejergi bithe .. (29-32 데살로니가후서)
(사도 바울이 데살로니가 성의 여러 사람에게 보낸 서신: 하)
apostol pafil i timotei de unggihe dergi bithe .. (33-40 디모데전서)
(사도 바울이 디모데에게 보낸 서신: 상)
apostol pafil i timotei de unggihe fejergi bithe .. (40-45 디모데후서)
(사도 바울이 디모데에게 보낸 서신: 하)
apostol pafil i tit de unggihe bithe .. (46-49 디도서)
(사도 바울이 디도에게 보낸 서신)

apostol pafil i filimong de unggihe bithe .. (49-50 빌레몬서)
(사도 바울이 빌레몬에게 보낸 서신)
apostol pafil i gebereya niyalma de unggihe bithe .. (51-72 히브리서)
(사도 바울이 히브리 사람에게 보낸 서신)

8. apostol yakob i hafu bithe .. (1-8 야고보서)
(사도 야고보의 통신[通信])
apostol piyeter i dergi hafu bithe .. (9-16 베드로전서)
(사도 베드로의 통신[通信]: 상)
apostol piyeter i fejergi hafu bithe .. (17-21 베드로후서)
(사도 베드로의 통신[通信]: 하)
apostol iowang ni dergi hafu bithe .. (22-29 요한일서)
(사도 요한의 통신[通信]: 상)
apostol iowang ni dulimbai hafu bithe .. (29-30 요한이서)
(사도 요한의 통신[通信]: 중)
apostol iowang ni fejergi hafu bithe .. (30-31 요한삼서)
(사도 요한의 통신[通信]: 하)
apostol ioda i hafu bithe .. (32-33 유다서)
(사도 유다의 통신[通信])
abkai ejen i babe genggiyelere iowang de sabubuha baitai ulabun .. (34-66 요한계시록)
(하나님[天主]의 처소를 밝히시어 요한에게 보이신 일의 전[傳])

이 만주어 『신약전서』의 편집은 약간 독특하다. "현재 인쇄되어 나온

성경은 문자의 종류가 어떠한 것이든 간에 모두 장절이 나누어져 있다. 그런데 만주어 『신약전서』는 장절의 구분이 없다. 다만 27권을 8부로 나누었고, 각 1부는 나눈 페이지 수가 대체로 같은 분량이다. 이는 아마도 인쇄상의 편리함 때문인 것으로 보인다."[11]

3. 대련도서관 만주어 『신약전서』의 번역 분석

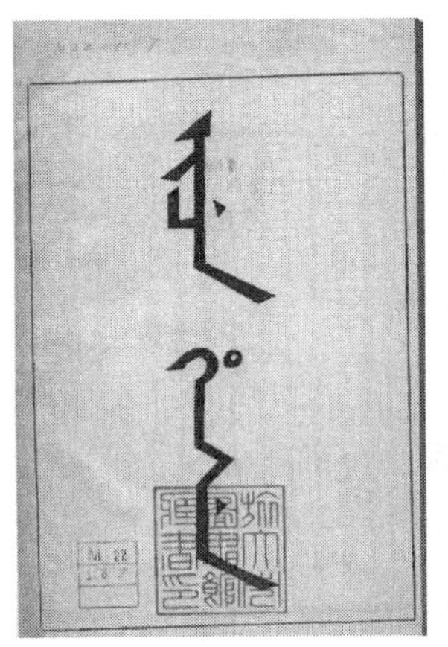

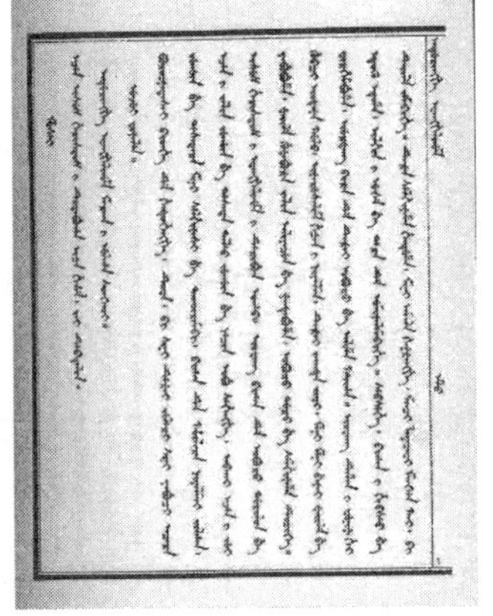

[그림3] 속표지 "ice hese"와 마가복음 1장 앞부분

전체적으로 볼 때 『신약전서』의 만주어 번역은 빈틈이 없으며, 언어가 질박하고 유창하다. 대체로 다음과 같은 세 가지 특징을 지니고 있다.

첫째, 표준서면어를 사용하였으며 어법이 규범적이다. 특별히 언급할 가치가 있는 것은 본문 문장으로 비록 대다수의 문장이 다중 복문이나 구조가 명확하고 전후가 잘 조응하여 조금도 확실치 않은 대목이 없다.

11) 渡部薫太郎, 『增訂滿洲語圖書目錄』, 大阪, 東洋學會, 昭和7年(1932), 43-44.

예를 들면 다음과 같다.

i hala hacin i nimeku de hu sibuha utala niyalma be sain obuha . utala hutusa be bos ome tucifi . cende imbe sambi seme gisurere be fafulahabi.

(그[예수]는 각종 병에 걸린 허다한 사람을 낫게 하였다. 허다한 귀신들을 쫓아내고, 그들에게 그를 안다고 말하는 것을 금하였다.) 마가복음 1:34

둘째, 번역이 정확하고 기교가 뛰어나다. 역자는 원문과 만주어의 언어상의 장벽을 잘 화해시켜서 외래문화 속의 새로운 성분을 만주화 하였다. 외래어에 대해서 살펴보면 번역문 가운데 인명과 지명의 음역 외에 일부 기독교 용어, 예를 들어 "선지자" porofiyeta,[12] "복음" ewanggelium, "천사" anggel, "안식일" sabbata inenggi 등 음역 외래어를 채택하여 사용하였다.

[표1][13]

선지자	porofiyeta
복음	ewanggelium
천사	anggel
안식일	sabbata inenggi

12) 역자주 : porofiyeta cf. porofyeta

13) 역자주: 표는 한국 독자들의 이해를 돕기 위하여 역자가 보충한 것이다.

그렇지만 역자는 일부 어휘들은 만주어에 이미 있는 단어로 번역하였는데, 예를 들면 "제사장"은 "lama", "제자들"은 "šabisa", "향유"는 "ilhai simen i muke"이다.

[표2]

제사장	lama1
제자들	šabisa
향유	ilhai simen i muke

그러나 여기서 지적해야 할 것이 있는데, 번역문 가운데 음역어 만주어는 만주어의 규칙에 엄격히 부합되지 않는다. 예를 들어, "예루살렘 iyerusalim"은 만주어 관습에 의하면 "yerusalim"으로 해야 한다. 또 "선지자 porofiyeta"와 "가버나움(지명) kaparnagom" 등의 단어도 음역 방식이 만주어의 표준 방식과 상당히 거리가 멀다.

셋째, 언어가 질박하다. 역자의 만주어 능력이 대단하지만 선택한 어휘는 간단한 상용어들이며, 벽자가 없고 더욱 미사여구나 군더더기가 없다. 뉘앙스는 중간톤으로 감정적인 색채를 띠지 않았다. 이같은 간결하고 질박한 언어 스타일은 다른 종류의 언어로 된 성경 본문과 조화로운 일치를 유지하고 있다.

결론적으로 만역본 『신약전서』의 언어적 특징을 통해 우리는 역자의 깊고도 풍부한 만주어에 대한 조예와 정밀하고 섬세한 번역 기교를 볼 수 있다.

4. 만주어 『신약전서』의 판본과 역자

만주어 『신약전서』는 연활자로 간행된 역사상 첫 번째의 만주어 도서이다.

[그림4] 대련도서관 만주어 『신약전서』

온전한 형태로 세상에 전하는 매우 드문 자료인데, 중국내의 다른 곳에서 소장하고 있는 바를 아직 보지 못하였다.[14)]

---

14) 역자주: 金東昭, 「Tungus語 聖書에 關해서」, 『알타이학보』제9호(한국알타이학회, 1999)를 보면 중국 내 다른 소장처의 만주어성경 소장 사항을 李德啓와 富麗 등의 자료를 통해서 소개하고 있다. 이밖에 기존의 만주어성경 목록에 소개되지 않은 호주의 뉴사우스웨일즈 주립도서관(State Library of New South Wales) 소장본이 있는데, 웨스턴시드니대학의 케니 왕(Kenny Wang) 박사에 의해 디지털 작업이 이루어지기도 하였다. "A two volume copy of the New Testament in Manchu is held at the State Library of New South Wales, Australia under call numbers G 7 V 22 v.1 and G 7 V 23 v.2. This copy was published on or before 1869 (as it bears the NSW Public Library 1869 stamp throughout the NT). Digital photo reproduction of the above copy has been graciously undertaken and is copyrighted by Dr Kenny Wang, Ph. D., BA, Lecturer in Linguistics and Translation Studies at the University of Western Sydney."(http://www.orthodox.cn/bible/manchu/index.html). 참고로 호주의 뉴사우스웨일즈 주립도서관에는 만한대역본 마가복음도 소장되어 있는 것으로 나온

일본 천리대학교(天理大學校) 도서관 소장본 1부는 서명이 『만주어 신약전서(滿洲語新約全書)』로 규격은 25×17×9이다.[15] 대영도서관 소장본 5부, 영국성서공회 3부, 런던 인도사무처도서관 문서기록부 소장본 1부가 있다. 러시아과학원 아시아 민족연구소 소장본 1부(1864년 수집)는 8권인데, 매 권당 61, 37, 57, 40, 52, 60, 130, 50 페이지로 나누어져 있다. 매 페이지당 12행 만주어로 되어 있는데, 크기는 약 30 18과 24 13의 2종이 있다.[16] 미국 국회도서관 소장본 6부도 있다.[17]

만주어 『신약전서』의 역자 S.V. 리포브초프(利波夫措夫)의 번역 출판 과정에 대해서는 중국을 포함한 각국 여러 학자들의 소개가 나와 있다. 그러나 이들의 관점이 일치하지는 않는다.

초옥추(肖玉秋)는 "동방정교회 서적을 가장 일찍 중국어로 번역한 것은 제8회 선교단 학생인 리포브초프로 1794년부터 1808년간에 신약의 만주어 번역을 완성하였다." "리포브초프의 만주어 역본은 러시아 성무원(聖務院)의 비준을 받지 못하고 영국성서공회에 의해 출판되었으며, 천주교 선교사는 동북교회학교에서 리포브초프의 역본을 신학 교재로 사용하였다. 또 그것으로 만주인에게 선교하였다." "만주어 신약 번역의 목적은 알바진(雅克薩) 전쟁포로[18] 및 후대의 동방정교 신앙을 유지하

다. 서명은 "Bible. N.T. Gospels. Mark. Chinese & Manchu. Gospel according to St. Mark."이며, 청구기호는 "G5 U25"이다.

15) 渡部薰太郎, 『增訂滿洲語圖書目錄』, 大阪, 東洋學會, 昭和7年(1932), 43-44.

16) 金東昭(金貞愛 譯), 「東洋文庫藏現存滿文聖經稿本介紹」, 『滿族研究』, 2001(4), 92-96.

17) 中國正教會網, 新約聖經(1822-1835年斯捷凡 · 利波夫佐夫滿文飜譯)[M/CD][2007-12-27]. http://www.orthodox.cn/liturgical/bible/manchu/index.html .

18) 역자주: 청조와 러시아의 전쟁이 진행되면서 많은 러시아인들이 북경으로 끌려왔는데, 종군신부였던 막심 레온쩨프 신부는 청조의 도움으로 불교사원을 개조하여 정

기 위한 것이었다."고 하였다.[19]

리포브초프는 "러시아과학통신원의 일원으로 저명한 만학가(滿學家)이다. 살마이성(薩馬爾省) 리파부카촌(利波夫卡村)에서 출생, 1783년 카잔(Kazan, 喀山)선교사학교에 입학하여 공부하였다. 1794-1807년 러시아 동방정교회 북경 주재 제8회 선교단(Russian Ecclesiastical Mission)의 일원이 되었다. 1808년 아시아 만한어(滿漢語) 통역원직을 맡은 이래로 직책을 수행하다가 세상을 떠났다.

주요 저작과 번역은『명사(明史)』(譯稿),『과학원도서관 관장 중일문서록(科學院圖書館館藏中日文書錄)』(공편, 러시아 제3부 中國書目),『중국기사(中國紀事)』(手稿),『토르구트의 러시아 이전과 준갈이로의 회귀에 관하여(關於土爾扈特遷往俄國及從俄國逃回準噶爾的經過)』,『준갈이개술(準噶爾概述)』,『신약(新約)』(만역본, 부분, 1822),『중국 황제에게 진공하는 각국 민족 소개(向中國皇帝進貢的各民族介紹)』,『중화제국대사 간략한 기록(中華帝國大事簡記)』,『이번원칙례(理藩院則例)』,『라틴어한어사전』(手稿, 3종),『만한노어사전』(手稿),『만문식자과본(滿文識字課本)』(石印, 1839)이다."[20]

일본학자 와타베(渡部薰太郎, 1861-1936) 편저의『증정만주어도서

교회 예배당을 마련하고 만주인과 중국인을 대상으로 선교하였다. 이 당시 청과 러시아의 전쟁으로 청조는 조선에 원병을 요청하기도 했는데, 이것이 조선 효종대의 나선정벌이다. 청이 러시아와 맺은 네르친스크 조약은 우리에게도 잘 알려져 있으며 당시의 조약문에는 만주어가 들어있다. 남정우, "중국정교회 역사",『동방정교회 이야기』, 2003 참고.

19) 肖玉秋,「북경 주재 러시아선교단의 경서 한역과 간행 활동 약술(俄國駐北京傳教士團東正教經書漢譯與刊印活動述略)」,『世界宗教研究』, 2006, 93-103.

20) 中國社會科學院文獻情報中心,『俄蘇中國學手册』, 北京, 中國社會科學出版社, 1986, 60-62.

목록(增訂滿洲語圖書目錄)』에 『만주어신약전서(滿洲語新約全書)』가 기록되어 나오는데, "1821년 영국 러시아성공회 대표 핑커톤(賓加頓) 박사는 만주어에 정통한 러시아인 스테판 리포브초프를 고용하여 번역에 착수하였다.

1822년 『마태복음』의 7장을 최초로 번역했으나 러시아에서 출판하지 못하였다. 1823년 『마태복음』 550부를 인쇄하고, 1825년 『신약』 전체를 번역하였다. 1835년(일설에는 1836년) 만주어 『신약전서』를 1,000부 인쇄하였다. 1855년 만주어 『신약전서』 200부를 선편으로 상해로 운반하던 도중 자바섬을 지나다가 해상 재난이 발생하여 『신약전서』 200부 가운데 단 1권도 남기지 못하고 모두 잃어버렸다."[21] 김동소는 역자의 영문명을 "S. V. Lipovtsov"라고 하였고, 만주어 『신약전서』의 번역 연대 또한 1825년이라고 보았다.[22]

5. 대련도서관본과 중국정교회본 비교

중국정교회 홈페이지의 영문 설명 "『신약전서』(1822-35) 스테판 리포브초프의 만주어 번역"[23]이라는 글에서 만주어 신약에 대해 비교적 상세한 고증을 하였다. 또 단행본 만주어 신약 책표지, 간행 기록, 전체 내용의 이미지를 수록하였다. 현재 번역해서 소개하면 그 내용은 대략

21) 渡部薫太郎, 『增訂滿洲語圖書目錄』, 大阪, 東洋學會, 昭和7年(1932), 43-44.

22) 金東昭, 2001, 앞의 글.

23) 中國正教會網, "The New Testament of Our Lord Jesus Christ published serially in 1822, and completed whole NT in 1835 translated into the Manchu language by Stepan Vaciliyevich Lipovtsov."

다음과 같다.

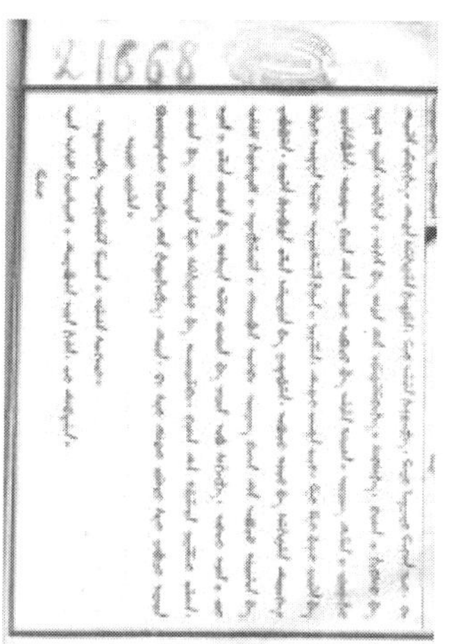

[그림5] 중국정교회 마가복음
musei ejen isus heristos i tutabuha ice hese jai debtelin

"『우리의 주 예수 그리스도께서 남기신 새로운 성지(聖旨)(musei ejen isus heristos i tutabuha ice hese)』 시리즈(단행본) 출판 1822년, 신약 전체 완성 1835년, 리포브초프가 만주어로 번역하였다. 이르쿠츠크주립도서관에 소장된 만주어 『성마가복음서(聖馬可福音書, the Holy gospel according to St Mark)』는 제작한 PDF 문건이 Fr. Dionisy Pozdnyaev에 의해 제공되었고, 또 JPG 방식으로 전환되었다.

만주어 신약은 1822년 시작해서 부분 출판을 하다가 전체를 1835년에 출판하기 시작하여 1929년 상해에서 재판을 냈다. 그러나 PDF 문건에는 간행된 일자를 포함하지 않고 있다. 페이지 수는 순서대로 1에서 39까지이고, 다만 만주어 양식으로 편집 배열하였으며, 각 페이지는 펼쳐진 2면을 전부 가리킨다. 따라서 마지막 페이지(39/80)의 단어는 '아멘(만주어, ameng)'으로 원문 내용은 완전한 것이지만 39(80)페이지의 오른쪽 아래의 약간 찢겨진 흔적이 책의 뒷표지가 없어진 것을 드러내고 있다. 이 책은 아마도 최초의 1822년 계통의 단행본이거나 아니면 1835년에 완성된 신약의 한 복음서의 후쇄본일 것이다. 역자는 스테판 바실리예비치 리포브초프(1770-1841)이다. 그는 1794년 8명의 러시아 성직원 사절단의 한 사람으로 북경에 도착한 후 만주어를 배웠다. 그는 런던 영국성서공회의 위탁으로 신약을 만주어로 번역하였다. 그리고 1822년 출판한 것이 바로 그의 역본이다. 최초에는 시리즈 형식으로 출판하였고, 나중에는 완성된 『신약전서』를 출판하였다."[24]

지적할 필요가 있는 것은 이 글 후반부에 각종 출전이 나와 있는데, 이에 의하면 서술 내용은 믿을 만한 것이다. 사이트 홈페이지에 올라온 단행본 이미지 자료는 매우 분명하고 뚜렷한데, 이를 비교한 결과 대련도서관 소장 만주어 『신약전서』의 제2부(jai debtelin, 둘째 권)인 마가복음과 같은 판이다. 그러나 장정 형식이 약간 다르고 선장(線裝)이며,[25] 판심은 만주어 각부 명칭과 만주어 페이지 중간에 대련도서관 소장본보다 단어미(單魚尾)가 많이 나왔고, 전형적인 중국 고서 장정 형식이다. 따라서 홈페이지상의 단행본은 분명 대련도서관 소장본보다 이른 것으로 보인다. 대련도서관 연활자본 만주어 『신약전서』는 1929년 상해

---

24) 中國正教會網, 앞의 글.

25) 역자주: 중국정교회 사이트에 소개된 만주어성경은 중국 고서 제책 방식의 하나인 4개의 구멍을 뚫어서 책을 묶는 4침(針)으로 제작된 것을 볼 수 있다. 존 로스 목사의 최초의 한글성경 번역으로 알려진 심양 문광서원에서 간행된 『예수셩교누가복음젼셔』(1882) 역시 4침 방식이다. 이는 한국의 전통적인 제책 방식이 주로 5침인 것과는 다른 것이다.

에서 간행한 재판 같은데, 이 역시 아직은 알 수 없다.[26]

6. 결론

이상 결론적으로 만주어 『신약전서』의 역자는 19세기 러시아 동방정교회 선교사 리포브초프이며, 각국에서 현재 소장한 판본 사항의 기록을 통해서 볼 때, 대련도서관 소장본은 일본이나 러시아 판본과 분명히 다르고, 또 일본과 러시아의 판본 간에도 다른 점이 있다는 것이다. 그 연원 관계는 훗날의 고증을 기다린다.

성경은 서양의 철학, 윤리, 도덕, 문학, 예술, 역사, 지리, 사회, 민속 등 제 방면의 내용을 풍부하게 포함하고 있어서 서양 문명 심지어 세계 문명의 발전에 중요한 역할을 하였다. 성경의 중요한 역할은 여러 문자로 번역되는 과정에서 발휘되어 나온 것으로 더욱 19세기 "외국선교사가 로마자 병음으로 각지의 소수민족을 위해 번역한 성경은, 보다 객관적인 면에서 중국의 문맹퇴치와 문화교육사업을 촉진시켰다."[27] 그러므로

---

26) 역자주: 원본을 직접 열람하지 않아서 보다 정확한 것은 후일로 미루어야 하겠지만, 현재 역자가 보기에 대련도서관본 만주어 『신약전서』는 1929년 상해에서 출판된 성경에 가까운 것으로 판단된다. 이 성경은 1927년 G. W. Hunter 선교사의 재요청으로 중국 신강성 이리(伊犁) 지구에서 만주어, 엄밀하게는 시버어(錫伯語)를 사용하는 시버족들의 선교를 위해 1929년 상해에서 출판된 것이다. 이들과 같은 계통의 성경이 대영도서관, BFBS, 런던대학교 등에 각각 1권씩 소장되어 있는 것으로 알려져 있다. 金東昭, 「Tungus語 聖書에 關해서」, 『알타이학보』9, 1999 참고.

27) 陳述軍, 『성경의 한역과 중국에서의 한역 성경의 영향(聖經漢譯及漢譯聖經在中國的影響), 華中師範大學, 2006. 역자주: 한글 성경 번역과 밀접한 관련이 있는 스코틀랜드 출신의 존 로스(John Ross, 1842-1915) 목사도 만주지역 개척 선교사의 한 사람이었는데, 그의 저술로 보아서 만주와 조선에 대한 그의 관심을 엿볼 수 있다. 존

만주어 『신약전서』의 연구는 기독교 경전으로서의 연구뿐만 아니라 만주어 번역 자체의 연구에도 일정한 의의를 지니며, 근대 중국의 외국과의 문화교류 연구에도 일정한 현실적 의의를 지닌다.

[출전: 『성경원문연구』30, 대한성서공회, 2012]

로스 목사는 그의 저서 *History of Corea*의 "The Corea Language" 편에서 조선어와 중국어의 문법적 관계보다 조선어를 만주어, 몽골어 등과 비교하는 일이 중요하며, 또 조선어와 만주어의 긴밀한 연관성에 주목해야 한다고 강조한 바 있다. 존 로스(홍경숙 역), 『존 로스의 한국사(*History of Corea*)』 (서울: 살림, 2010) 참고.

부록

부록1

만주어 『벽석씨제망(闢釋氏諸妄, geren holo be milarambure bithe)』

[프랑스국립도서관 소장본]

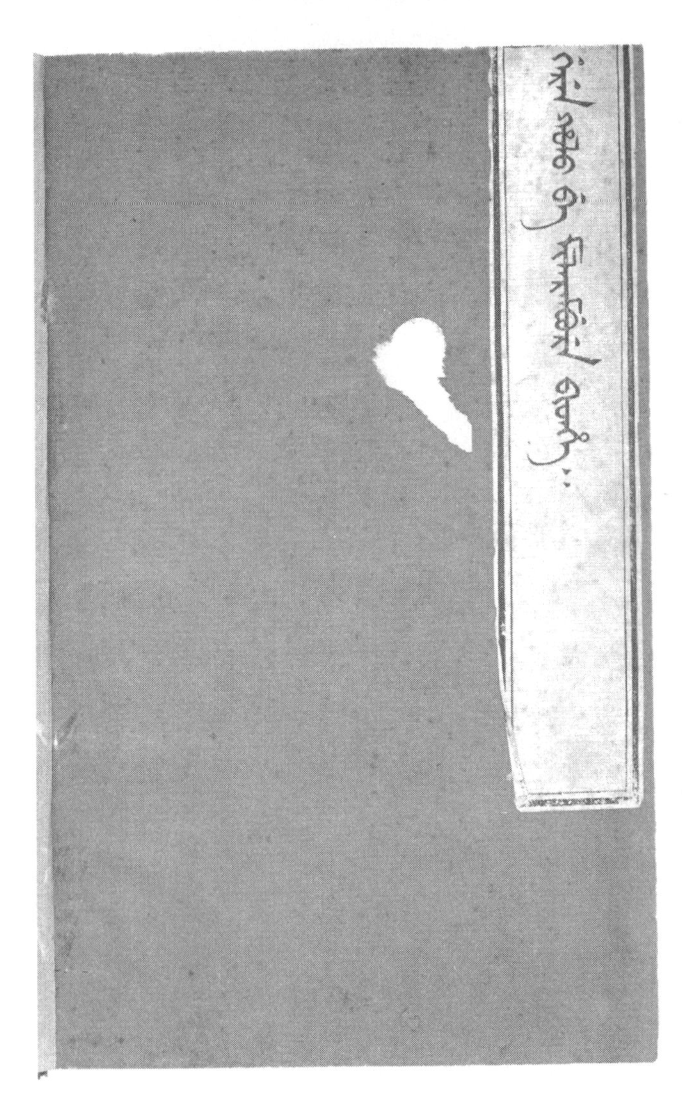

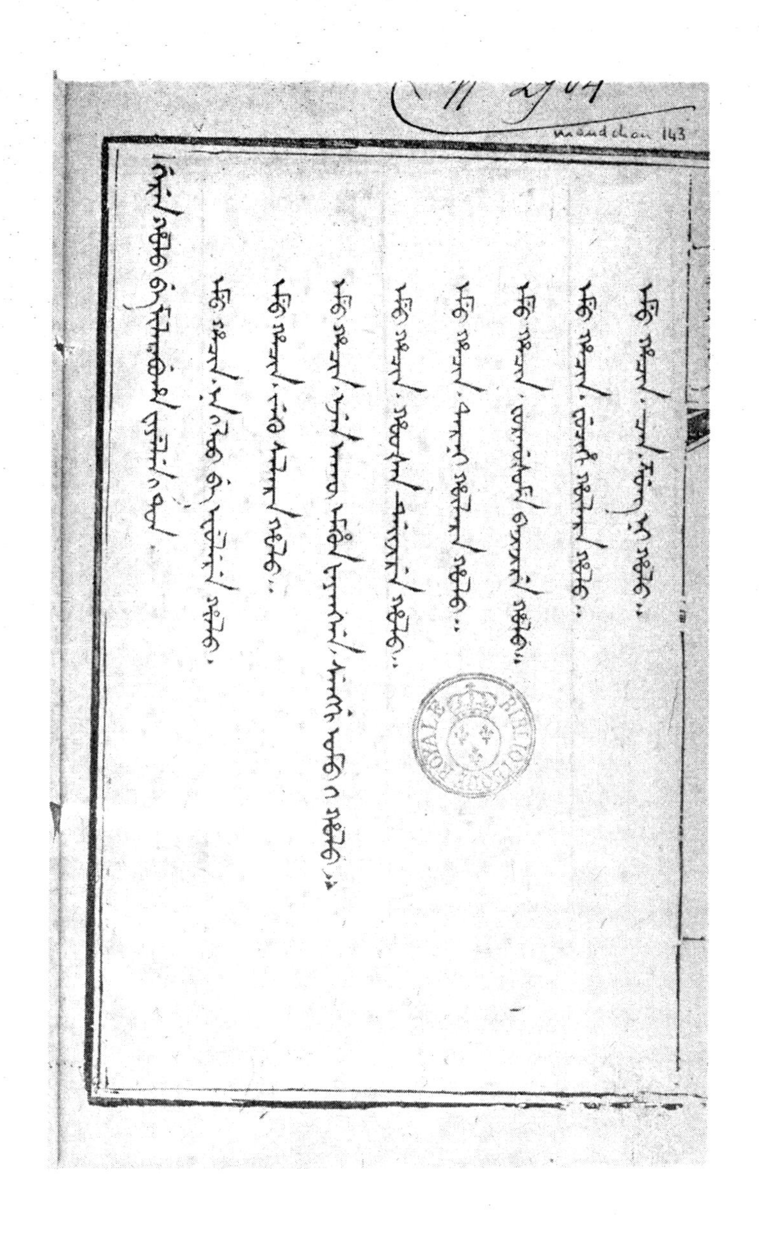

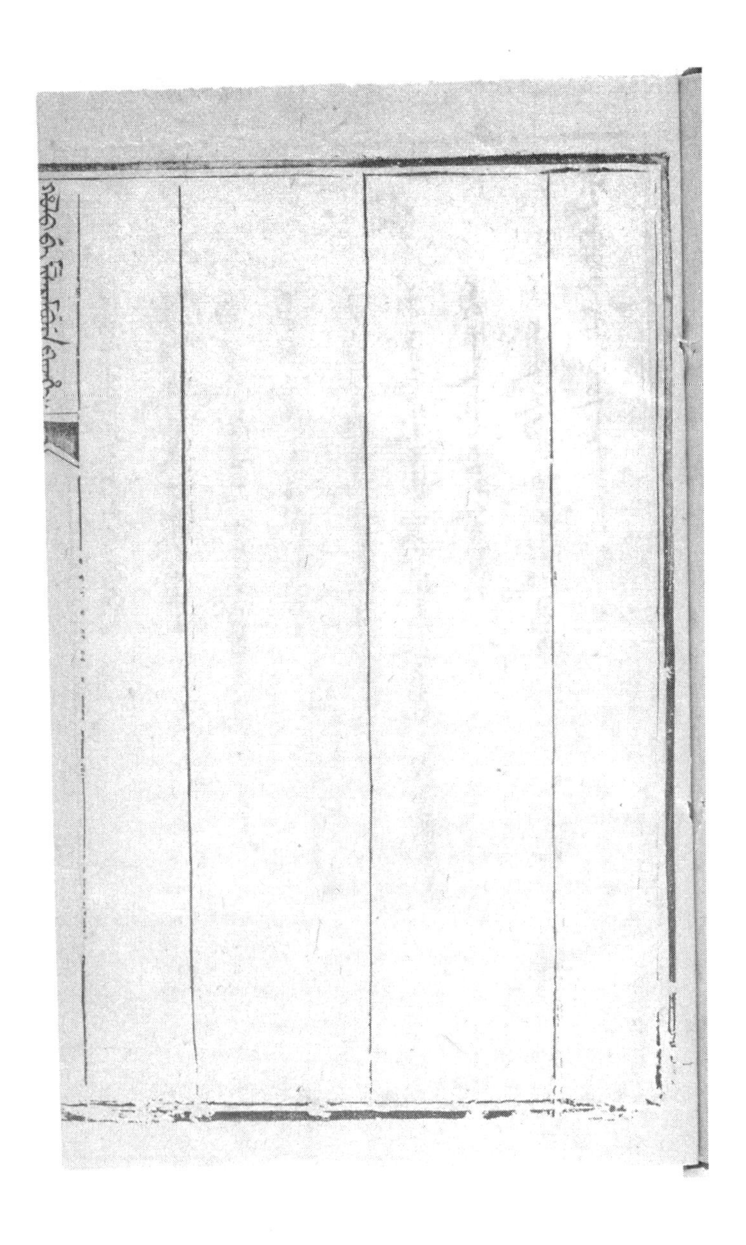

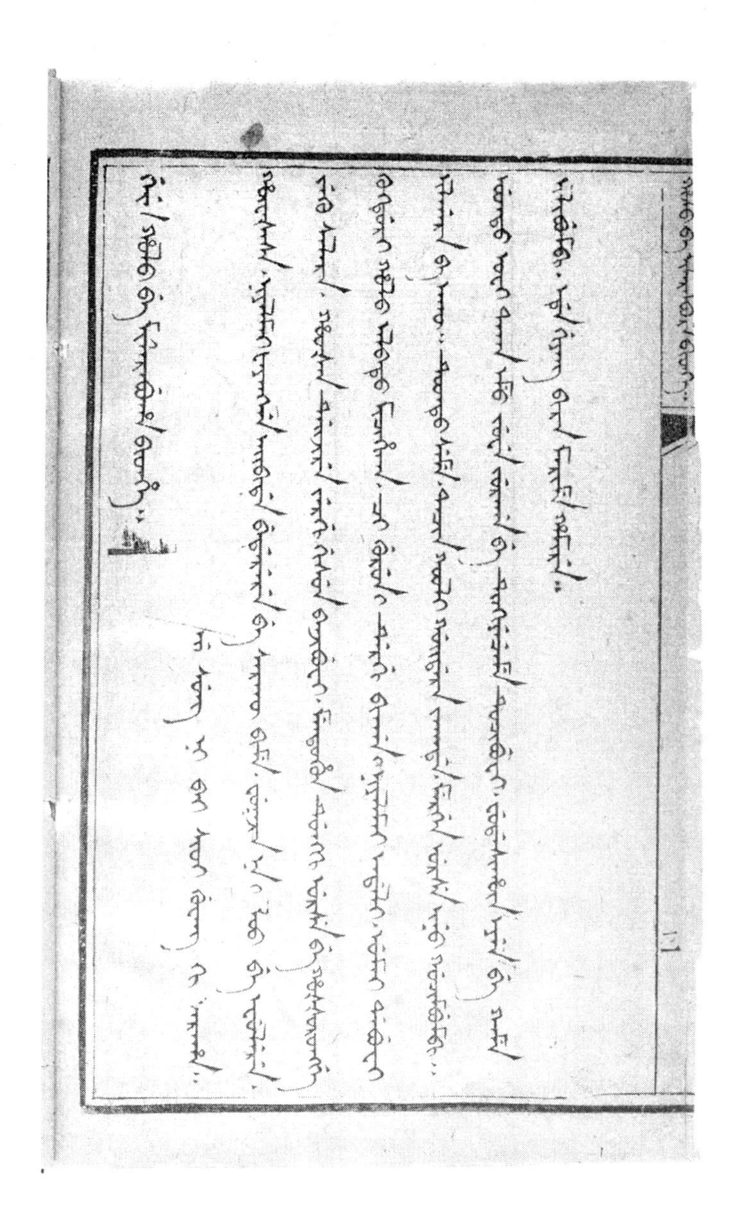

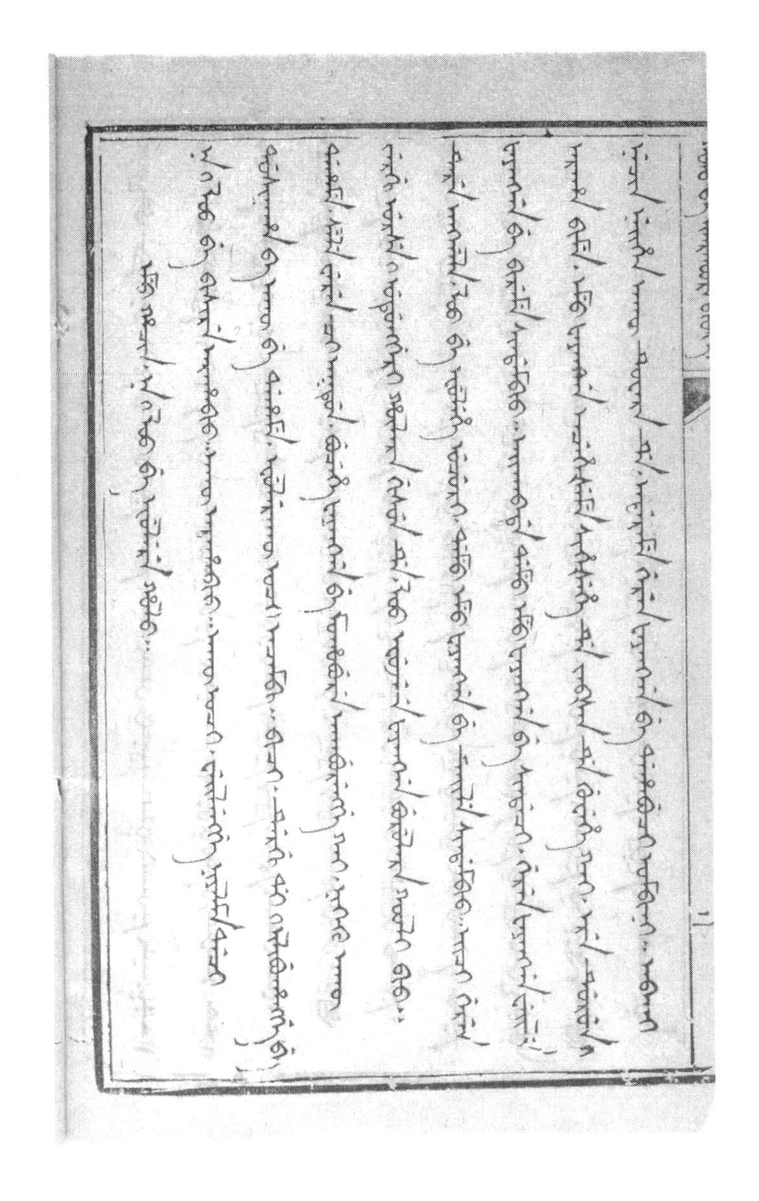

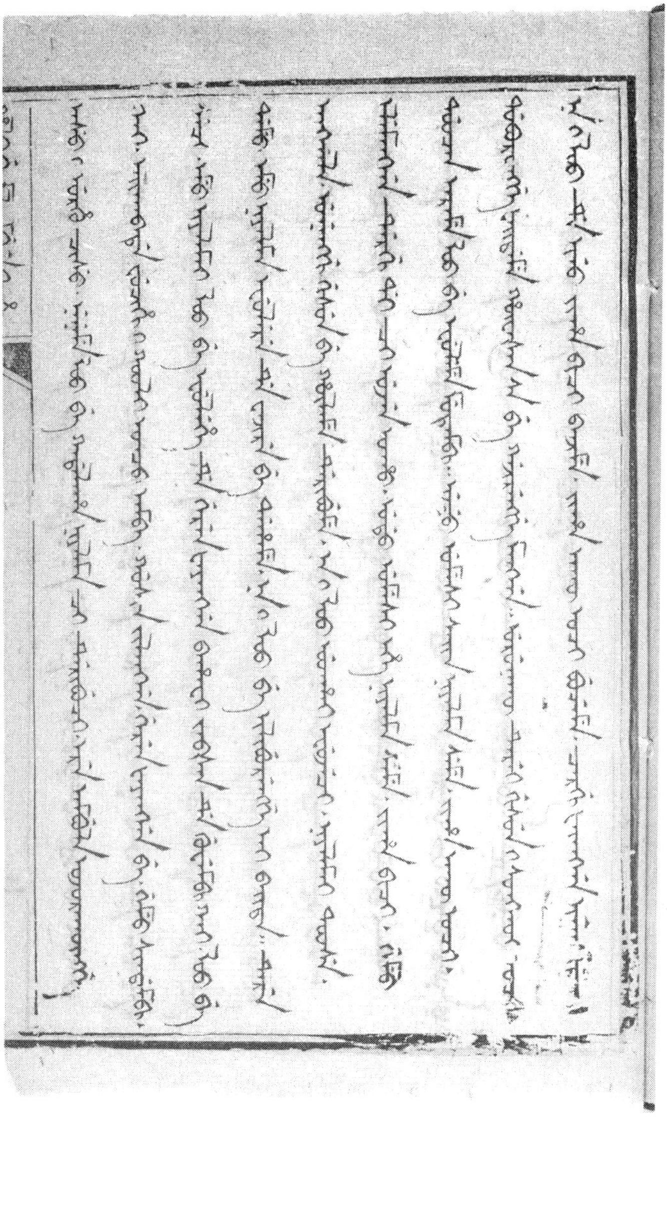

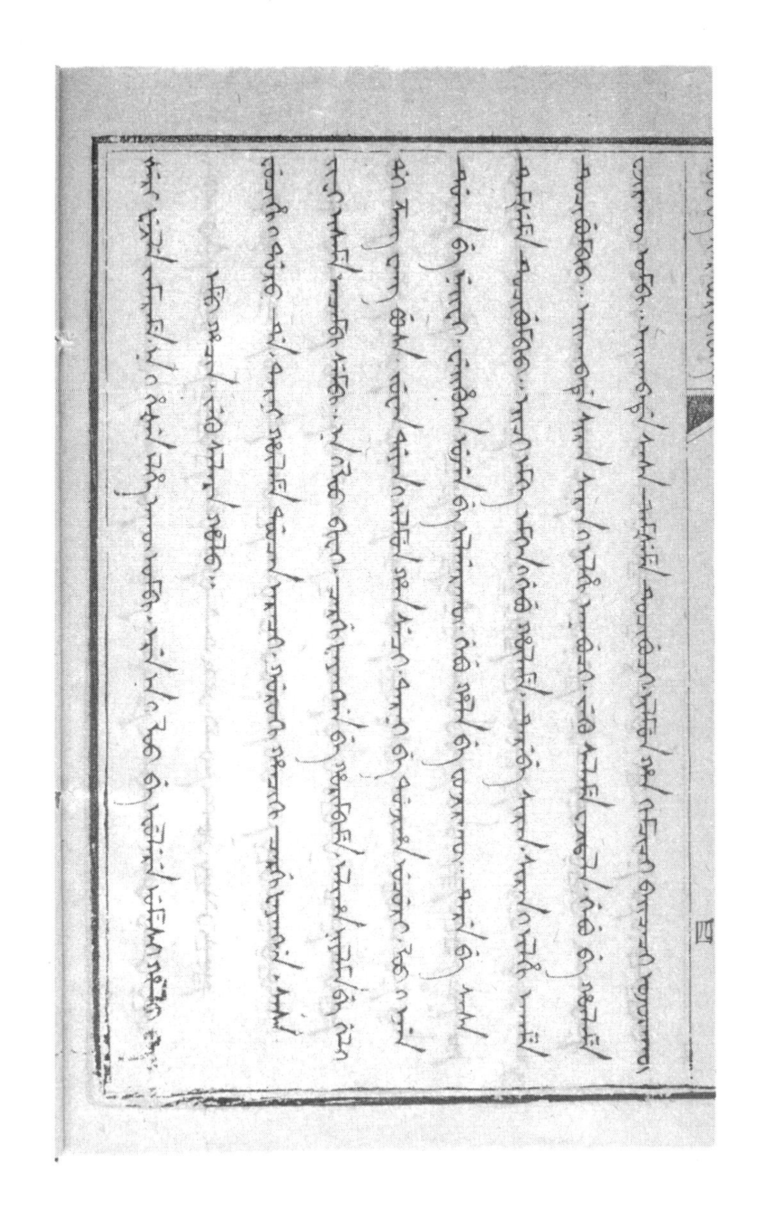

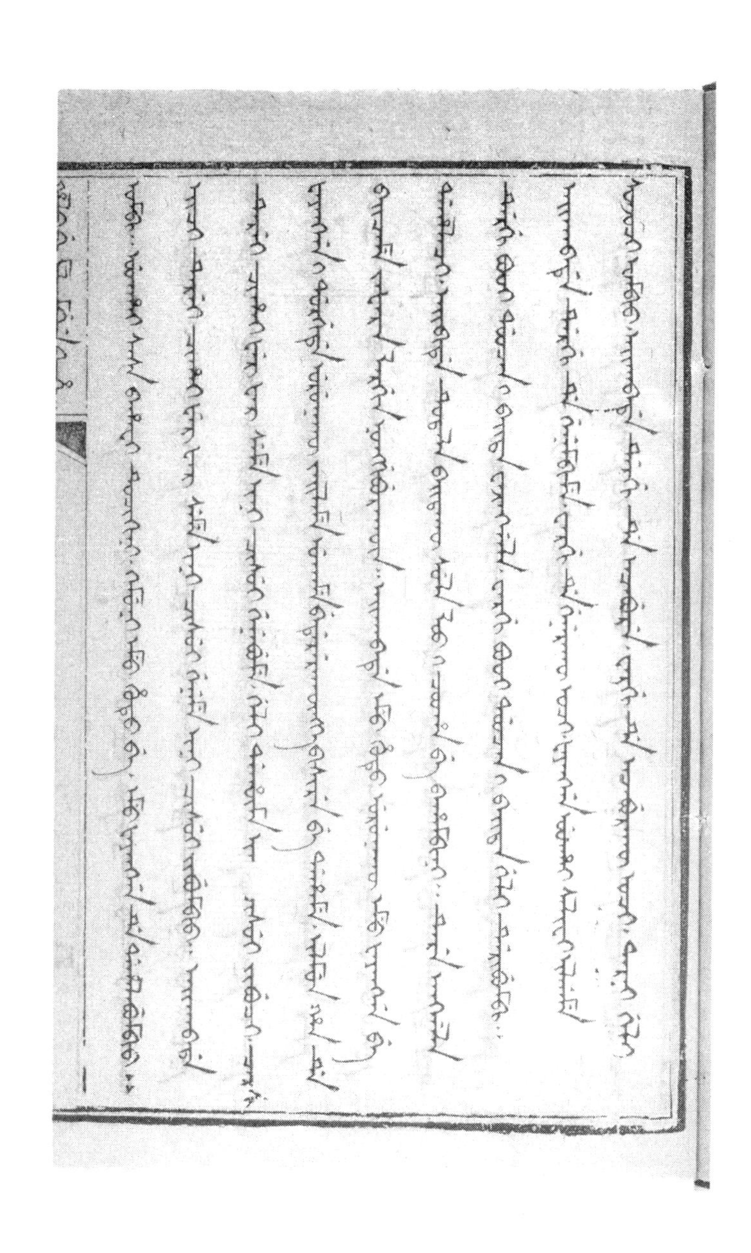

七

[illegible]
[illegible]
[illegible]
[illegible]
[illegible]
[illegible]
[illegible]
[illegible]
[illegible]

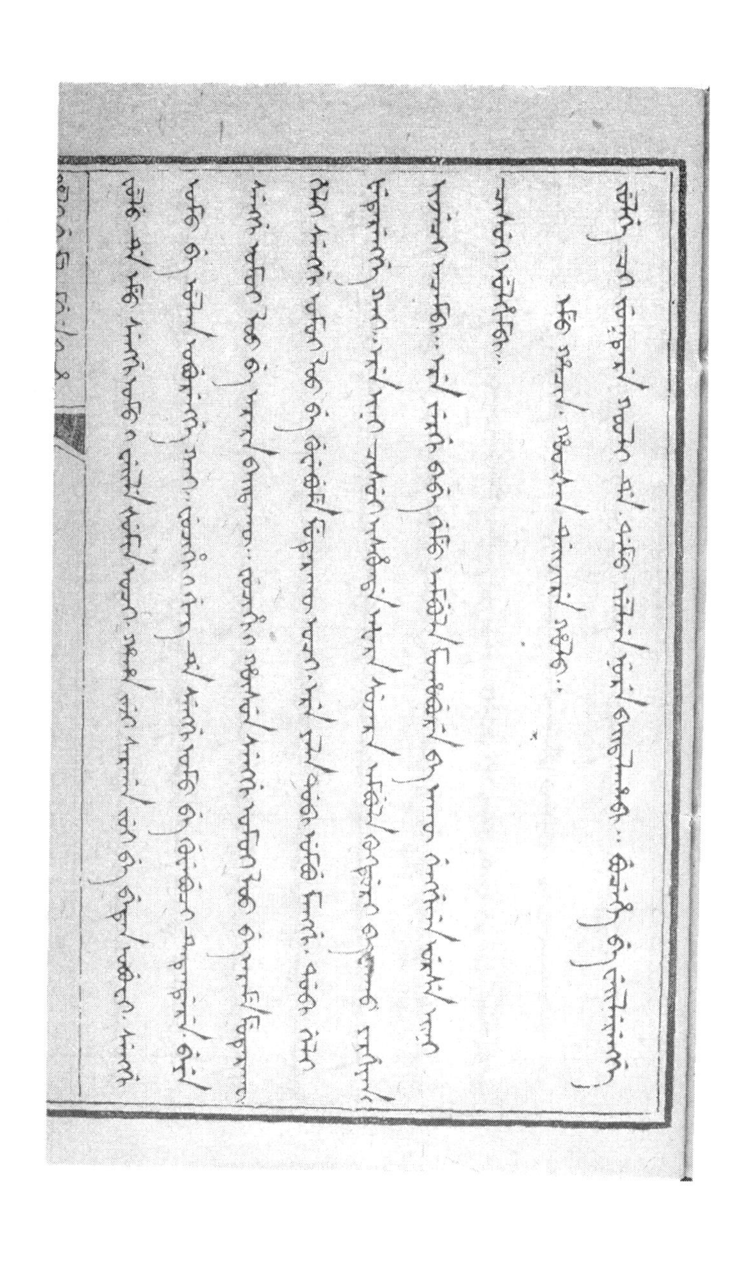

[illegible]

[illegible]

[illegible]

[illegible]

[illegible]

[illegible]

[illegible]

[illegible]

[illegible]

[illegible]

九

[illegible]

[illegible]

[illegible]

[illegible]

[illegible]

[illegible]

[illegible]

[illegible]

[illegible]

[illegible]

[illegible]

[illegible]

[illegible]

[illegible]

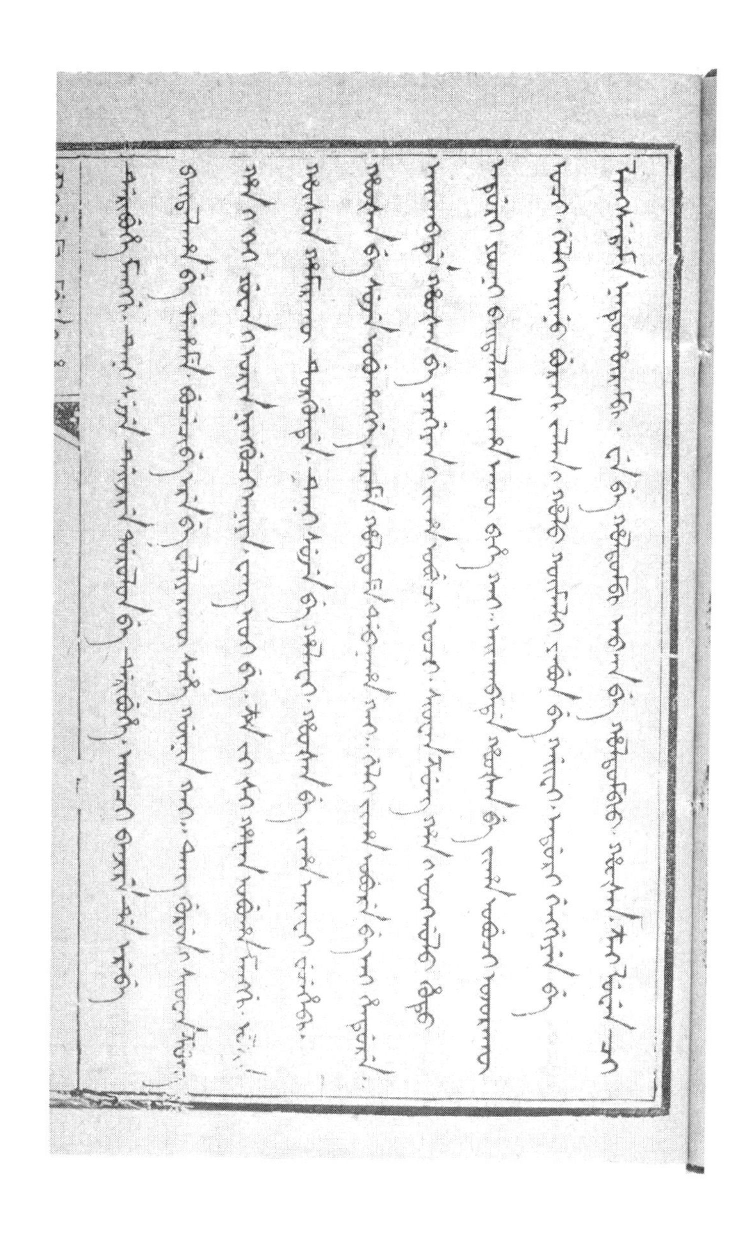

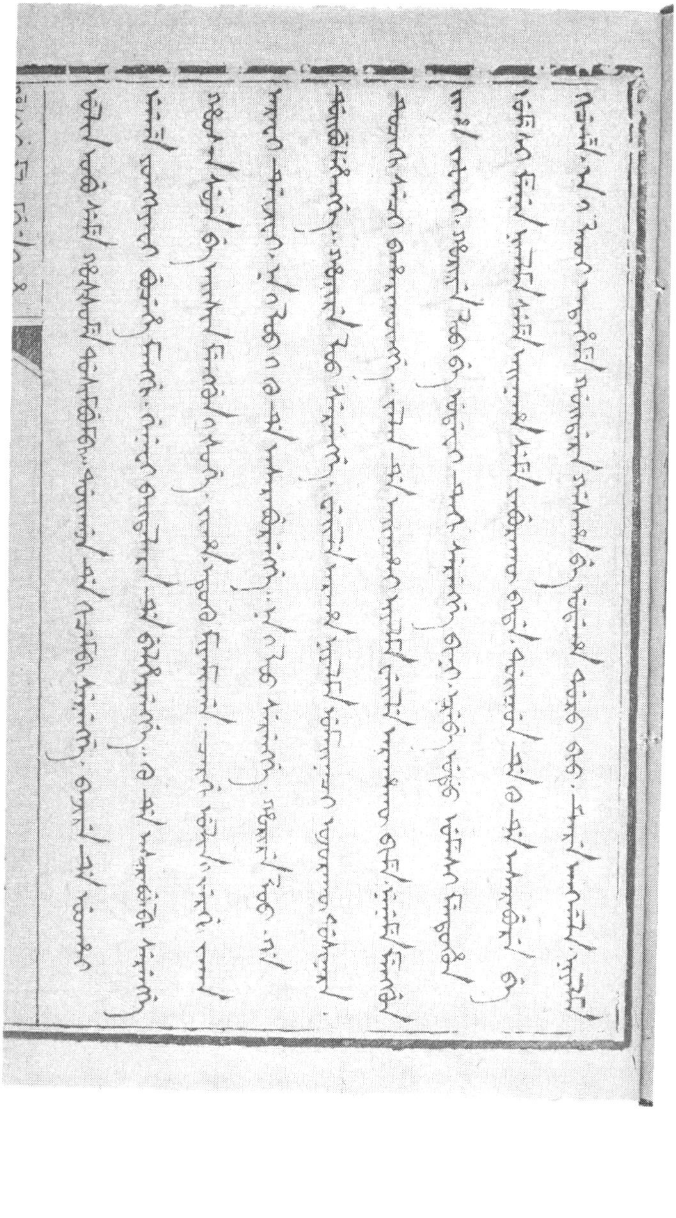

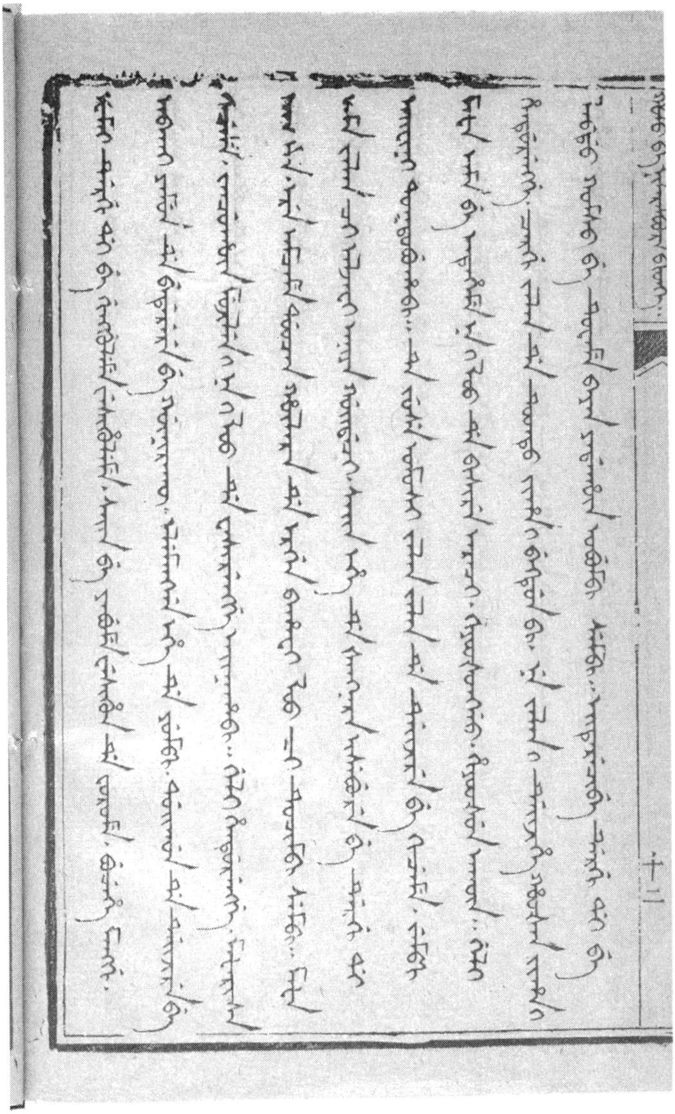

[illegible]

十二

[illegible]

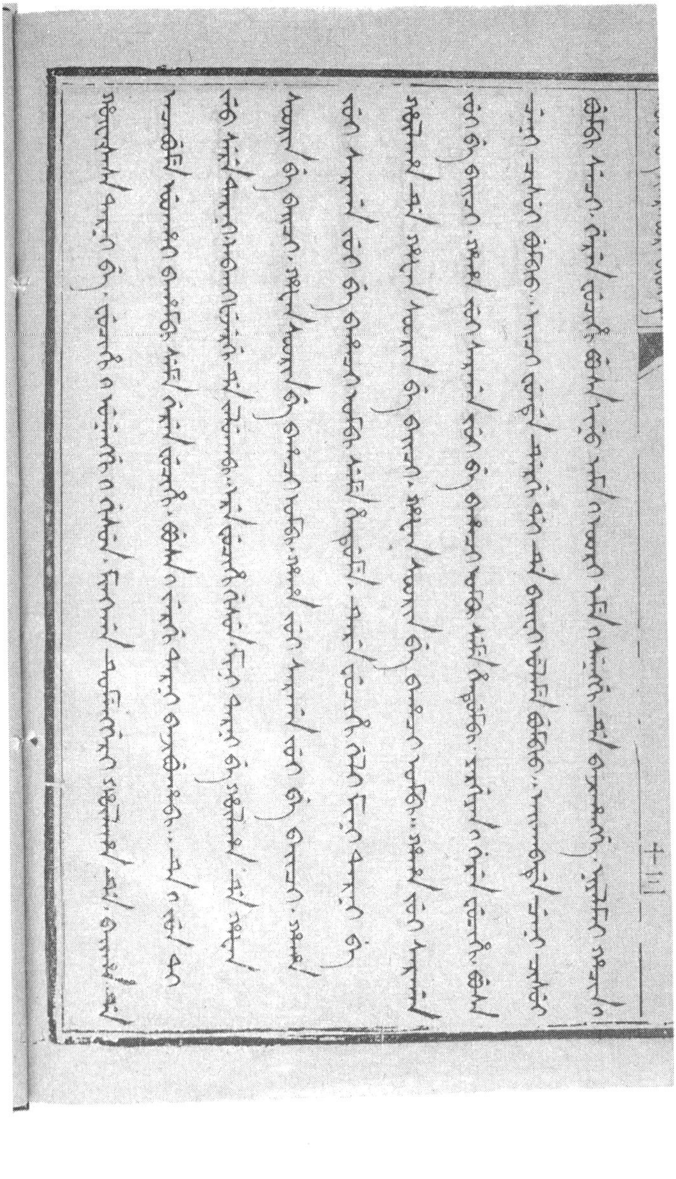

[illegible]
[illegible]
[illegible]
[illegible]
[illegible]
[illegible]
[illegible]
[illegible]
[illegible]
[illegible]

十三

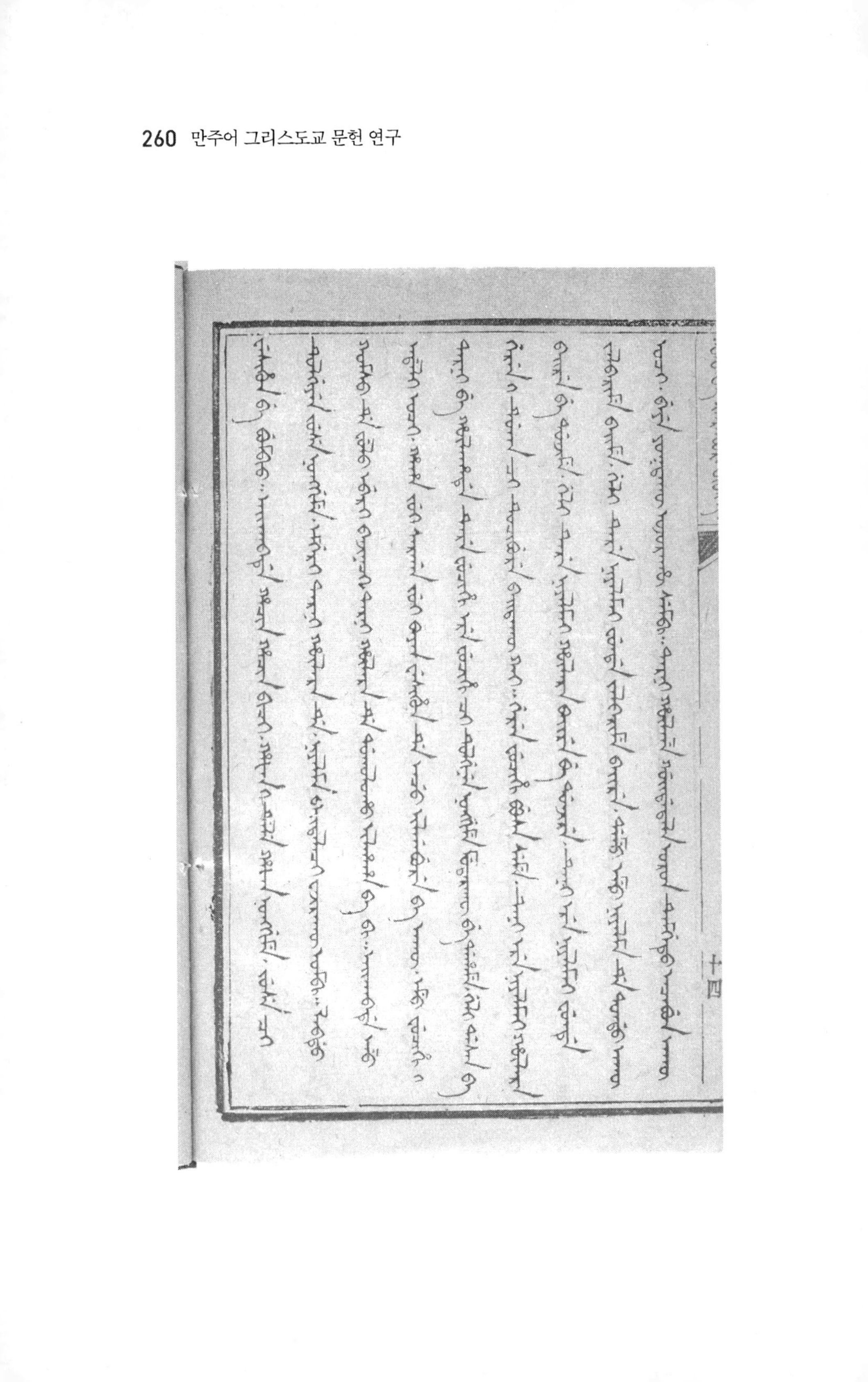

十四

十五

[illegible]

[illegible]

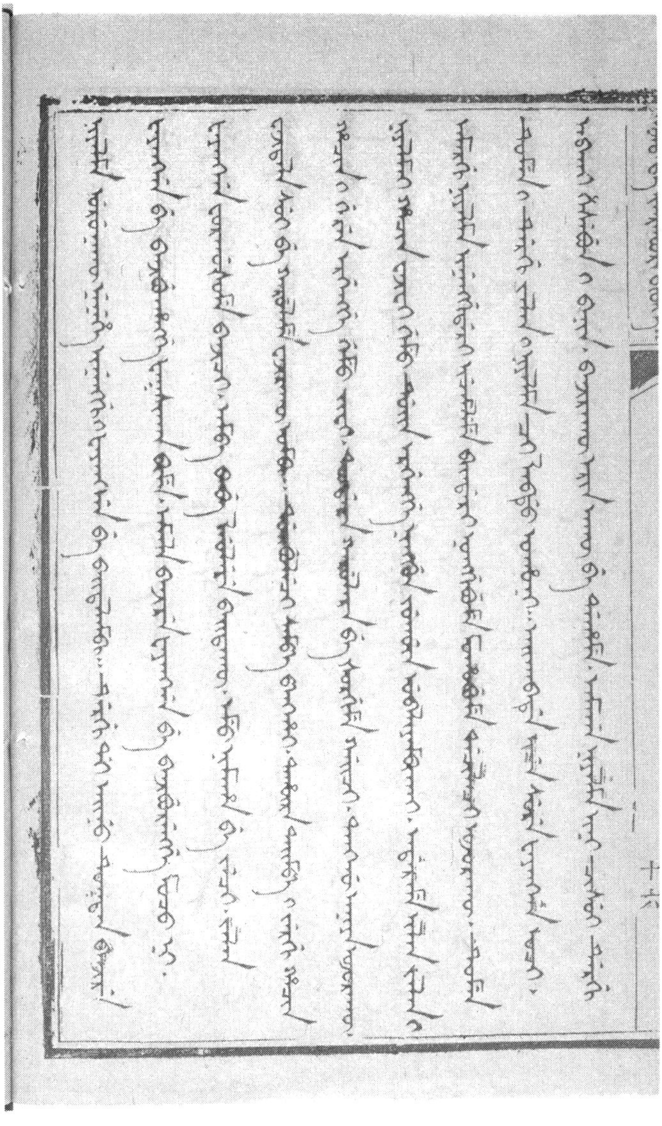

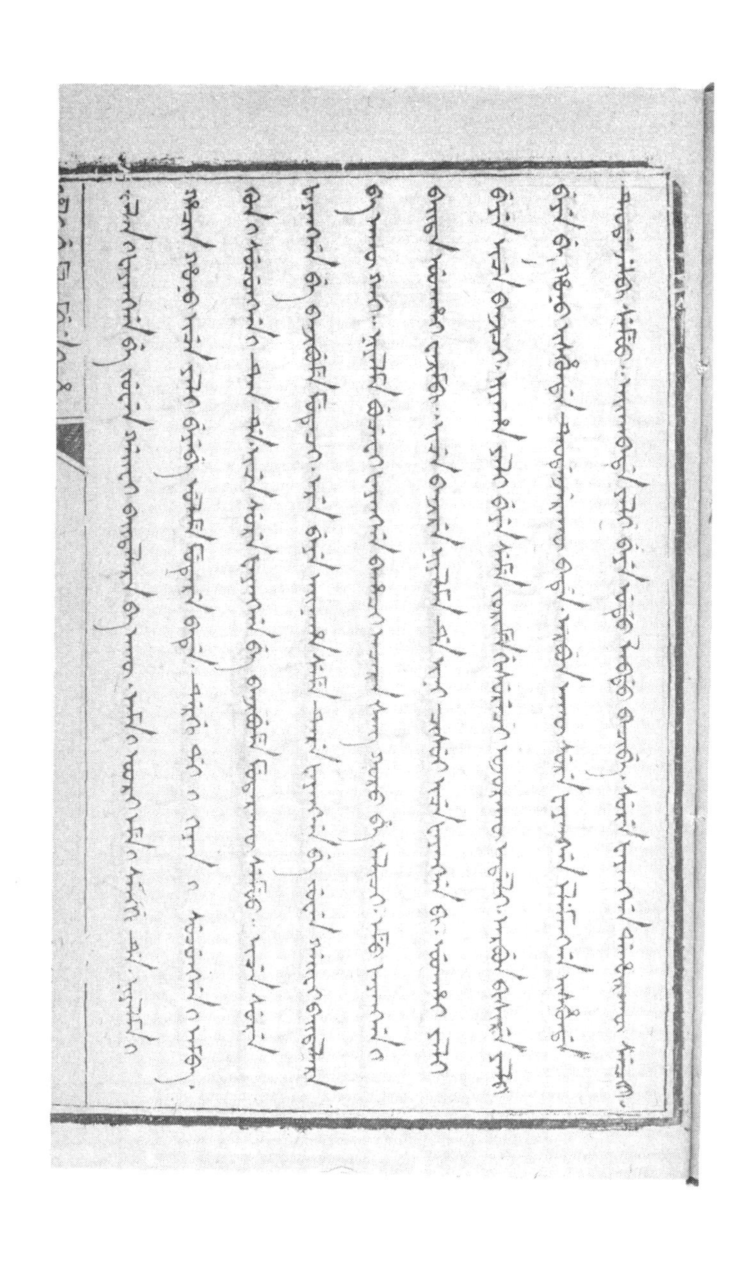

[illegible]
[illegible]
[illegible]
[illegible]
[illegible]
[illegible]
[illegible]
[illegible]
[illegible]
[illegible]

十七

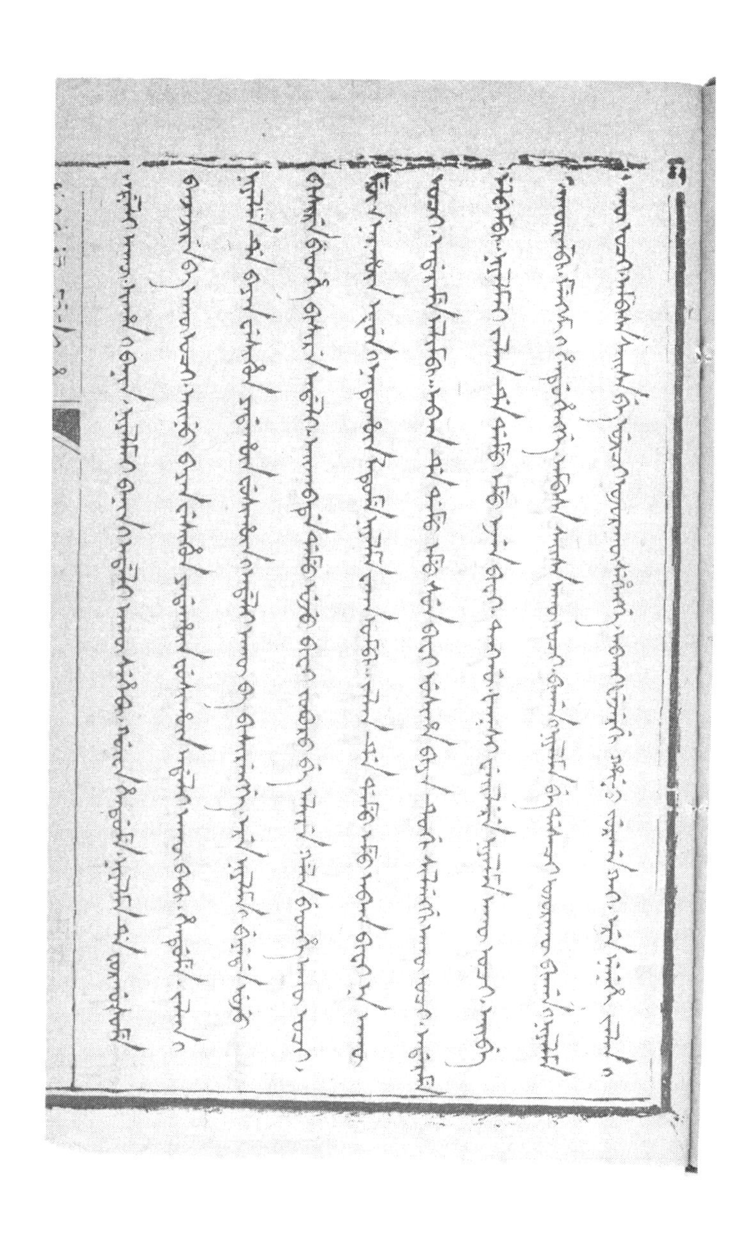

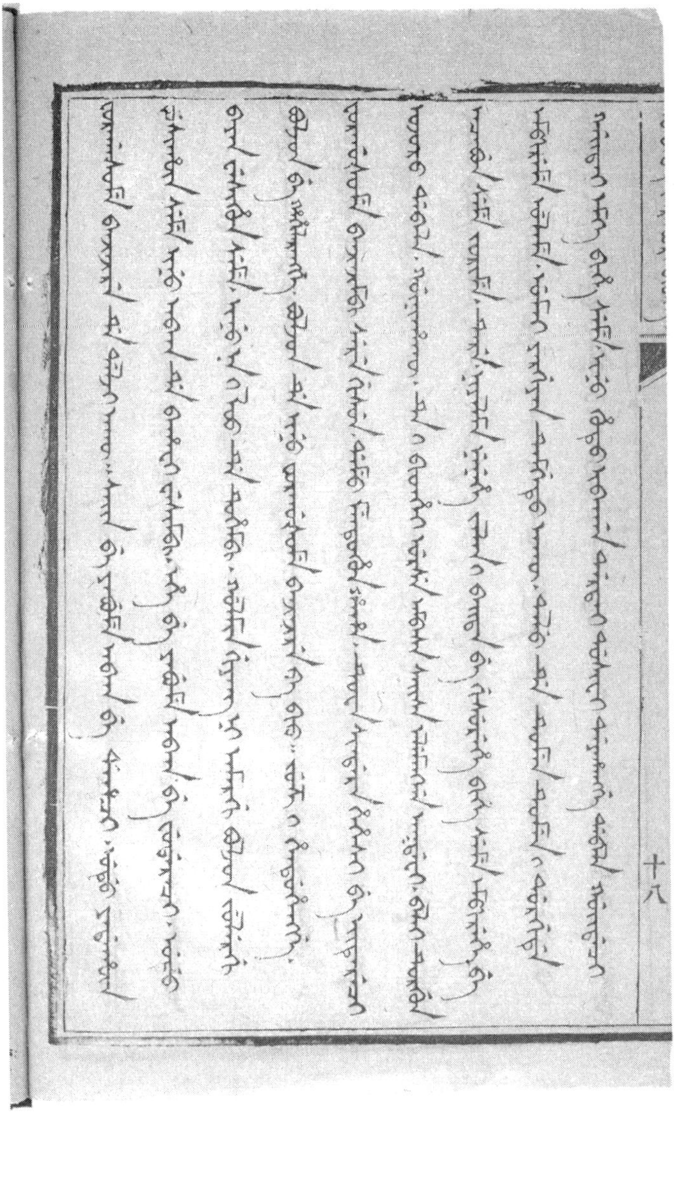

[illegible]

[illegible]

[illegible]

[illegible]

[illegible]

[illegible]

[illegible]

[illegible]

[illegible]

[illegible]

十八

[illegible]

十九

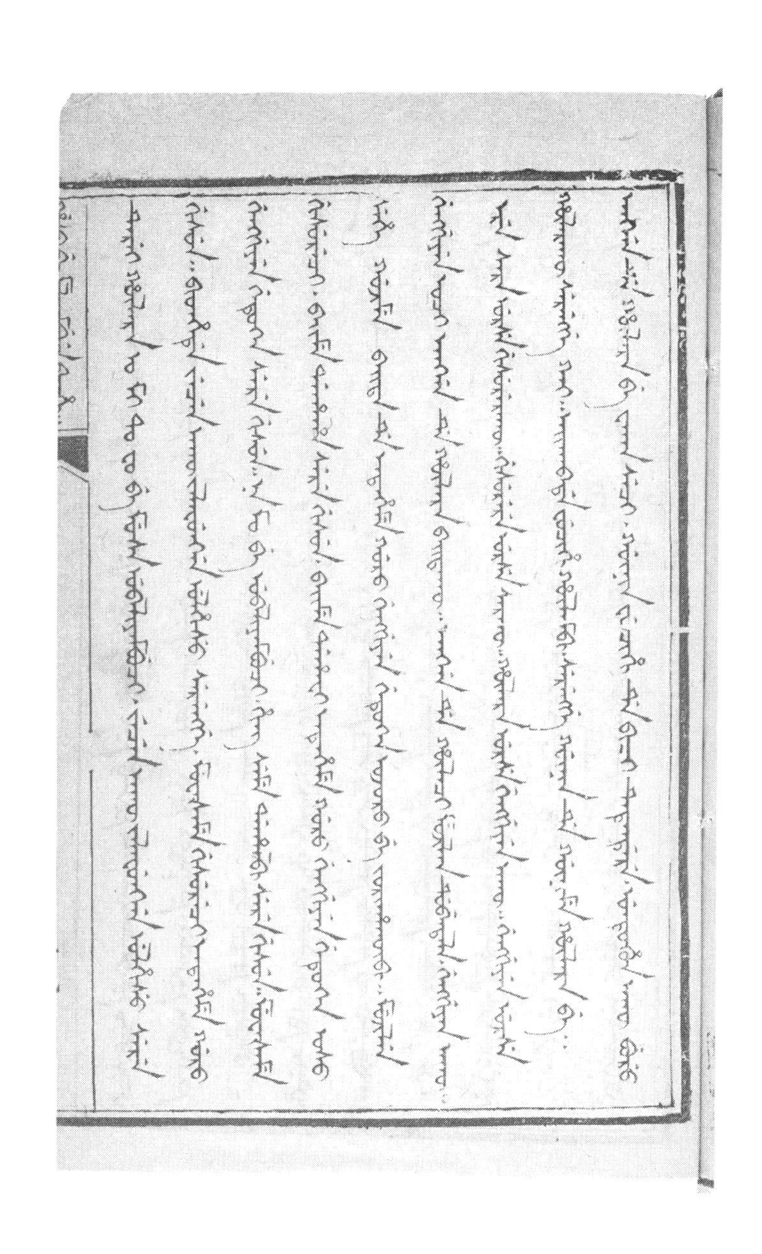

[illegible]
[illegible]
[illegible]
[illegible]
[illegible]
[illegible]
[illegible]
[illegible]
[illegible]
[illegible]

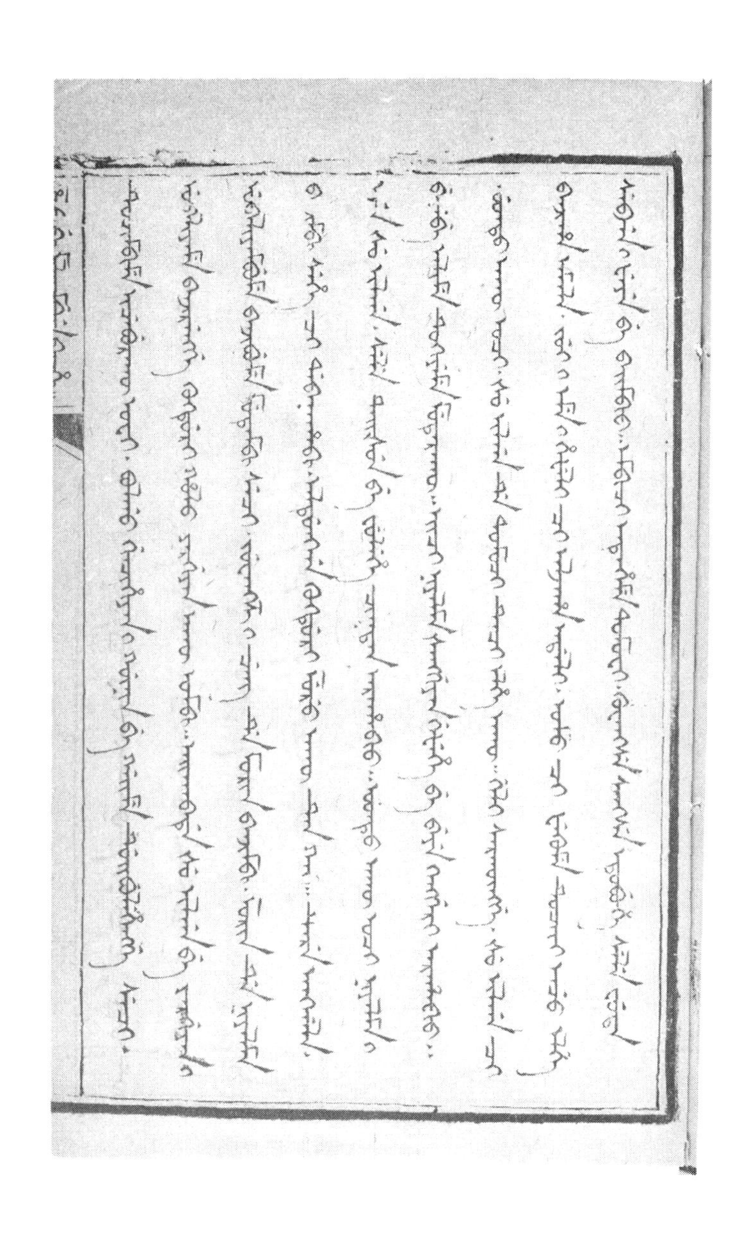

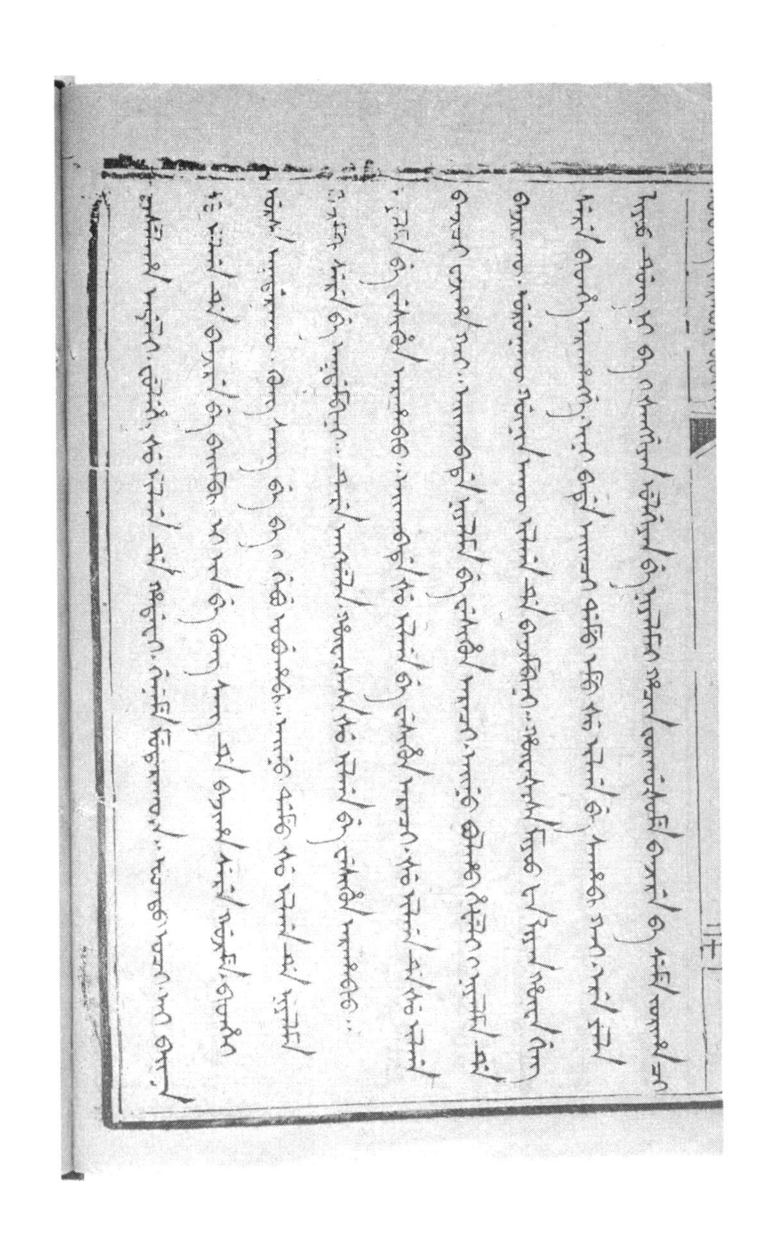

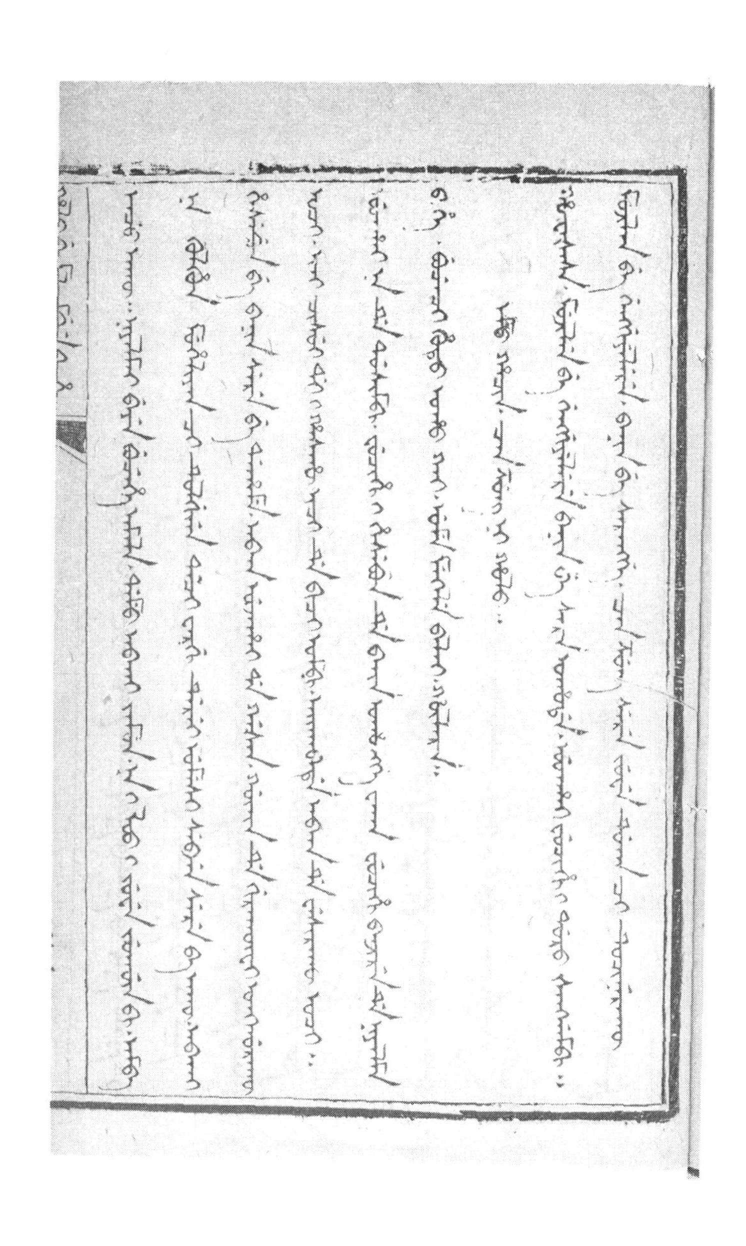

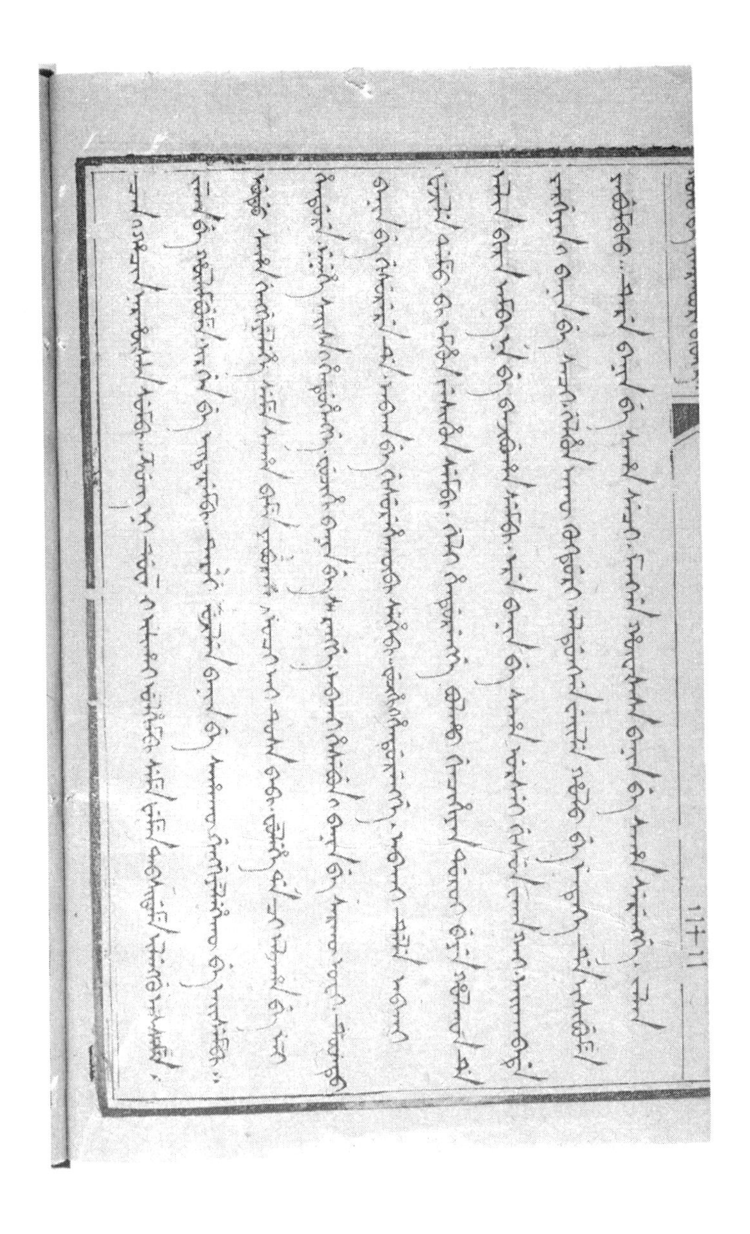

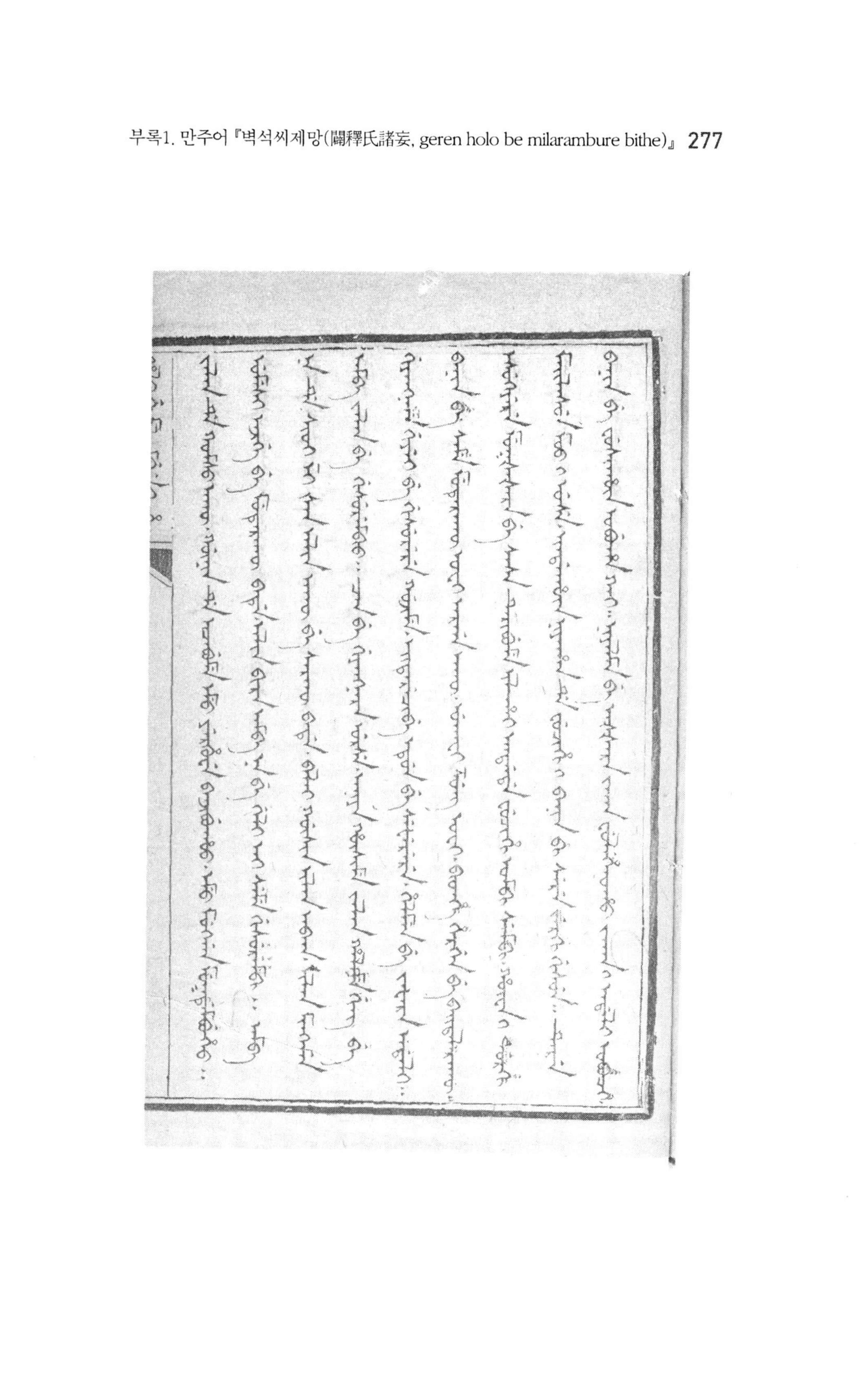

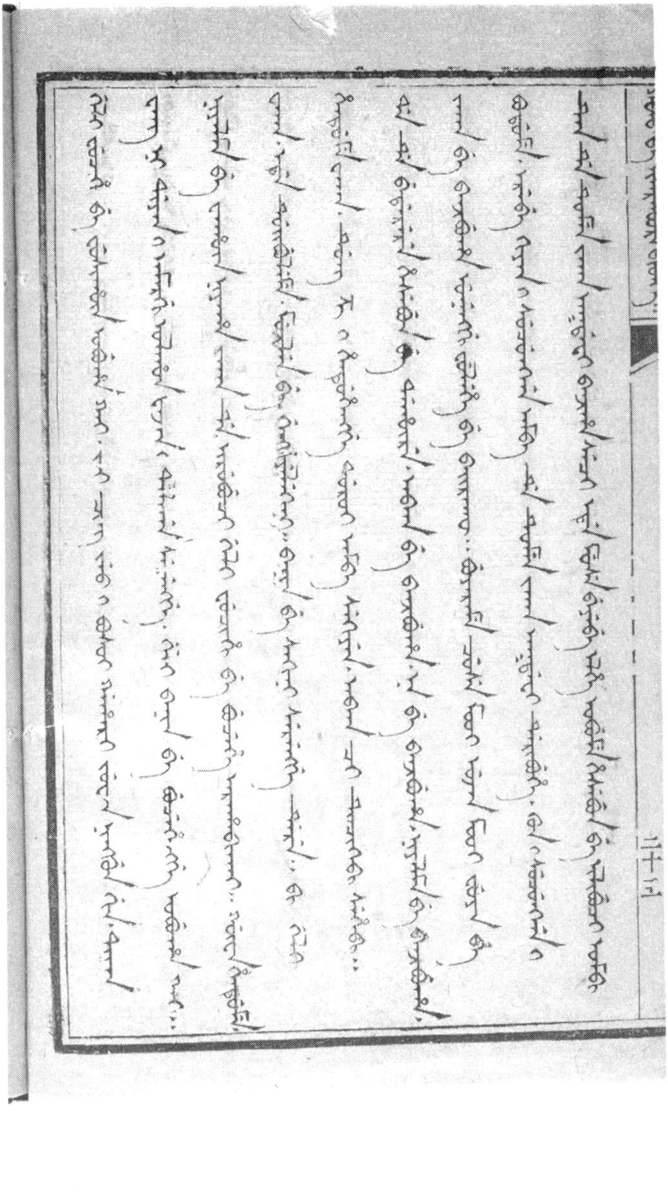

[illegible]

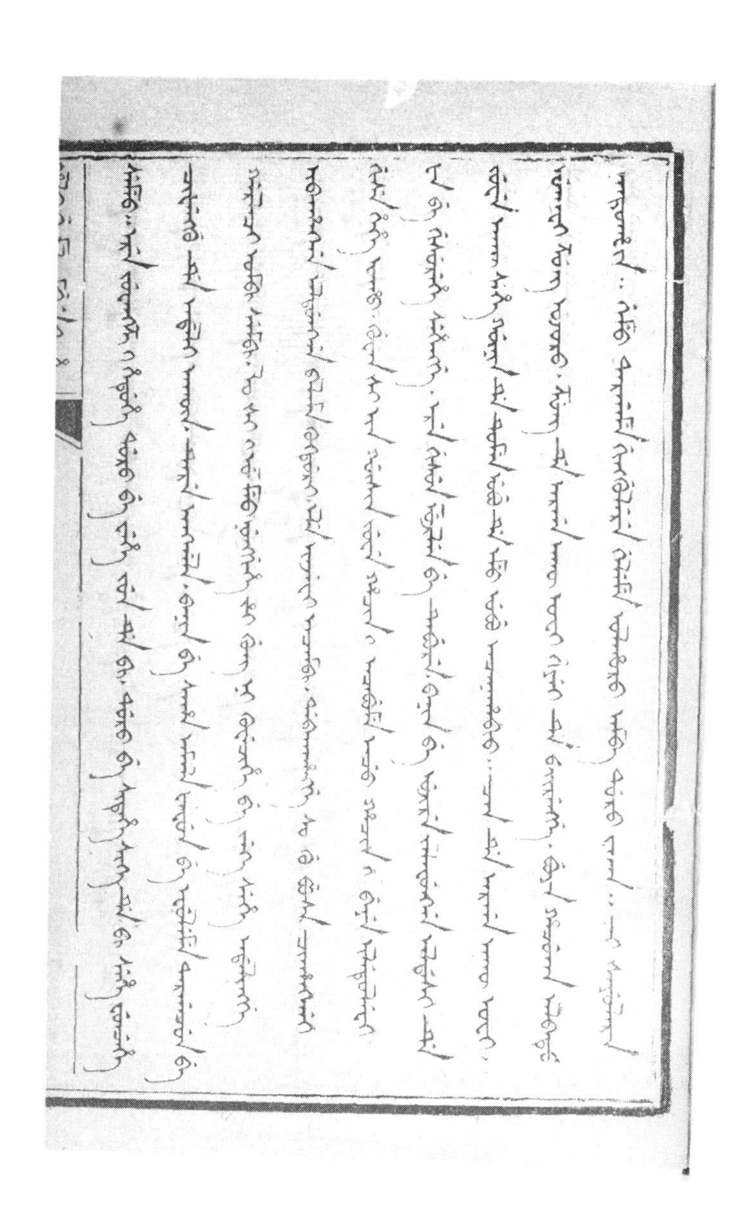

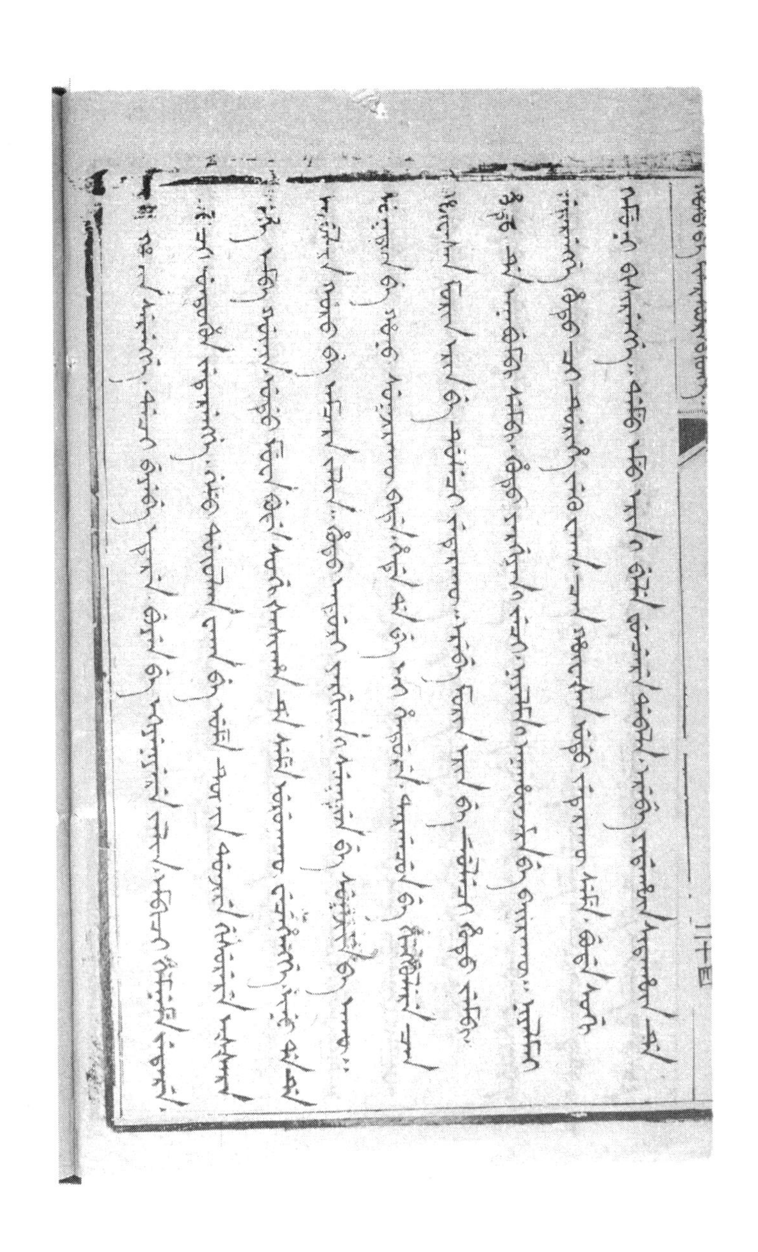

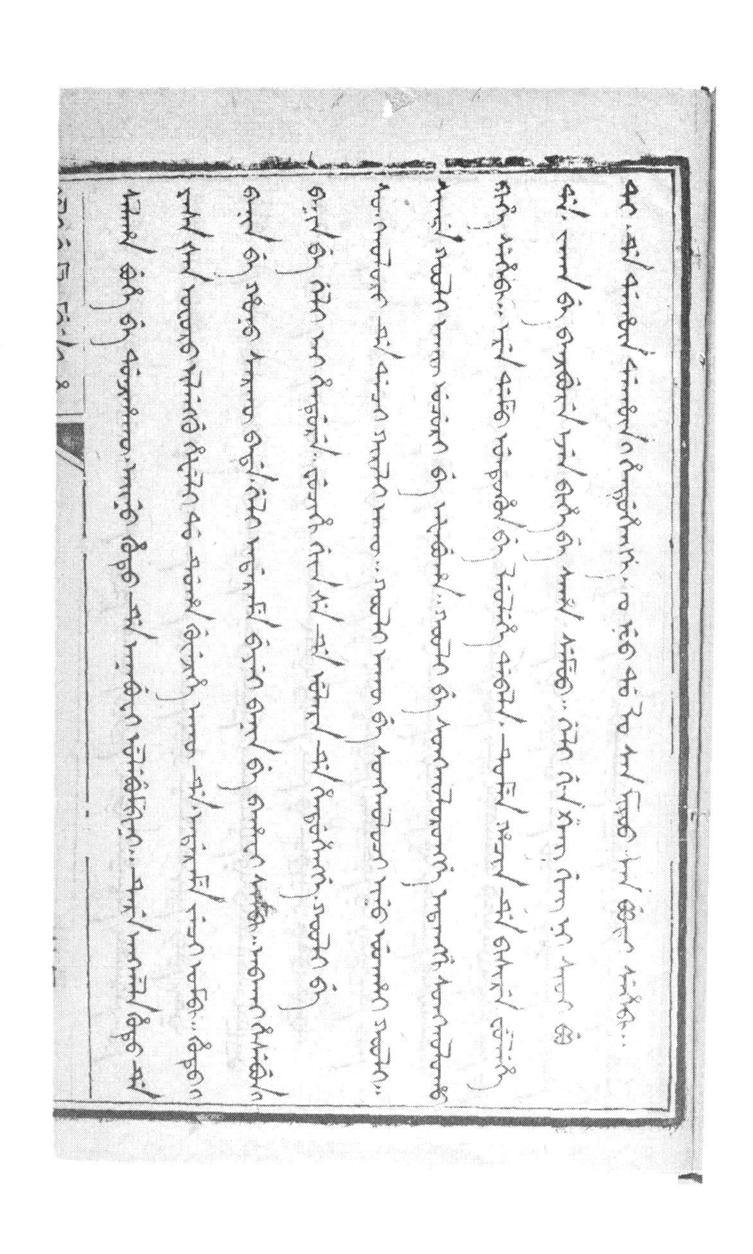

[illegible]
[illegible]
[illegible]
[illegible]
[illegible]
[illegible]
[illegible]
[illegible]
[illegible]
[illegible]

二十五

부록2

만주어 『동선설(同善說, sain be uhelere leolen)』

[프랑스국립도서관 소장본]

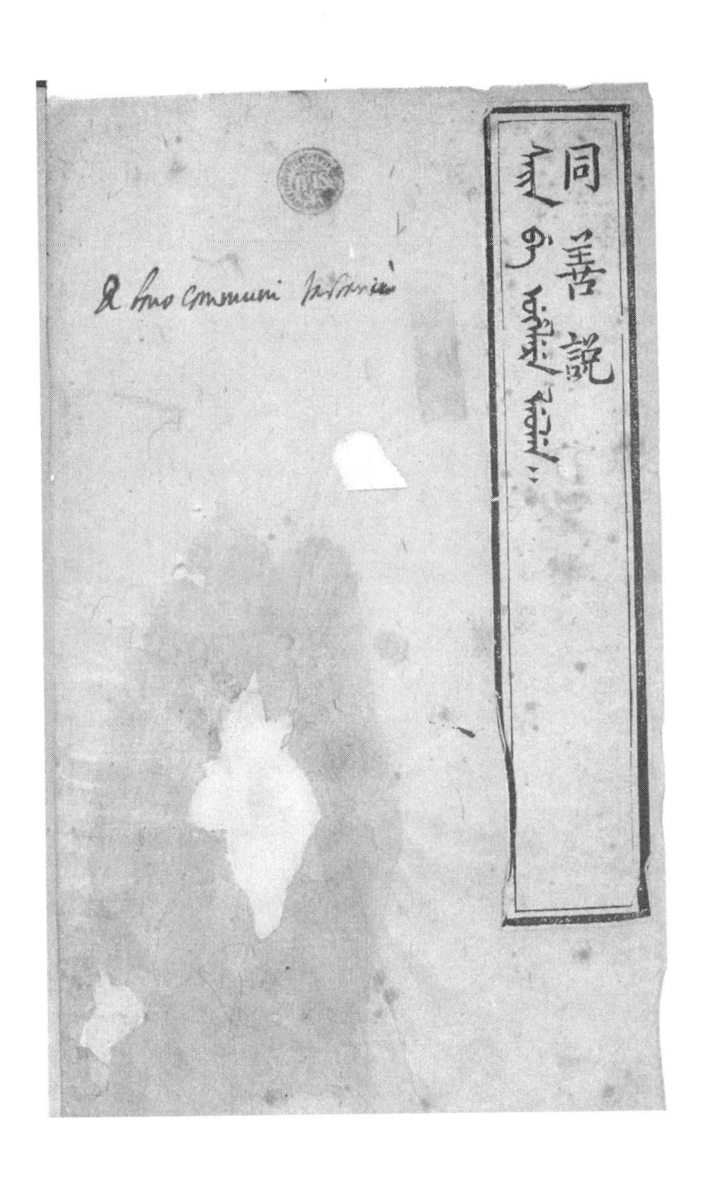

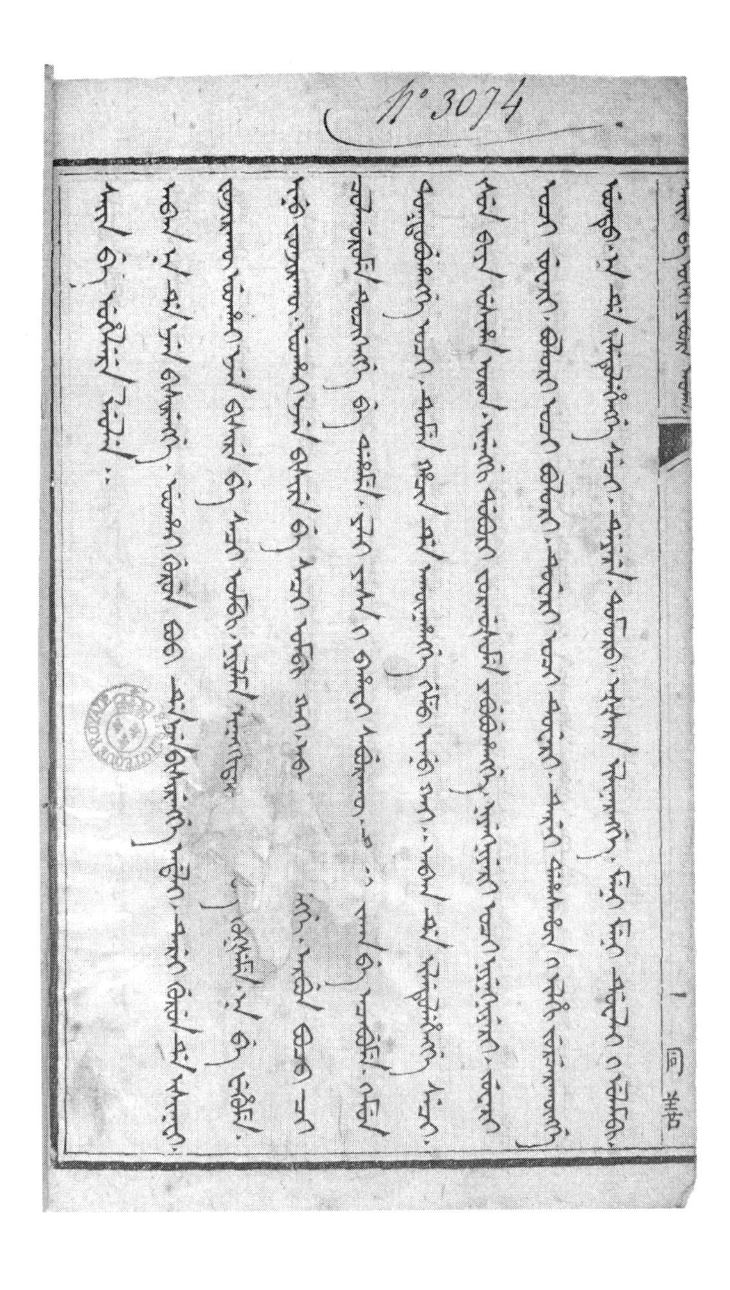
N° 3074
一
同善

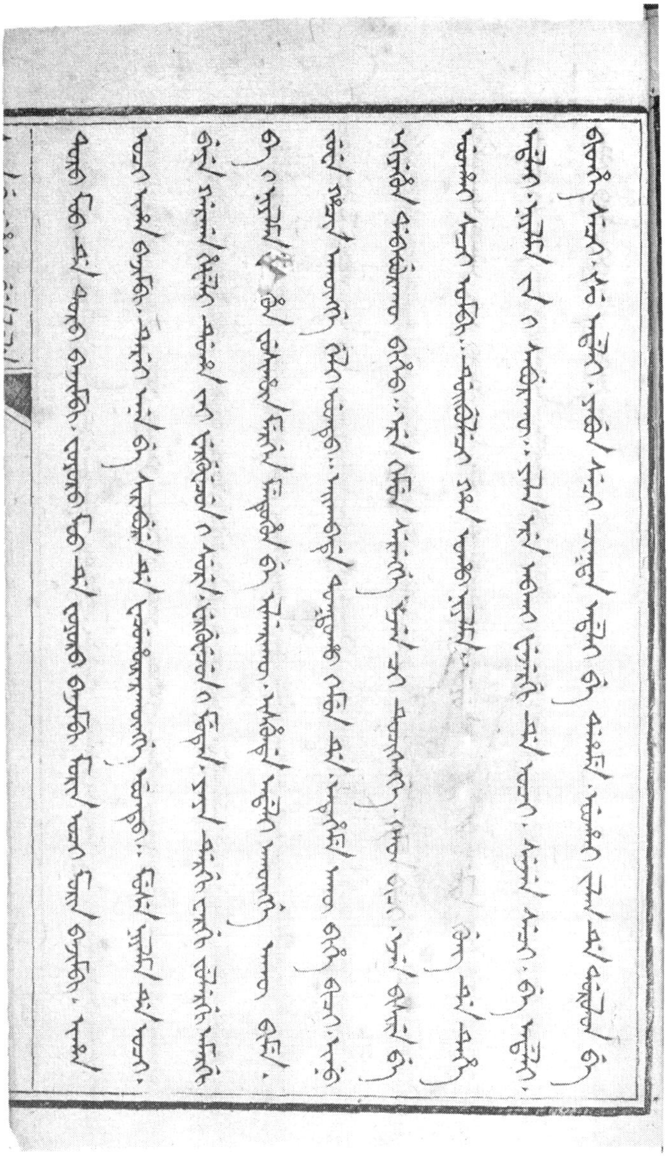

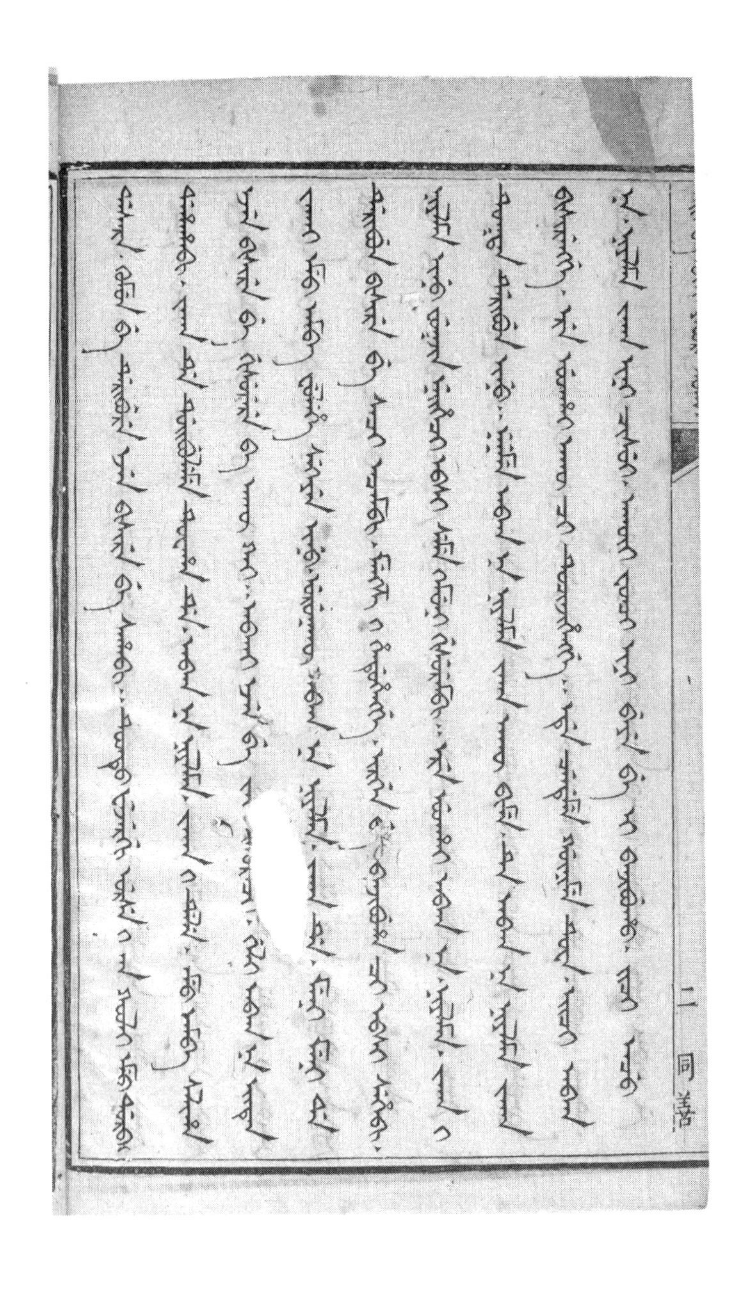

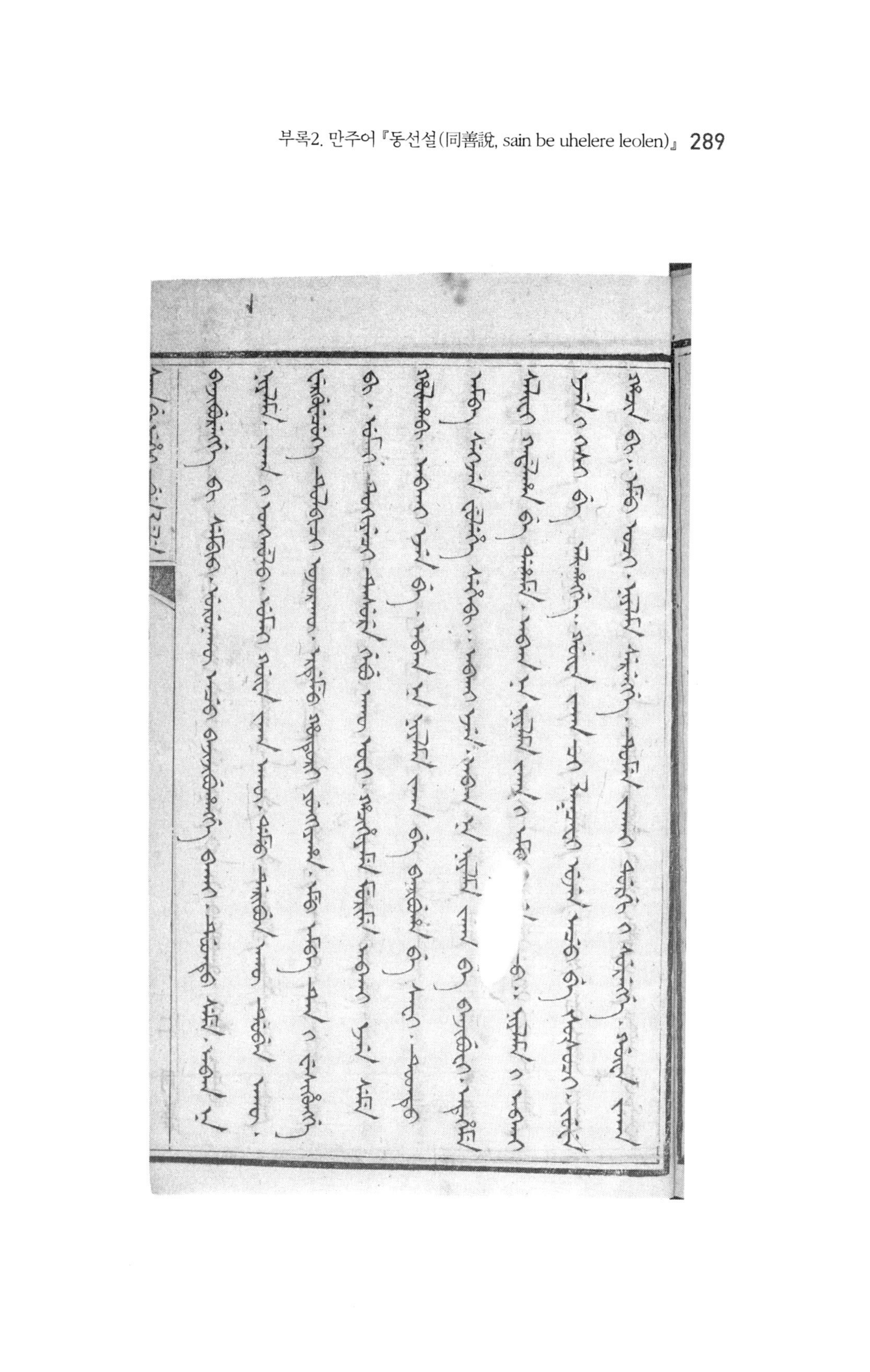

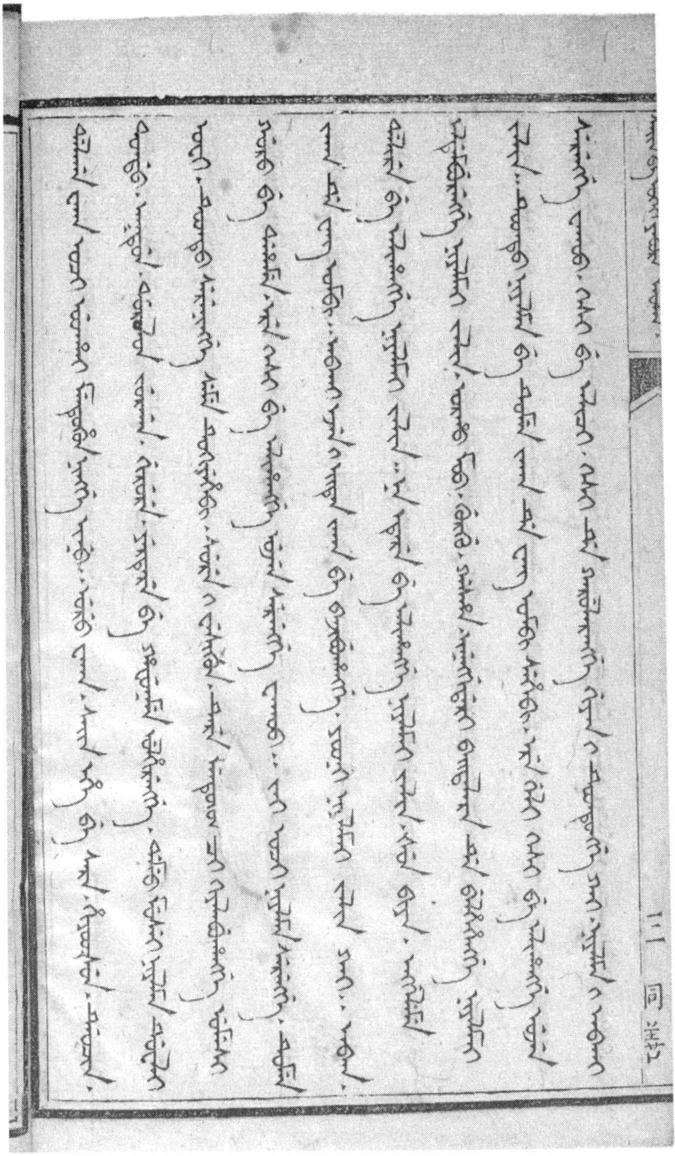

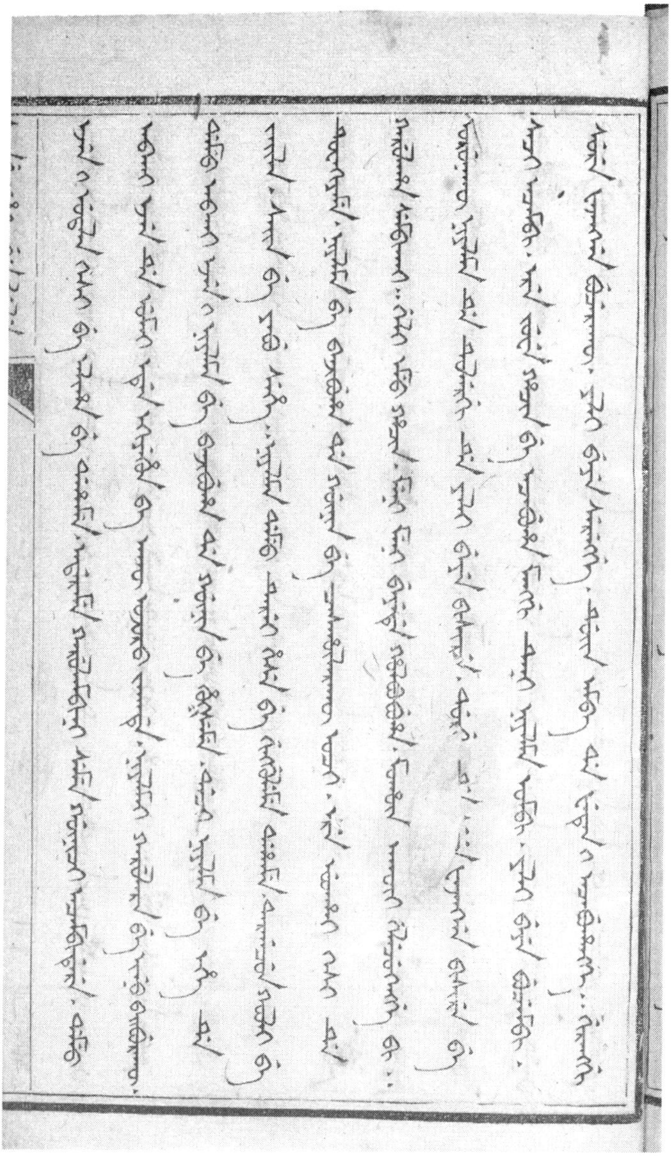

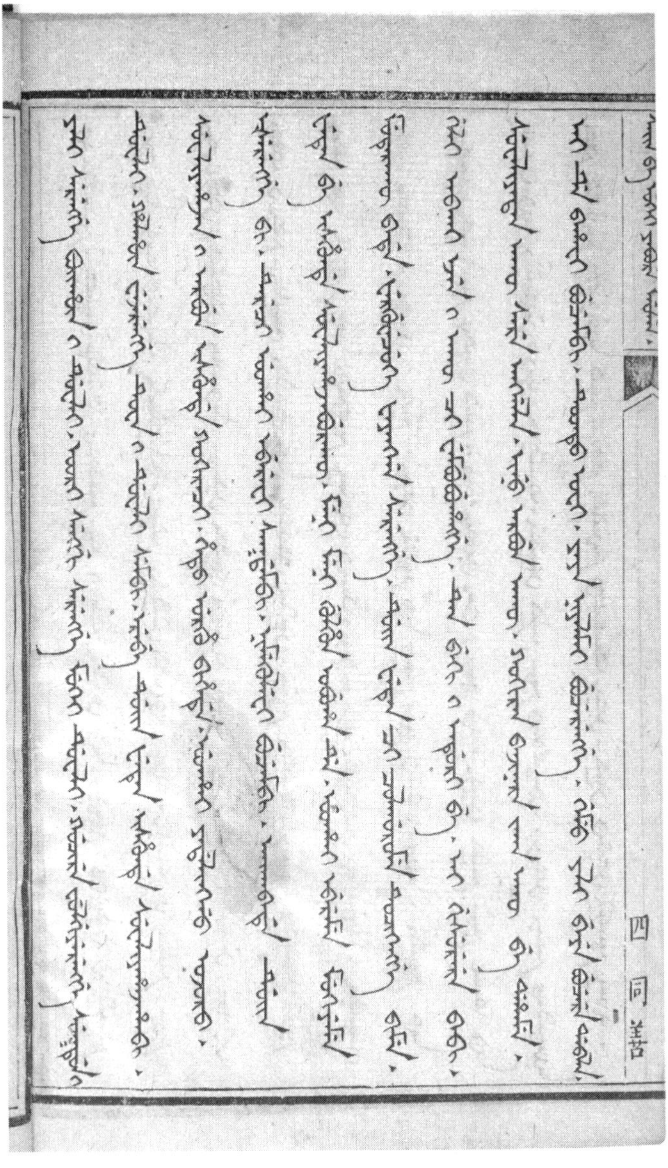

四 同善

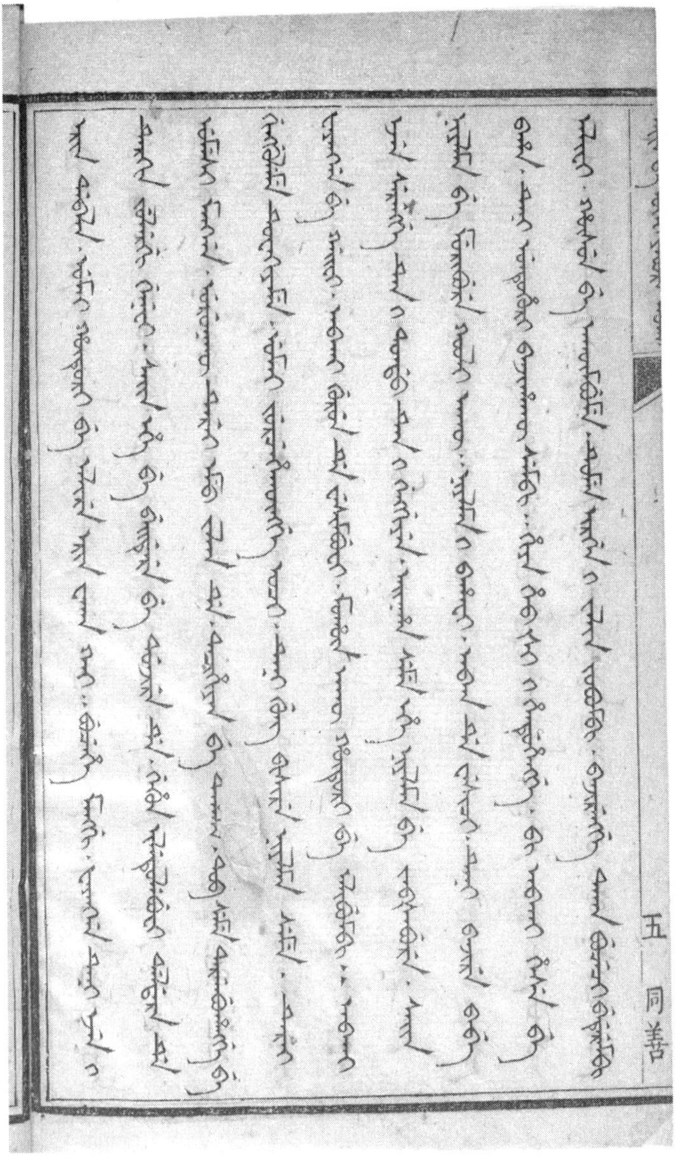

五 同善

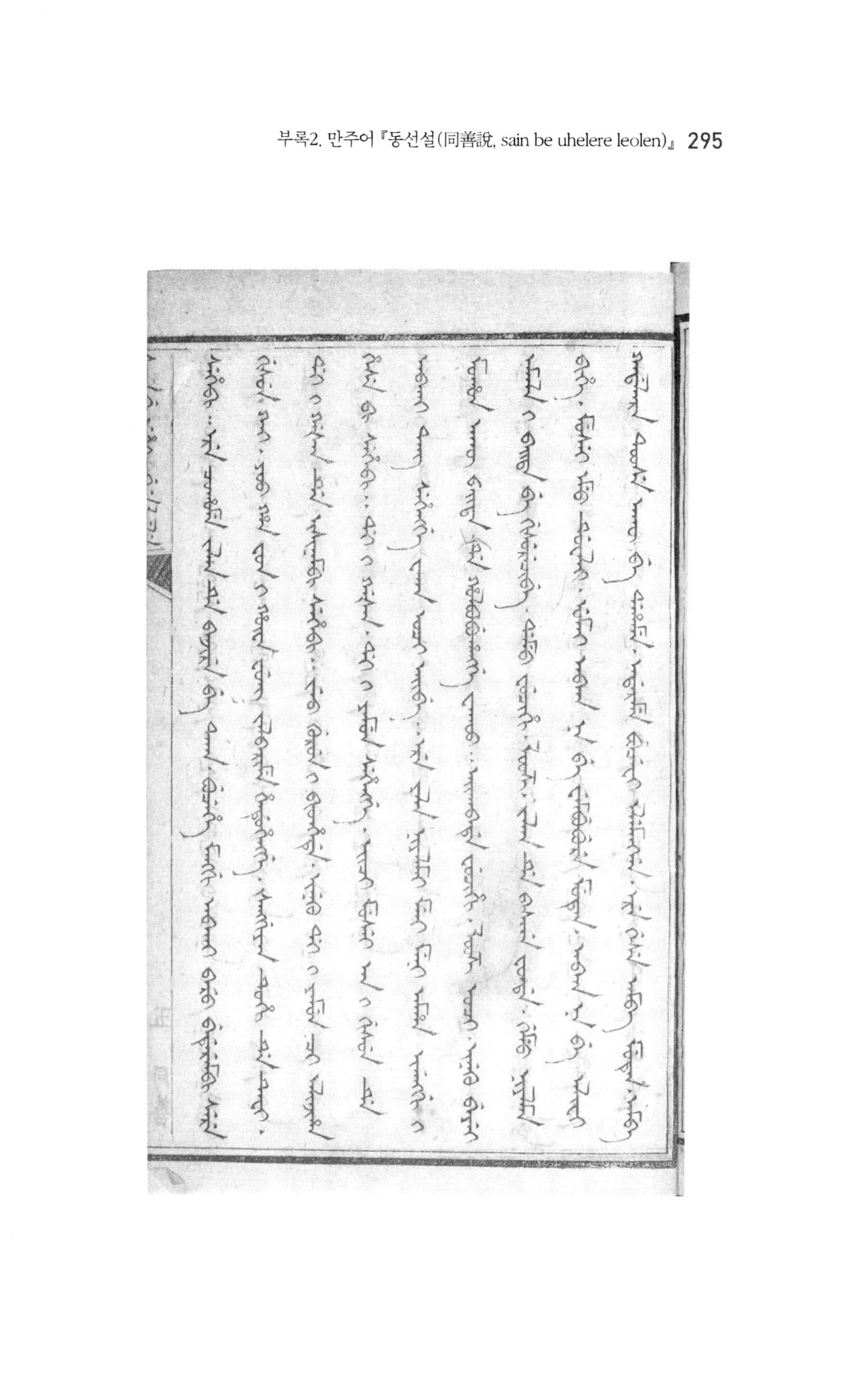

[illegible]

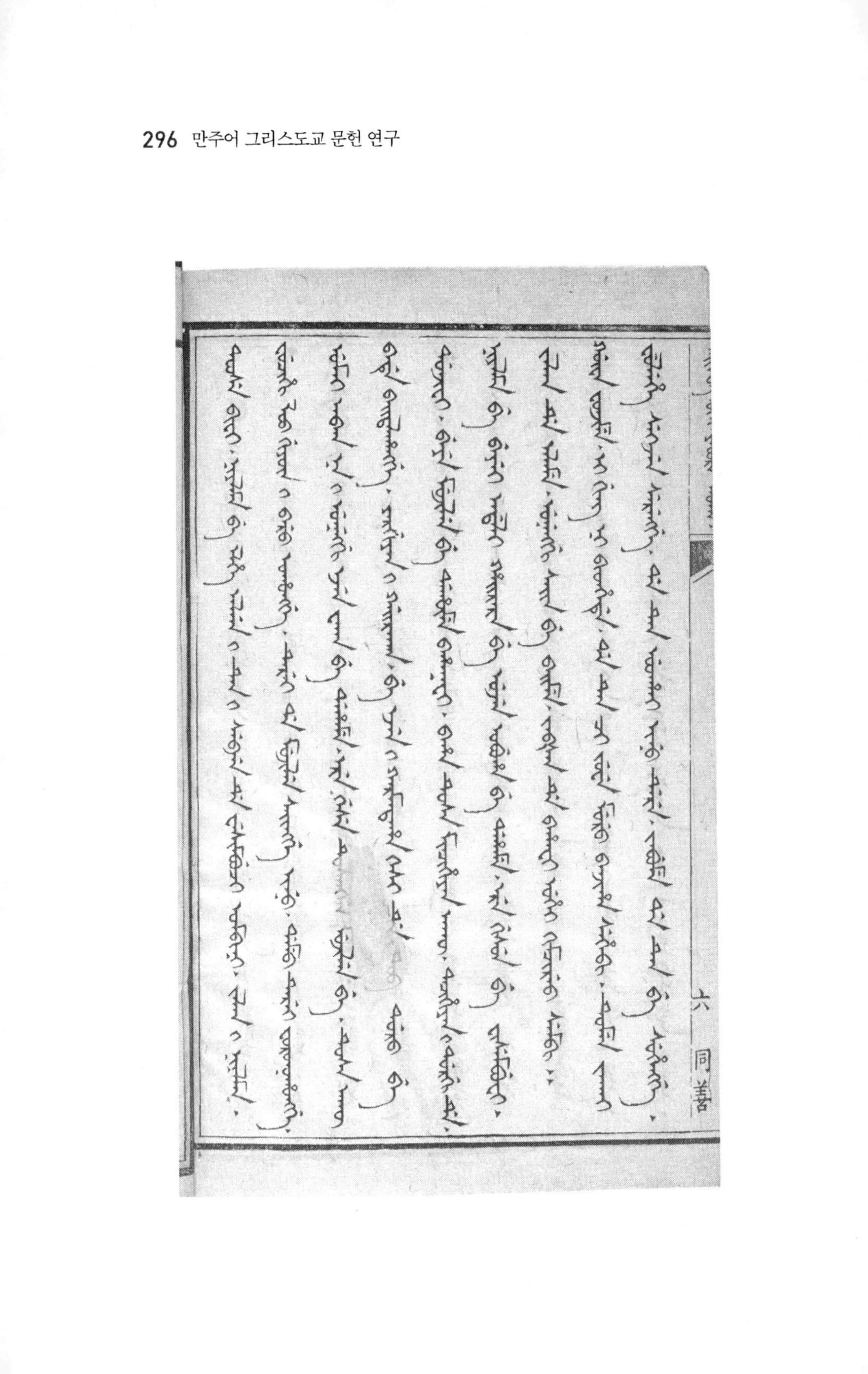

六 同善

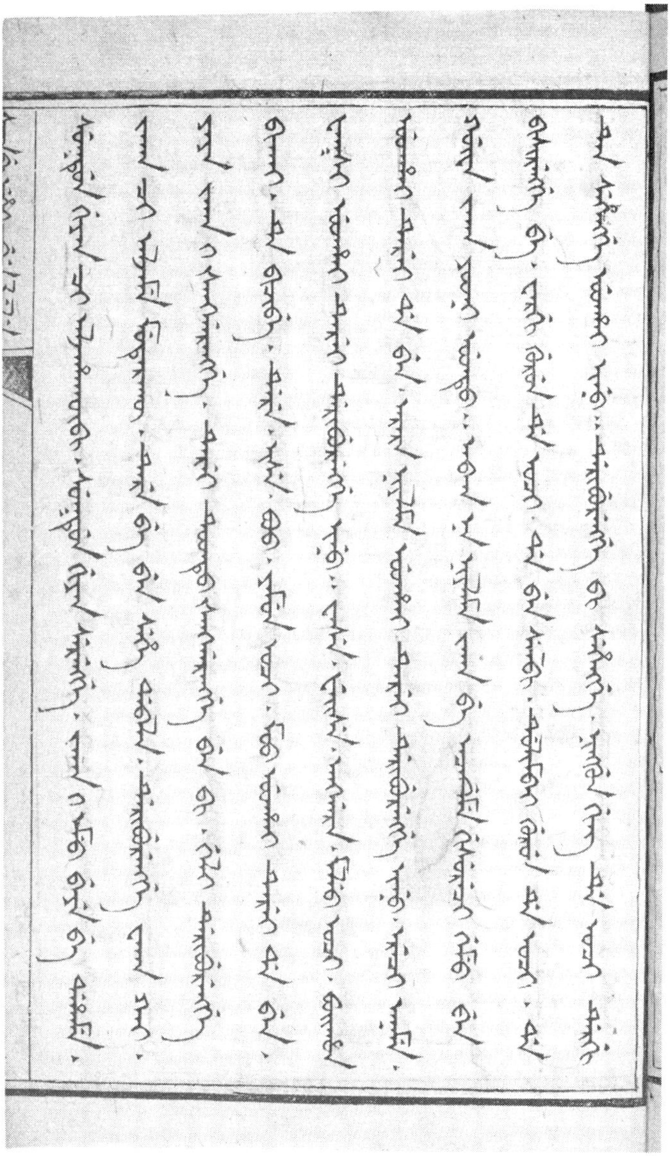

[illegible]

[illegible]

[illegible]

[illegible]

[illegible]

[illegible]

[illegible]

[illegible]

[illegible]

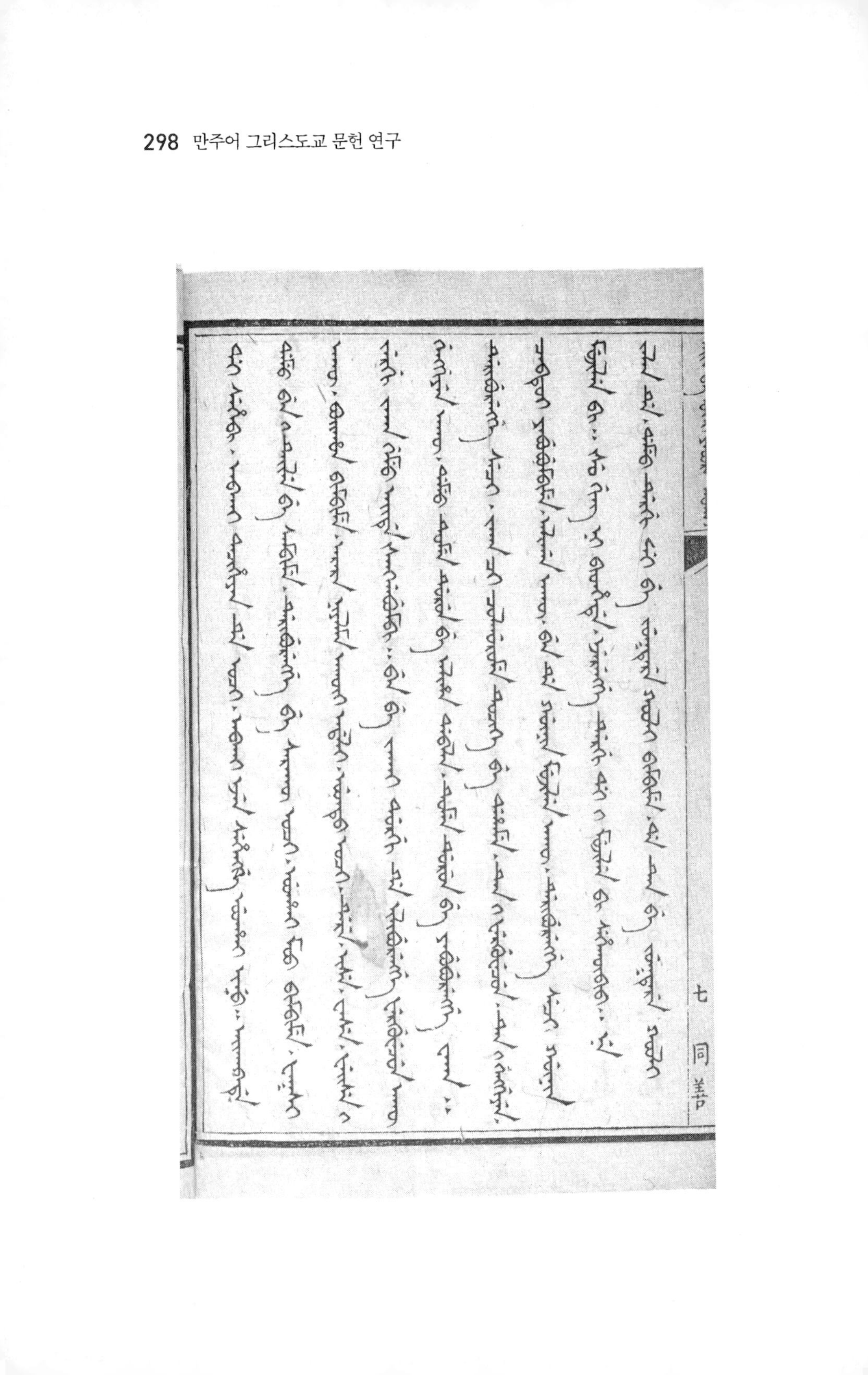

七 同善

[illegible]

[illegible]

[illegible]

[illegible]

[illegible]

[illegible]

[illegible]

[illegible]

[illegible]

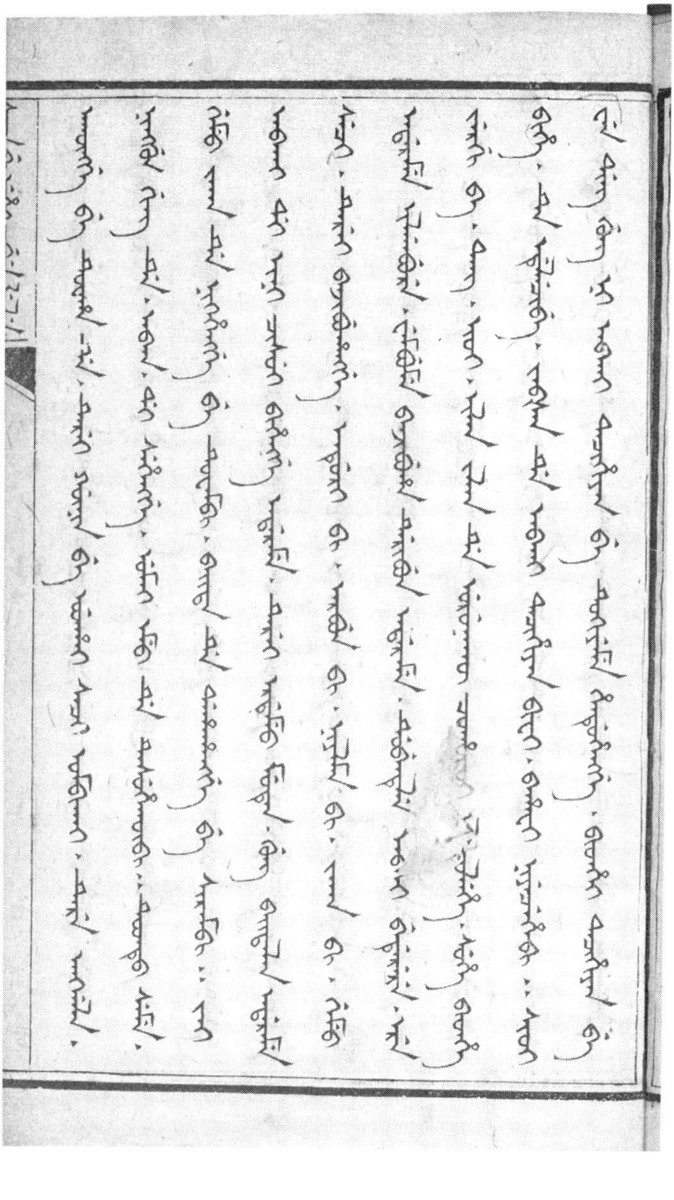

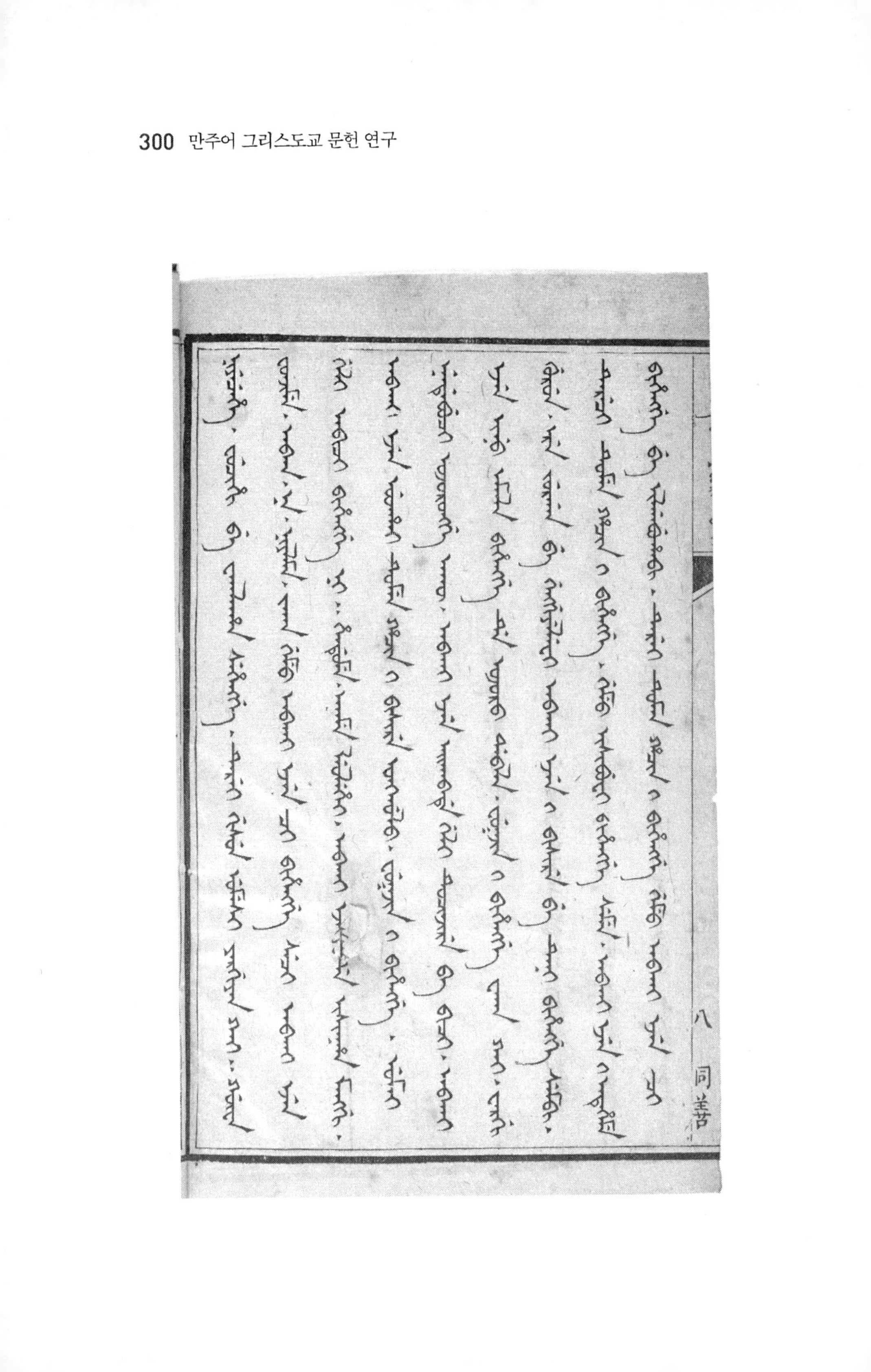

八

同善

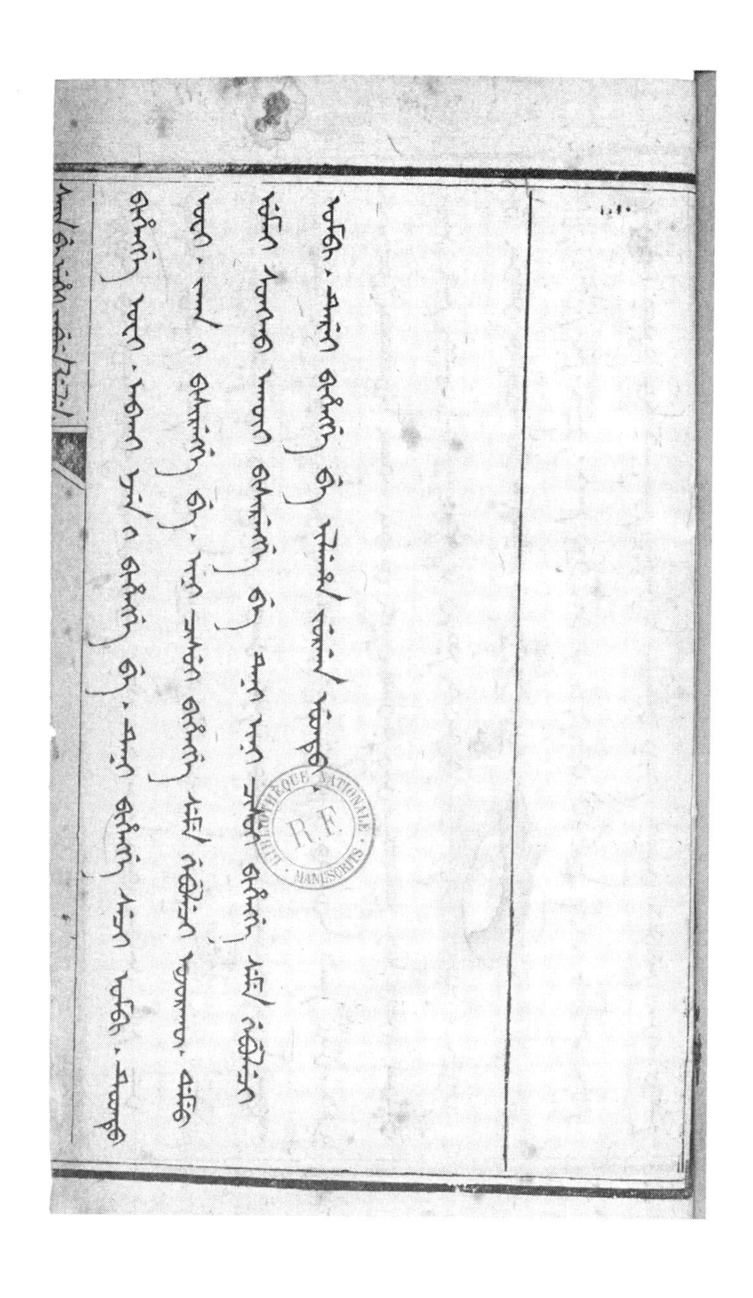

찾/아/보/기

ㄷ

ㄹ

ㅅ

ㅇ

ㅈ

ㅊ

송 강 호

고려대 중문과 졸업

전 고려대 민족문화연구원 만주학센터 연구원

현 동서문명교류연구소 책임연구원

〈주요 논저와 번역〉

『만한합벽삼국지』

『중국어 한자의 어원』

『고조선의 화폐와 명도전의 비밀』

『청대 만주어 문헌 연구』 등

만주어 그리스도교 문헌 연구

초 판 인 쇄 | 2023년 5월 15일
초 판 발 행 | 2023년 5월 15일

지 은 이 송강호

책 임 편 집 윤수경

발 행 처 도서출판 지식과교양
등 록 번 호 제2010-19호
주 소 서울시 강북구 삼양로 159나길18 힐파크103호
전 화 (02) 900-4520 (대표) / 편집부 (02) 996-0041
팩 스 (02) 996-0043
전 자 우 편 kncbook@hanmail.net

ISBN 978-89-6764-196-2 93700 정가 23,000원

이 저서는 2018년 대한민국 교육부와 한국연구재단의 지원을 받아 수행된 연구임
(NRF-2018S1A5A2A03039195).